高等职业院校铁道机车运用与维护专业实训教材

CR200J型机车乘务员一次乘务作业

实训课程工作页

主　编　罗　闯　何旭东　冯　涛
主　审　刘从建

西南交通大学出版社
·成　都·

内容简介

本书全面系统地介绍了 CR200J 动力集中动车组（时速 160 km）机车乘务员一次乘务作业流程，主要内容包括出勤作业、整备作业、出所作业、途中作业、继乘作业、终到站、到达入所及退勤作业等。

图书在版编目（C I P）数据

CR200J 型机车乘务员一次乘务作业 / 罗闯，何旭东，冯涛主编. —成都：西南交通大学出版社，2022. 7
ISBN 978-7-5643-8734-1

Ⅰ. ①C… Ⅱ. ①罗… ②何… ③冯… Ⅲ. ①机车 - 乘务人员 - 高等职业教育 - 教学参考资料 Ⅳ. ①U26

中国版本图书馆 CIP 数据核字（2022）第 104020 号

CR200J Xing Jiche Chengwuyuan Yici Chengwu Zuoye
CR200J 型机车乘务员一次乘务作业

主　编　罗 闯　何旭东　冯 涛

责任编辑　王 旻
特邀编辑　王玉珂
封面设计　何东琳设计工作室

出版发行　西南交通大学出版社
（四川省成都市金牛区二环路北一段 111 号
西南交通大学创新大厦 21 楼）
邮政编码　610031
发行部电话　028-87600564　028-87600533
网址　http://www.xnjdcbs.com
印刷　四川煤田地质制图印刷厂

成品尺寸　185 mm × 260 mm
印张　14.5
字数　309 千
版次　2022 年 7 月第 1 版
印次　2022 年 7 月第 1 次
书号　ISBN 978-7-5643-8734-1
定价　56.00 元

课件咨询电话：028-81435775
图书如有印装质量问题　本社负责退换

Preface  前 言

十九大报告把建设“交通强国”提到国家战略的高度。为深入贯彻落实党的十九大精神和中央经济工作会议精神，中国国家铁路集团有限公司（以下简称国铁集团）明确提出“交通强国、铁路先行”的战略目标。随着路网规模日益扩大和新型列车的不断投入运用，机车乘务的需求也将持续增长。

CR200J（时速 160 km）动力集中动车组是复兴号动车组系列的重要组成部分，是铁路旅客运输的新型运载工具。CR200J（时速 160 km）动力集中动车组机车乘务员是新时代铁路运输的重要技术工种，担负着驾驶动力集中动车组列车安全正点的责任。

本教材以动力集中型复兴号 CR200J 车型为例，重在让学生掌握该型机车乘务员一次乘务作业的标准作业流程。适用于铁道机车运用与维护专业高职学生。本教材是铁道机车专业群人才培养实训课程教材，是学生学习机车/动车组乘务技能和职业技能的专业教材。

本书为新型工作手册式教材，共分为出勤作业，整备作业，出所作业，途中作业，继乘作业，终到站、到达入所及退勤作业 6 大作业项目，涵盖出勤作业，接车检查试验作业、司机室检查、行车安全装备参数输入、出所作业、发车准备、途中运行、进站停车、终到、退勤等近 20 项工作任务，每项工作任务包括任务描述、学习活动建议、任务引导、任务分析、任务分工、任务步骤、任务实施、任务评价、知识要点等任务环节。

本教材每个项目包含知识目标、能力目标、思政目标，践行课程思政建设，将价值塑造、知识传授和能力培养三者融为一体。

本教材共 6 个项目，由贵阳职业技术学院罗闯、何旭东、贵阳机务段冯涛担任主编，参加编写的还有郭雷（贵阳职业技术学院）、王宏兵（贵阳机务段）等。贵阳机务段刘从建担任本书主审。在编写的过程中，得到中国铁路成都局集团有限公司的大力支持，在此表示衷心感谢。

编　者

2022 年 2 月

Contents 目 录

项目一　出勤作业

项目说明

乘务员出勤作业是乘务员一次乘务作业的起点，更是关键作业环节。往往由于乘务员出勤没有执行标准化作业，在最开始的阶段就已经存在风险点。如果没有得到有效卡控，很难保证列车运行的安全。

出勤前，乘务员要按规定时间待乘休息，以饱满的精神状态投入到机车乘务作业当中；严禁饮酒，对于饮酒检测（酒测）不合格的人员，要立即终止其工作；认真核对运行揭示，做到逐字核对、不错不漏；按规定验卡，验卡条目准确；认真听取出勤调度员传达的行车通报及重要事项；开好出勤小组会，根据天、地、人、车等情况，排查本次乘务的安全风险点，并制订好卡控措施。

项目目标

1. 知识目标

（1）掌握出勤报到注意事项和出勤计划核对方法。

（2）掌握司机手账的填写方法。

（3）识记揭示内容，掌握运行揭示核对方法，开展班前预想。

2. 能力目标

（1）能按乘务员出勤规定进行着装、携带资料、领用行车备品。

（2）能按规定自助进行身份识别、酒测。

（3）能按规定核对运行揭示，并能够结合担当列车种类、天气、人员等情况，进行安全预想，并记录于司机手账。

3. 思政目标

（1）践行动车组乘务员职业守则，使学生树立良好的时间观念。

（2）培养学生的团队协作意识。

任务一　出勤报到

出勤报到是机车乘务员一次乘务作业的起点，出勤时，乘务员要按规定时间保证休息，以饱满的精神状态投入到乘务作业中去，出勤报到是保障列车安全、正点运行的第一步。

任务描述

作为机务段客运车间的一个机班的乘务员，与小张共同担当 D××× 次列车次甲站至丁站的旅客列车运输任务，经过 4 h 的公寓待乘，目前需到达机务段派班室按出勤计划进行出勤报到。

学习活动建议

学习活动	内容	建议学时
自学资讯及相关知识点	1. 机车乘务员出勤流程； 2. 列车运行图与机车周转图； 3. 机车乘务员待乘保休规定； 4. 熟悉有关机车乘务员劳动时间、休息时间的规定	课前
计划	根据任务单上的任务情境，每位同学独立归纳总结出勤报到作业流程及注意事项并正确完成出勤报到	课中（1 学时）
决策	通过小组讨论和组间交流后，做出指导教师指定任务情景下，所需出勤报到作业的任务决策	
实施	根据指导教师提供的资讯，完成指导教师指定情景下具体的出勤报到作业情景模拟任务	
	正确填写（执行过程检查）评估工作页。小组成员互检工作页的正确性，提交指导教师给予评估	
检查与评价	完成自我评估、小组评价以及教师评价	
完善与拓展	根据学习掌握深度要求，拓展完善出勤报到作业相关资讯	课后

任务引导

1. 机车乘务员的基本要求有哪些？

____

____

____

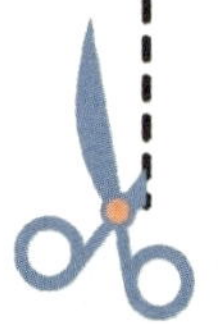

2. 班组配置管理如何执行？

______

______

______

3. 机车乘务员一次乘务工作时间包括哪些内容？

______

______

______

任务分析

出勤报到要掌握出勤的着装要求，并根据出勤计划合理安排时间，携带相关证件及规章，能够进行电台、IC 卡等行车用品领用及状态确认，依据出勤计划进行司机报单、司机手册的填写，在乘务一体机上进行身份确认、饮酒检测等作业流程，完成出勤报到。

任务分工

班级		组号		指导教师	
小组成员	任务分工				

任务步骤

一、出勤报到

（1）按规定整洁着装，身体状态良好，精神饱满，佩戴有关标志，准时出勤。

（2）机班全体人员到出勤调度员处，立正，司机呼：“××机班，值乘××次出勤。”领取 IC 卡、运行揭示、司机报单、司机手册、列车时刻表。

（3）在检查需要携带的证件及相关材料上选择需要携带的证件和规章携带工作证、机车司机驾驶证、岗位培训合格证、电气化作业安全合格证和《铁路技术管理规程》（以下简称《技规》）《铁路局行车组织规则》（以下简称《行规》）《LKJ 操作手册》《机车乘务员非正常情况下行车作业指导书》，以及列车操纵示意图、列车操纵提示卡、所使用机型的应急故障处理等相关行车资料等。一次乘务作业实训系统如图 1.1.1 所示。

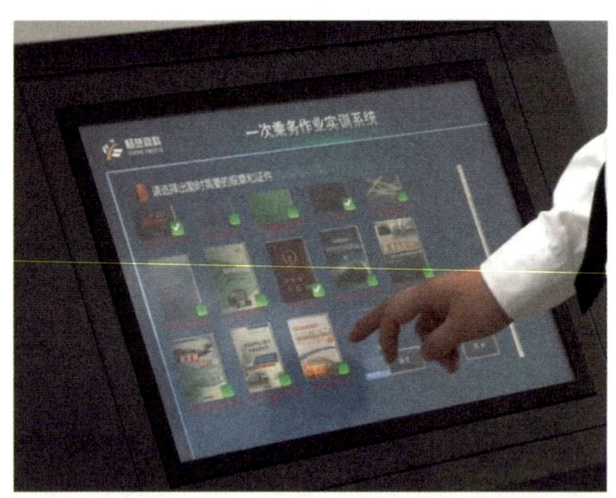

图 1.1.1

二、身份识别

（1）在乘务一体机上，按规定出勤计划时间到派班室办理出勤，接受指纹影像识别，酒精含量测试，点击【出勤登记】按钮，靠近虹膜测酒仪，两眼注视虹膜检测装置内的小红点，完成虹膜识别。

（2）工号出勤卡控。指纹（人脸/虹膜）无法识别时，系统允许乘务员手工录入工号，并自动在出勤值班员办公计算机桌面弹出提示框，提示“××××（地点）××乘务员无指纹出勤，请确认”。指定的值班员点击“确认”后，方准乘务员工号出勤。

三、出勤计划核对

身份识别成功后，获取出勤计划，如果系统提示“没有出勤计划”则需要联系值

班员进行处理。查阅完成后，点击【下一步】按钮。

（1）早出勤卡控：按乘务计划中设定的出勤时间，提前 10 min 方可办理出勤。超过 10 min 办理时，系统自动向出勤值班员发出出勤授权请求。值班员审核通过后，方可继续办理出勤。

（2）晚出勤卡控：按乘务计划中设定的出勤时间，延迟 10 min 无人办理出勤时在指定的出勤值班员办公计算机桌面弹出提示框，提示“××××（地点）××次无人出勤”。值班员点击“确认”键提示框退出。

（3）防漏乘卡控：按乘务计划中设定的出勤时间，延迟 30 min 仍无人办理出勤时，在出勤值班员办公计算机桌面弹出提示框，提示“××××（地点）××次漏乘，换人”。值班员点击“确认”键提示框退出。

四、饮酒检测

核对完成出勤计划单之后，开始饮酒检测（见图 1.1.2）。先进行虹膜识别，识别成功后系统语音提示“请测酒”，听到语音提示后开始吹气完成测酒。吹气过程系统实时监测虹膜，应避免闭眼或向下看引起测酒失败。

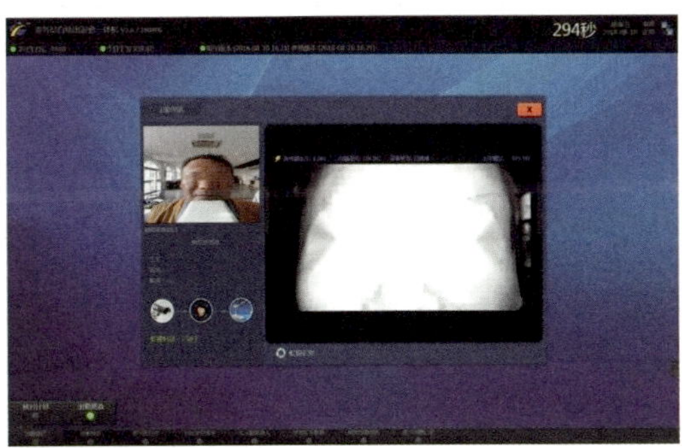

图 1.1.2

有多个乘务员办理出勤，需要点击【继续登记】按钮进行第二个人的饮酒检测（见图 1.1.3），等机组所有乘务员测酒完成后，点击【下一步】按钮，完成出勤报到。

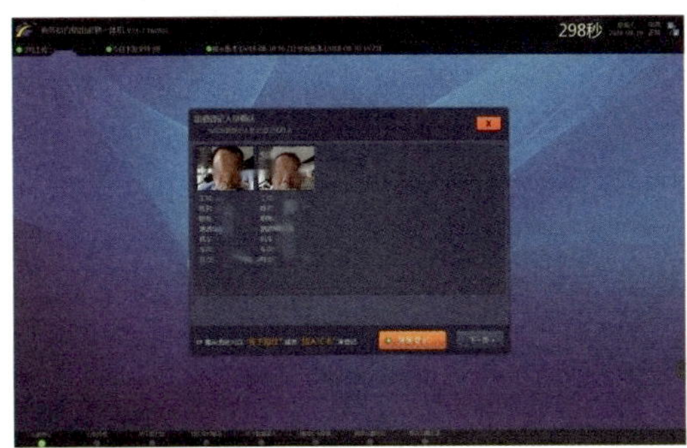

图 1.1.3

（1）出勤调度员起立，接过司机手册、IC 卡，进行审核。出勤乘务员认真阅读安全卡及相关安全传达内容（司机阅读，学习司机认真听取），阅读完毕，二人分别在出勤传达登记簿签名。

（2）出勤调度员审核完司机手册并在手册上盖章、签点、将司机手册、运行揭示、IC 卡、司机报单、车机联控信息卡等资料交出勤乘务员，并向该机班传达本次列车运行中注意事项及上级有关指示、电报精神。

任务实施

序号	任务实施步骤	任务要点
1	出勤报到	
2	身份识别	
3	出勤计划核对	
4	饮酒检测	

任务评价

非常符合（90 分以上）；比较符合（80～89 分）；符合（70～79 分）；基本符合（60～69 分）；不符合（60 以下或存在失格项）

考核要素	知识评价	技能评价	权重	评分标准	得分
出勤报到	掌握出勤报到注意事项、着装要求和需携带规章书籍要求	1. 掌握乘务员出勤时必须按规定着装要求； 2. 掌握检查乘务员必须携带的证件和有关资料的要求； 3. 能够进行电台、IC 卡等行车用品领用及状态确认	30%	1. 未按规定时间出勤，每迟到 1 min 扣 1 分，满分 5 分，扣完为止； 2. 未按规定着装扣 5 分； 3. 未按规定携带齐全证件扣 5 分，未按规定携带齐全有关资料扣 5 分； 4. 未能正确领取电台、IC 卡等行车物品扣 5 分，未能正确确认物品状态扣 5 分	
身份识别	掌握机车乘务员出勤登记要求	能够使用乘务一体机进行机班身份确认和登记	10%	1. 司机不能正确使用乘务一体机确认身份扣 5 分； 2. 副司机不能正确使用乘务一体机确认身份扣 5 分	
出勤计划核对	掌握机车乘务员出勤计划的核对方法	掌握出勤计划的核对方法，掌握班组配置、乘务作业时间等相关知识和规定	20%	1. 无法正确核对出勤计划扣 10 分； 2. 不能明确表述班组配置和乘务作业时间扣 10 分	

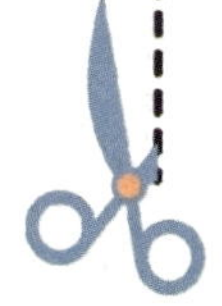

续表

考核要素	知识评价	技能评价	权重	评分标准	得分
酒精检测	掌握《机务行车安全管理规则》（简称《安规》）出勤相关要求。	1. 能够使用乘务一体机自助进行酒精含量检测。 2. 掌握禁止乘前饮酒的规定，以及酒精检测的相关标准	30%	1. 正副司机均 1 次饮酒检测通过不扣分； 2. 正副司机有 1 人 1 次饮酒检测不合格，按规定饮水休息后检测通过，扣 5 分； 3. 正副司机两人均 1 次饮酒检测不合格，按规定饮水休息后检测通过，扣 10 分； 4. 正副司机至少有 1 人未做饮酒检测，扣 30 分； 5. 正副司机至少有 1 人饮酒检测始终不合格（饮酒或酗酒），任务一直接失格（酒测不过不准出勤，按红线处理，调离乘务员队伍或待岗）	
思政评价	任务完成后，能够依据任务实施过程，阐述出作业过程体现出的职业素养或思政元素，或者可以根据自身实训结果，反思自己在任务实施过程中有哪些违反职业素养的行为		10%	学员的阐述可以体现对职业素养的正确认识，或对该任务蕴含的思政元素有自己合理的见解即可	
合计			100%		

检查与评价	
一、学生自我评估	年　月　日
二、小组评价	年　月　日
三、指导教师评价	年　月　日

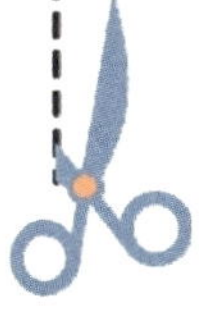

知识要点

一、CR200J（时速 160 km）动力集中动车组机车乘务员（以下简称“机车乘务员”）基本要求

（1)符合岗位标准要求，司机须取得国家铁路局颁发的 J9 类铁路机车车辆驾驶证，经岗前培训考试合格后，方可上岗。

（2）敬业爱岗，胜任本职工作。

（3）身体条件符合国家对铁路机车车辆驾驶人员职业健康标准的要求。

（4）具备中专及以上学历，具有良好汉字读写能力并能够熟练运用普通话交流。

（5）符合（1）~（4）项要求的人员，在机务段乘务学习满半年（或乘务公里数满 3×10^4 km)，经中国国家铁路局集团公司（以下简称铁路局集团公司）组织考核合格，颁发铁路岗位培训合格证后，方可担当副司机工作。年龄 35 岁及以下的在职或入职副司机，应在 3 年内达到机车乘务员学历标准。

二、机车驾驶证的规定

在中华人民共和国境内的铁路营业线上，承担公共运输或者施工、维修、检测、试验等任务的铁路机车、动车组、大型养路机械、轨道车、接触网作业车驾驶人员（以下简称驾驶人员)，应当依照《铁路机车车辆驾驶人员资格许可办法》向国家铁路局申请铁路机车车辆驾驶资格，经考试合格后取得资格许可，并获得相应类别的铁路机车车辆驾驶证。

三、班组配置及管理

（1）对机车乘务员，实行运用车间、车队、班组分层管理。机车乘务员的班组，包乘制为机车包乘组，轮乘制为轮乘组。

（2）一个区段内，运行图中规定由电力机车牵引的旅客列车连续运行（中途无停站）4 h 以上的，每班配 2 名司机轮流操纵，非操纵司机代学习司机工作。

（3）实行包乘制的机车，每台可设包乘司机长 1 人；实行轮乘制的每 3 ~ 5 班可设轮乘司机长 1 人。司机长除执行司机本身职务外，还要领导包乘（轮乘）组全体成员保养好机车、质量良好地完成运输生产任务。

四、机车乘务员待乘间休规定

（1）出乘前须充分休息，严禁饮酒。

（2）认真执行待乘休息和公寓管理规定。本段夜间出乘必须按段定的待班时间、

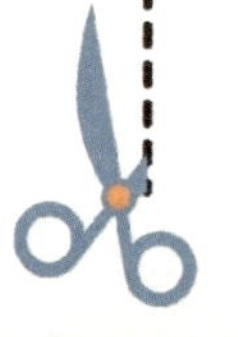

地点卧床休息不少于 4 h；外公寓调休时间不得少于 5 h（其时间的计算为到达公寓签到休息至叫班时止，以下同）。

（3）在外公寓驻班休息时间不得少于 10 h。

（4）轮乘制外公寓换班继乘休息时间不得少于 6 h。

（5）按规定参加公寓组织的技术业务学习，外出离寓时须执行请销假制度。公寓叫班后按规定时间签认离寓。

五、一次乘务作业工作时间标准

（1）机车司机、副司机配班值乘：客运列车不超过 8 h，货运列车不超过 10 h。

（2）机车单班单司机值乘时间标准由铁路局集团公司制定。

（3）机车双班单司机值乘：客运列车按旅行时间不超过 15 h 加出退勤工作时间，货运列车旅行时间不超过 16 h 加出退勤工作时间。

六、酒精检测的规定

根据《安规》要求机车乘务员出勤必须接受酒精含量检测，未经酒精检测或酒精检测不合格严禁出勤。参照《车辆驾驶人员血液、呼气酒精含量阈值与检验》的要求，血液酒精含量大于或等于 20 mg/100 mL，即为不合格。

任务二　运行揭示核对与反馈

任务描述

作为机务段的客运车间的一个机班的乘务员，与小张共同担当 D×××次列车次甲站至丁站的旅客列车运输任务，已按出勤计划进行完成了出勤报到，目前需进行运行揭示的核对并将核对的结果向出勤调度员反馈。

学习活动建议

学习活动	内　容	建议学时
自学资讯及相关知识点	1. 掌握运行揭示、交付揭示与公布揭示的定义； 2. 掌握 LKJ 临时数据录入流程； 3. 掌握运行揭示核对与反馈作业流程	课前
计划	根据任务单上的任务情境，每位同学独立归纳总结运行揭示核对与反馈作业流程及注意事项并正确完成运行揭示核对与反馈	课中（1 学时）
决策	通过小组讨论和组间交流后，做出指导教师指定任务情景下，所需运行揭示核对与反馈作业的任务决策	

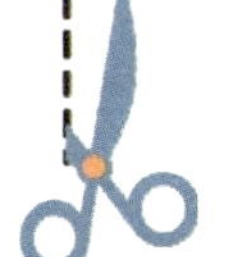

续表

学习活动	内　容	建议学时
实施	根据指导教师提供的资讯，完成指导教师指定情景下具体的运行揭示核对与反馈作业情景模拟任务	
	正确填写（执行过程检查）评估工作页。小组成员互检工作页的正确性，提交指导教师给予评估	
检查与评价	完成自我评估、小组评价以及教师评价	
完善与拓展	根据学习掌握深度要求，拓展完善运行揭示核对与反馈作业相关资讯	课后

任务引导

1. 简述运行揭示、交付揭示与公布揭示的定义。

____

____

____

2. 简述 LKJ 临时数据录入流程。

____

____

____

3. 什么是“五核对、五反馈”？

____

____

____

任务分析

运行揭示核对与反馈是关系到行车安全的关键作业环节，需根据出勤计划和所担

当运行区段，使用乘务一体机，对发放的运行揭示进行逐字核对、不错不漏，按规定验卡，验卡条目准确，认真执行“五核对、五反馈”要求，即交付揭示与公布揭示核对，逐条勾画值乘区段相关运行揭示。核对写入 IC 卡的数据文件条数和命令号，并与交付揭示勾画的运行揭示逐条核对，填写《机务派班室 LKJ 临时数据录入登记簿》，与出勤调度员核对后，双方签认。上车后，核对机车 LKJ 版本号，载入 LKJ 后，核对载入的 LKJ 临时数据文件条数和命令号。

任务分工

班级		组号		指导教师	
小组成员	任务分工				

任务步骤

出勤报到完毕之后，机班二人到通过乘务自助一体机，对运行揭示进行逐条核对确认。

一、LKJ 临时数据录入

（1）插入 IC 卡，确认写卡区段，插入 IC 卡，点击【写卡】按钮开始写卡（见图 1.2.1）。

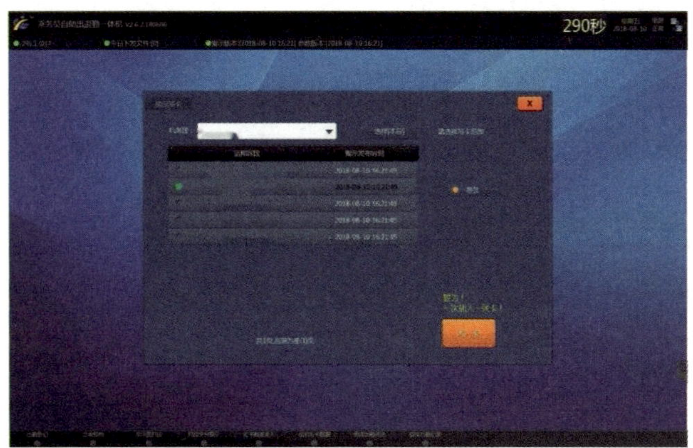

图 1.2.1

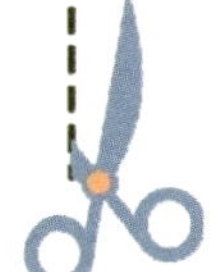

（2）写卡过程中，不得拔卡、点击屏幕和对键盘灯操作，避免写卡失败（见图 1.2.2）。

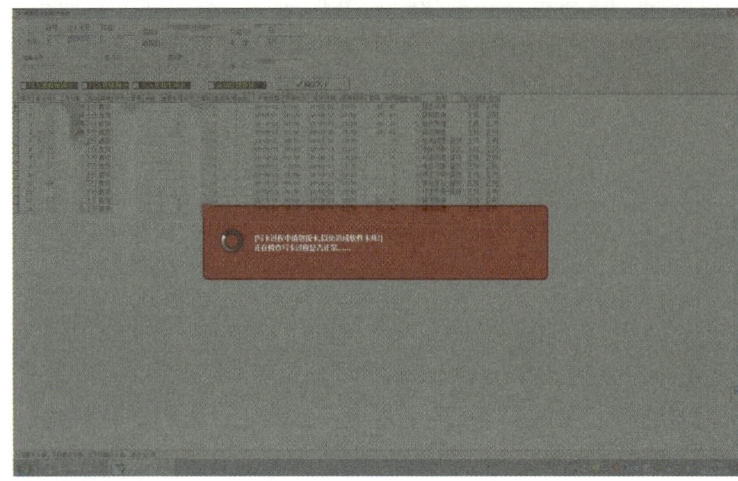

图 1.2.2

（3）如果需要写入第二张卡，先插入第二张 IC 卡，点击【继续写卡】按钮，写卡完成后，点击【结束写卡】按钮（见图 1.2.3）。

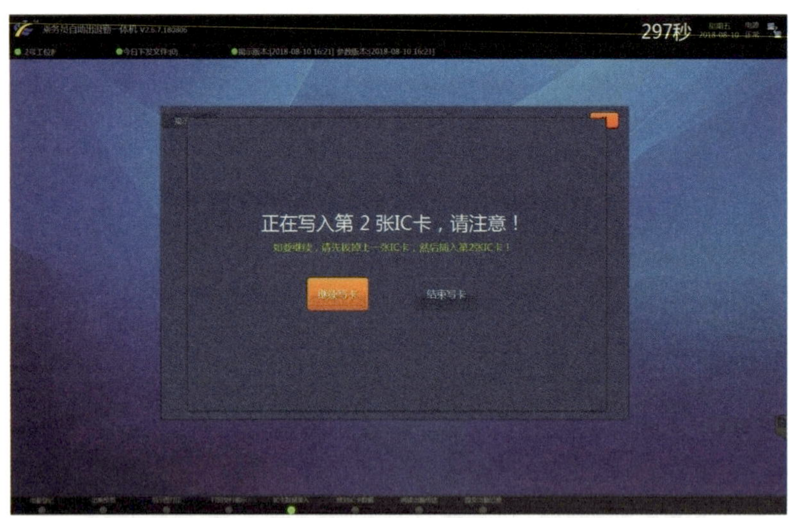

图 1.2.3

二、交付揭示打印与核对

（1）阅读交付揭示，并点击【打印】按钮，打印交付揭示。

（2）操纵司机面对公布揭示逐项朗读，非操作司机面对交付揭示进行有声核对（见图 1.2.4）。核对时，要逐条确认，核对完毕后在交付揭示上勾画出每一要素。

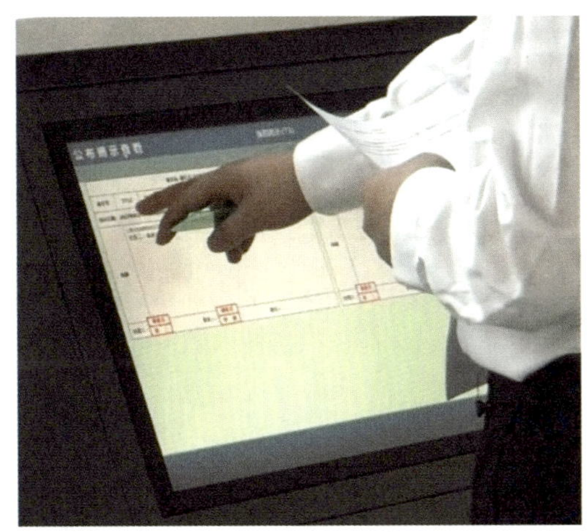

图 1.2.4

三、揭示验卡

（1）进入验卡窗口，确认写卡区段，根据担当任务的类型不同，选择不同的车辆类型，点击【确定】按钮（见图 1.2.5）。

图 1.2.5

（2）核对写入 IC 卡的数据文件条数和命令号，以及自动比对结果（绿色为合格）（见图 1.2.6）。

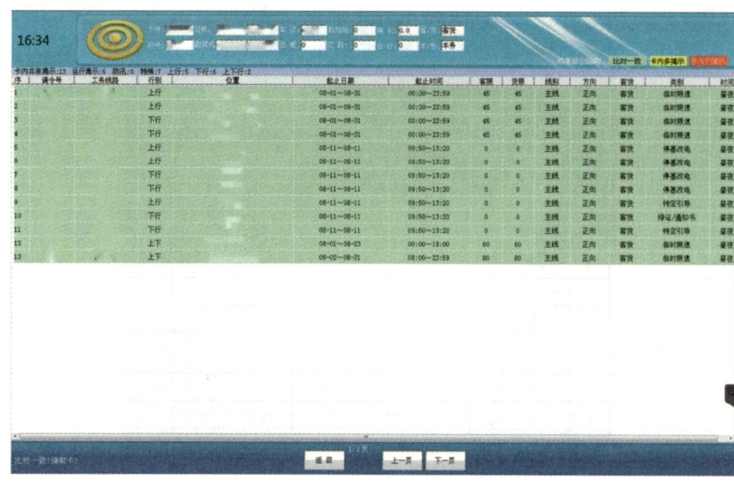

图 1.2.6

（3）由副司机对 IC 卡校验装置显示的运行揭示进行逐条阅读，司机根据阅读内容对运行揭示逐条核对，在临时限速时段、里程、限速值下方画横线标注。

（4）确认无误后正副司机共同在《机务派班室 LKJ 临时数据录入登记簿》进行电子化签字，出勤值班员进行核对确认后，完成运行揭示核对反馈任务。

任务实施

序号	任务实施步骤	任务要点
1	LKJ 临时数据录入	
2	交付揭示打印与核对	
3	LKJ 临时数据核对（揭示验卡）	

任务评价

非常符合（90 分以上）；比较符合（80～89 分）；符合（70～79 分）；基本符合（60～69 分）；不符合（60 以下或存在失格项）

考核要素	知识评价	技能评价	权重	评分标准	得分
LKJ 临时数据录入	掌握 LKJ 临时数据录入	1. 能够按出勤计划选择正确运行区段信息和填写出勤信息； 2. 能够使用乘务一体机自助写卡并与出勤值班员进行联控审核	30%	1. 不能根据出勤计划 1 次选对正确的运行区段扣 10 分； 2. 不能正确填写出勤扣 10 分； 3. 不能正确使用乘务一体机进行自助写卡扣 5 分； 4. 出勤确认时没有及时与出勤值班员进行联控审核扣 5 分	

续表

考核要素	知识评价	技能评价	权重	评分标准	得分
交付揭示打印与核对	掌握交付揭示核对要求	1. 核对运行揭示及有关安全注意事项； 2. 按规定对交付揭示关键要素进行重点标注； 3. 自助操作打印交付揭示	30%	1. 未能核对运行揭示及有关安全注意事项扣 10 分； 2. 未能对交付揭示关键要素进行重点标注，少 1 处扣 3 分，满分 15 分扣完为止； 3. 未能成功打印交付揭示扣 5 分	
LKJ 临时数据核对（揭示验卡）	掌握 LKJ 临时数据核对方法和反馈确认要求	1. 根据出勤计划选择正确运行区段，正确填写写卡信息； 2. 能够使用验卡设备将 IC 卡内容与运行揭示进行逐条核对； 3. 正确填写《机务派班室 LKJ 临时数据录入登记簿》，并与出勤值班反馈确认	30%	1. 不能根据出勤计划 1 次选对正确的运行区段扣 5 分； 2. 不能正确填写出勤扣 5 分； 3. 使用验卡设备将 IC 卡内揭示与运行揭示逐条核对出现错误扣 10 分，未能核对任务二直接失格； 4. 没有正确填写《机务派班室 LKJ 临时数据录入登记簿》扣 5 分； 5. 没有与出勤值班员反馈确认扣 5 分	
思政评价	任务完成后，能够依据任务实施过程，阐述出作业过程体现出的职业素养或思政元素，或者可以根据自身实训结果，反思自己在任务实施过程中有哪些违反职业素养的行为		10%	学员的阐述可以体现对职业素养的正确认识，或对该任务蕴含的思政元素有自己合理的见解即可	
合计			100%		

检查与评价	
一、学生自我评估	年　月　日
二、小组评价	年　月　日
三、指导教师评价	年　月　日

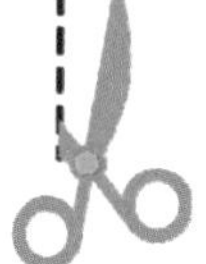

知识要点

一、运行揭示调度命令

运行揭示调度命令指由施工调度员发布的涉及限速、行车方式变化和设备变化的调度命令，应包括时间、地点、因由、速度、行车方式变化和设备变化等内容。

二、IC 卡临时数据文件

IC 卡临时数据文件指依据运行揭示调度命令等资料，通过专用软件录入相关信息数据，编制、编译形成的载入 LKJ 对列车实施一次减速控制或改变行车方式、提示有关操作的数据集合。

三、运行揭示的传递

运行揭示调度命令由各铁路局集团公司调度所施工调度室经调度命令系统发送至机务段机车调度室，运行揭示台调度员接收到运行揭示调度命令后，与施工日计划核对，根据运行揭示调度命令编制运行揭示、LKJ 临时数据文件，对编制完成的运行揭示和 LKJ 临时数据文件对照运行揭示调度命令原件进行核对，并使用模拟运行测试设备对 LKJ 临时数据文件进行模拟运行验证。

四、交付揭示

交付机车乘务员携带的运行揭示简称交付揭示，应按乘务交路别分区段编制，并标明有效时段。各区段运行揭示应按照列车运行方向由近至远顺序排列。机车乘务员在本段退勤时，派班室应回收交付揭示，存档保存不少于 10 天。交付揭示如图 1.2.7 所示。

五、运行揭示栏

派班室应按区段分设运行揭示栏，以显示屏公布，运行揭示须保证显示屏不显示与运行揭示无关的内容。运行揭示栏出示的运行揭示应按上下行、站序、公里数顺序排列（见图 1.2.8）。

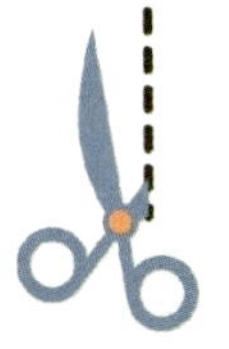

运行揭示（格式及范例）

交付日期：2021年03月09日08时00分
有效时间至2021年3月10日24时00分

乙站-丙站(下行)

1 、▲24685 2021年03月10日07时00分至03月10日09时00分，因普铁线施工，施工期间执行施工特定行车办法。1、丙站下行进站信号停用，固定直股，引导接车时，列车司机凭特定引导手信号的显示，以不超过60km/h速度进站。2、乙站至丙站间下行线停用基本闭塞法，改用电话闭塞法。乙站使用列车无线调度通信设备（其通信记录装置须作用良好）将路票电话记录号码和调度命令号码通知司机，列车凭通过手信号通过车站（发车信号开车）。3、丙站下行出站信号停用，车站使用列车无线调度通信设备（其通信记录装置须作用良好）将绿色许可证编号和调度命令号码通知司机，列车凭通过手信号通过车站（发车信号开车）。

2、▲22489 2021年03月10日00时00分至另有命令时，普铁线乙站3、4道限速30km/h。

3、▲22499 2021年3月10日00时00分至2021年3月31日24时00分，普铁线丙站至丁站间下行线634km+500m至634km+900m处施工，客车限速80km/h，货车限速60km/h。

丙站-乙站(上行)

1、▲22499 2021年3月10日00时00分至2021年3月31日24时00分，普铁线丙站至丁站间下行线634km+500m至634km+900m处施工，客车限速80km/h，货车限速60km/h。

2、▲22489 2021年03月10日00时00分至另有命令时，普铁线乙站3、4道限速30km/h。

调度员：（签章）　　　　司机（签章）

注：立折交路上下行分开，驻班交路只交付单趟。1页不够时须标明页码。

图 1.2.7

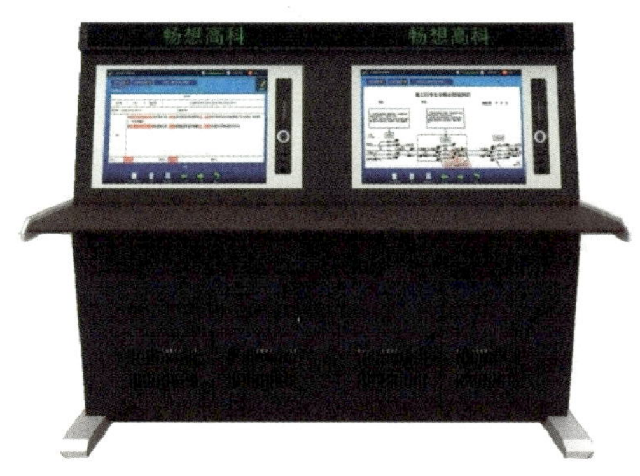

图 1.2.8

六、出勤核对与反馈

机车乘务员出勤时，出勤调度员将其值乘交路的 LKJ 临时数据文件录入 IC 卡。机车乘务员须进行严格执行揭示“五核对、五反馈”要求：

（1）交付揭示与公布揭示核对，逐条勾画值乘区段相关运行揭示。

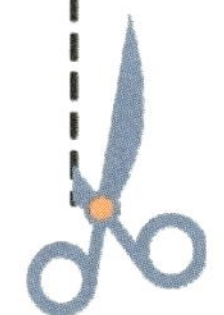

（2）在模拟运行测试设备（或 IC 卡 LKJ 临时数据文件核对装置）上核对写入 IC 卡的数据文件条数和命令号，并与交付揭示勾画的运行揭示逐条核对。

（3）填写《机务派班室 LKJ 临时数据录入登记簿》，与出勤调度员核对后，双方签认。

（4）上车后，核对机车 LKJ 版本号。

（5）上车载入 LKJ 后，核对载入的 LKJ 临时数据文件条数和命令号。

机车乘务员在司机手册车站站名处及交付揭示上标注，在列车运行中，经过一处划掉一处，逐个销号。

派班室机车调度员应实行对口交接制度，交班机车调度员将运行揭示出示和撤除情况，向接班机车调度员逐条说明，接班机车调度员应逐条核对，并在对口交接记录簿上予以注明和签认。

任务三　出勤预想与审核

任务描述

作为机务段的客运车间一个机班的乘务员，与小张共同担当 D×××× 次列车次甲站至丁站的旅客列车运输任务，已按出勤计划完成了出勤报到和运行揭示核对工作，目前需要认真学习行车通报及重要事项，开好小组出勤会，根据天、地、人、车等情况，排查本次乘务的安全风险点，并制定好卡控措施，填写司机手册，并交出勤调度员审核。

学习活动建议

学习活动	内　容	建议学时
自学资讯及相关知识点	1. 掌握机车交路的概念； 2. 熟悉不同机车乘务制的换班方式； 3. 了解机车调度员的责任	课前
计划	根据任务单上的任务情境，每位同学独立归纳总结出勤预想与审核作业流程及注意事项并正确完成出勤预想，填写司机手册	课中（1 学时）
决策	通过小组讨论和组间交流后，做出指导教师指定任务情景下，所需出勤预想与审核的任务决策	
实施	根据指导教师提供的资讯，完成指导教师指定情景下的具体出勤预想与审核作业的模拟任务	
	正确填写（执行过程检查）评估工作页。小组成员互检工作页的正确性，提交指导教师给予评估	
检查与评价	完成自我评估、小组评价以及教师评价	
完善与拓展	根据学习掌握深度要求，拓展完善出勤预想与审核作业相关资讯	课后

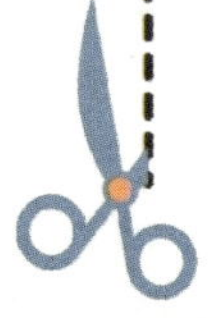

任务引导

1. 简述出勤传达的内容。

____

____

____

2. 简述司机手册填写注意事项。

____

____

____

3. 简述出勤预想召开小组会的重要性。

____

____

____

任务分析

出勤预想与审核是为了充分了解各种运行情况，针对使用机型、担当列车、天气等具体情况充分预想，做好安全预防卡控，确保安全畅通、平稳正点，需要通过乘务一体机进行出乘前的乘前答题，阅读出勤安全教育和有关记名式传达要求，正确填写司机手册。出勤调度员审核完司机手册并在手册上盖章、签点，完成整个出勤作业过程。

任务分工

班级		组号		指导教师	
小组成员	任务分工				

任务步骤

一、出勤传达

（1）机班通过乘务一体机，选择需要阅读的出勤传达文件，阅读一个文件之后，点击【阅读下一个】按钮阅读其他文件，当系统提示阅读完成后，点击【下一步】按钮（见图 1.3.1）。

图 1.3.1

（2）认真阅读出勤指导、传达簿（见图 1.3.2）。

机车乘务员出勤指导、传达簿

机务段　　　　运用车间

日期	8 月 11 日	措施制定人		职务	
上级文件电报	关于　　　　的通报 对于看位调车信号，动车组司　　　　　　度，本规定自 2018 年 8 月 20 日起正				

图 1.3.2

（3）机班结合安全传达和出勤指导、传达簿中的内容进行乘前答题。

二、填写司机手册

（1）结合出勤计划信息、运行注意事项填写司机手册。

（2）根据乘务计划填写车次、司机、副司机；根据派班室公布的天气信息填写天气；根据在派班室实际办理出勤手续的时间填写出勤时间。

（3）根据出勤时的交付揭示信息和写卡信息填写运行揭示中的文本条数和 IC 卡条数；根据出勤时值班员派发的《机车乘务员携带列车时刻表》填写运行注意事项中的区段号、起始车站号；根据出勤时值班员派发的《机车乘务员携带列车时刻表》填写站名信息；根据出勤时值班员派发的《编组信息单》填写辆数、吨数、计长。

（4）出勤栏内的调度员签章为调度员盖章处。

（5）如果途经车站停车，在该车站实际时刻中的“到”（到达时间的简写）一栏内填写列车停车的精确时间（时、分、秒），待发车后在“发”（发车时间的简写）一栏内填写列车发车的精确时间（时、分、秒）。之后在该车站右侧对应的“辆数”“吨数”“计长”栏内填写对应信息。股道是根据停车或者通过的实际股道编号进行填写。

（6）如果途经车站没有停车，需在该车站发车时间一栏内填写经过该站站中心的时间，具体时分看 LKJ 监控上通过站中心的时间。

（7）始发站实际时刻栏内只需填写发车时间，终到站实际时刻栏内只需填写到达时间。

（8）发车时间一栏内，如果到达该站时间与前站相比不跨小时且没有停车，则可只填写分、秒。如果该站停车，则必须填写完整的时、分、秒。

三、出勤请求确认

出勤作业完成后，需要提交值班员审核，点击【提交派班室审核】按钮，提交值班员审核同意出勤。

值班员审核正常同意出勤后，系统弹出【出勤完成，请拔出您的 IC 卡】（见图 1.3.3），表示出勤登记完成，乘务员可离开一体机，到出勤调度员处办理后续手续。

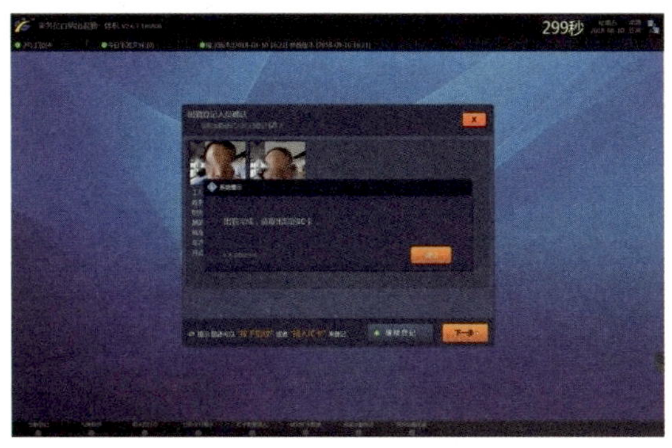

图 1.3.3

四、出勤审核

出勤调度员审核机车型号、车次、乘务员姓名、日期、时分、出勤小组会内容及运行揭示标记是否正确，发现问题及时纠正，在运行揭示上加盖当班值班员印章，司机手账本加盖测酒合格印章。

出勤值班员呼："安全正点"；机班回答："优质服务"，出勤完毕。

任务实施

序号	任务实施步骤	任务要点
1	出勤传达	
2	司机手册填写	
3	出勤请求确认	
4	出勤审核	

任务评价

非常符合（90分以上）；比较符合（80～89分）；符合（70～79分）；基本符合（60～69分）；不符合（60以下或存在失格项）

考核要素	知识评价	技能评价	权重	评分标准	得分
出勤传达	掌握正确阅读各级传达	出勤预先内容全面，能够完成出勤答题评价	20%	1. 出勤预想内容欠缺或未做出勤预想扣10分； 2. 出勤答题评价错误或未做出勤答题扣10分	
司机手册填写	掌握司机手册填写方法	司机手册内容填写正确	20%	司机手册填记错误1处扣2分，满分20分扣完为止	
出勤请求确认	掌握出勤预想方法	能够结合担当列车种类、天气、人员等情况，进行安全预想，并记录于司机手册	20%	1. 安全预想不全面或未做安全预想扣10分； 2. 未将安全预想内容记录于司机手册扣10分	
出勤审核	掌握出勤作业完整程序，掌握出勤传达内容	1. 能够阅读安全卡及相关传达内容； 2. 能够回答机车调度员提问，进行出勤审核办理	30%	1. 未能阅读全部安全卡或相关传达内容扣15分，此项未做任务三直接失格； 2. 未能回答机车调度员提问或答错问题扣15分	
思政评价	任务完成后，能够依据任务实施过程，阐述出作业过程体现出的职业素养或思政元素，或者可以根据自身实训结果，反思自己在任务实施过程中有哪些违反职业素养的行为		10%	学员的阐述可以体现对职业素养的正确认识，或对该任务蕴含的思政元素有自己合理的见解即可	
合计			100%		

检查与评价	
一、学生自我评估	年　月　日
二、小组评价	年　月　日
三、指导教师评价	年　月　日

知识要点

一、机车交路

机车交路是机车固定担当运输任务的周转区段，也称机车牵引区段。

机车交路按用途不同分为客运机车交路和货运机车交路；按区段长度不同分为一般机车交路和长交路；按机车运转制不同分为循环运转制、半循环制、肩回式和环形小运转制交路等。

1. 机车运转制

机车运转制是指机车在交路上从事列车作业的方式，分为肩回运转制、循环运转制、半循环运转制和环形运转制。

（1）肩回运转制。机车牵引列车在一个交路区段内往返一次后即进入本段者称为肩回运转制。肩回运转制又可分为单肩回、双肩回、多肩回等几种。机车的长短交路均可采用这种运转，在我国铁路区段上，担当牵引任务的机车多采用肩回运转制。

（2）循环运转制。机车牵引列车在相邻两个交路区段内作往返连续运行，直到需要进行中检或定期检修时才进入本段者，称为循环运转制。

（3）半循环运转制。机车牵引列车在相邻两个交路区段内往返运行一次后即进入本段者，称为半循环运转制。

（4）环形运转制。机车牵引列车在一个交路区段内连续运行几个往返后才进入本段进行整备作业者，称为环形运转制。这种运转制适用于小运转列车、市郊列车或运量较大的短交路区段列车等。

2. 乘务制

机车乘务制是指机车乘务员使用机车的制度，分为包乘制、轮乘制、轮包结合制。

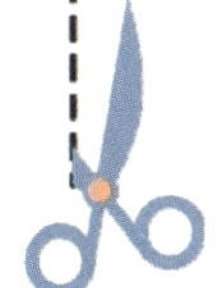

（1）包乘制一般采用四班制，4 个乘务组固定使用一台机车，轮流值乘，由 1 名较优秀的司机担任司机长，每 5 ~ 7 台机车设指导司机 1 名，指导司机对分管的各机车乘务机班进行技术指导和工作监督与检查。

（2）轮乘制机车没有固定的乘务组，各乘务组轮流上车值乘，按一定的顺序轮流值乘不同的机车。一般每 15 ~ 20 个乘务组设 1 名指导司机，机车的日常保养与检查维修由地勤车间或地勤组承担。轮乘制提高了机车的利用率和乘务员的劳动效率，也提高了铁路运输效率，而机车的保养及检修条件较差，因此对机车本身的质量要求较高。

（3）轮包结合制适用于机车长交路。机车由几个固定的乘务组包管，当机车出机务段或回机务段（出、入段）时，由该固定乘务组值乘，在交路上运行时由各乘务组按一定的顺序轮流上车值乘，该乘务制度是包乘与轮乘相结合的一种方式，既提高了机车的利用率和乘务员的劳动效率，也加强了机车的保养工作。

二、包乘制的换班方式

按照机车交路的类型和乘务组连续工作的时间要求，包乘制的交班方式分为：① 外段立即折返式。包乘组中一班出乘，到达折返段后不换班，立即原班原机返回。② 外段调休式。包乘组中一班出乘，到达折返段不换班，下车后进行必要的休息，机车也随之停留等待，休息后，原机原班返回。③ 外段驻班式。包乘组中一班出乘，到达折返段后换班退勤，机车交由驻在折返段的另一班乘务组接乘返回。④ 中途站换班式。包乘组中一班出乘，另一班驻在中途换乘站，再一班驻在折返段（根据交路长度，该班也可以不驻班），依次换班接乘返回。⑤ 随乘换班式。包乘组中两班出乘（另两班在驻地休息），其中一班工作，另一班在随挂的宿营车上休息，到达某中途站或折返点后，自行换班随乘返回。⑥ 定时换班式。包乘组中一班出乘，工作到固定时分，另一班乘务组在机务段或车站接。

三、轮乘制与轮包结合制的换班方式

轮乘制的换班方式为换乘点换班。自换乘点至相邻的换乘点之间的距离，称为乘务区段。轮乘制的换班方式有两种，即单区间轮乘制和多区段轮乘制。乘务组在固定的一个乘务区段内往返轮乘换班的方式为单区间轮乘制。乘务组依次在两个或两个以上的乘务区段内往返轮乘换班的方式为多区段轮乘制。

轮包结合制是乘务组采用运乘制换班方式，乘务组使用的机车采用轮乘制。

四、机车调度员的职责

为了组织实现列车运行图和机车周转图，指挥机车的日常运用工作，中国国家铁路集团有限公司（简称国铁集团）、铁路局集团公司和机务段，应分别设置机车调度室。

机车调度工作的基本任务是：正确编制日（班）计划机车周转图，并组织实施。

（1）与行车调度员密切配合，组织均衡开车，保证机车供应。

（2）经济合理地使用机车，提高机车运用效率。

（3）及时正确地处理日常运输生产工作中出现的问题，维护安全正点。发生行车事故和重点列车运行晚点，要及时查明情况，并逐级上报。

（4）正确填记各种报表和台账。

（5）掌握回送机车动态及备用机车的加入与解除。

（6）加强与行车调度之间的联系，严格掌握机车乘务员按规定时间叫班，防止列车晚点和乘务员超劳。

（7）经常深入现场、添乘机车、熟悉情况，不断提高工作能力和指挥水平。

机车调度工作实行国铁集团机辆部、铁路局集团公司、机务段分层管理：

各级机车调度实行逐级负责制，下级调度必须服从上级调度的指挥，铁路局集团公司机务处是机车运用工作的主管部门，负责机车调度工作的领导。机车调度员是机车日常运用的组织者和指挥者。各级机车调度人员必须树立铁路运输全局观念和市场营销意识。严肃调度纪律，严格执行各项规章、命令。机车乘务员及机务行车工作人员必须服从机车调度的指挥。

各级机车调度员应从思想作风好、业务能力强的优秀司机中选拔，或由现职调度员中逐级选拔。新任用的机车调度员必须经过机车调度专业知识的培训。各级机车调度人员应经常深入现场，添乘机车，调查研究，熟悉乘务员、机车、线路、设备等情况，取得指挥工作的主动权。

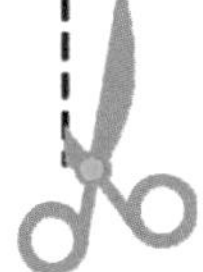

项目二　整备作业

整备作业包括机车交接办理、司机室检查、行车安全装备开机及检查、行车安全装备相关数据输入、升弓作业、制动机试验。

司机室检查，是保证列车安全无故障运行的重要程序之一。完成检查后，按标准作业流程完成行车安全装备检查及参数输入、升弓及制动机试验，最终完成整备作业。

项目目标

1. 知识目标

（1）掌握整备作业的标准流程。

（2）掌握司机室检查的操作方法。

（3）掌握行车安装装备检查和使用方法。

2. 能力目标

（1）能按标准作业流程，完成司机室检查。

（2）能按标准作业流程输入 LKJ 参数、完成 CIR 注册。

（3）成功完成升弓作业和制动机试验站折试验。

3. 思政目标

（1）践行动车组乘务员职业守则，使学生树立严谨细致的工作态度。

（2）培养学生专注负责的岗位精神。

任务一　机车交接办理

机车整备及机械间检查

任务描述

机车交接办理是乘务员上车前的必要步骤。动力车车门钥匙、电钥匙、运行日志等工具资料一般由地勤人员保存管理。如乘务员机班未办理机车接车手续或办理异常，乘务员将无法正常完成牵引任务甚至无法上车。因此，正确办理机车接车手续，是完成后续工作的关键环节。你和小张在××机务段派班室出勤完毕后，到值班室或交接室办理接车手续。

学习活动建议

学习活动	内　容	建议学时
自学资讯及相关知识点	1. 掌握机车办理交接需交接的物品清单； 2. 掌握机车办理交接的作业流程； 3. 了解交接物品的作用	课前
计划	根据任务单上的任务情境，每位同学独立归纳总结机车办理交接作业流程及注意事项并正确完成机车交接	课中（1学时）
决策	通过小组讨论和组间交流后，做出指导教师指定任务情景下，所需机车办理交接的任务决策	
实施	根据指导教师提供的资讯，完成指导教师指定情景下具体的机车办理交接作业情景模拟任务	
	正确填写（执行过程检查）评估工作页。小组成员互检工作页的正确性，提交指导教师给予评估	
检查与评价	完成自我评估、小组评价以及教师评价	
完善与拓展	根据学习掌握深度要求，拓展完善机车办理交接作业相关资讯	课后

任务引导

1. 简述动车组办理交接的流程。

______

______

______

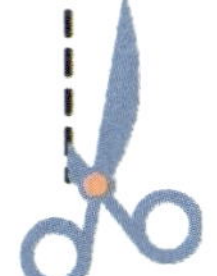

2. 简述乘务员需要了解的值乘列车信息。

____

____

____

任务分析

首先要知道值班室或交接室的位置，明确固定走行径路，其次明确本机班要走的车次。明确接车时应携带的物品，应领取的物品和工具。在领取完物品和工具后，应保存好领取的物品和工具，尽快找到所值乘列车。

任务分工

班级		组号		指导教师	
小组成员	任务分工				

任务步骤

机班按规定走行线路（乘坐交通工具），在规定的时间共同到一体化值班室签到，了解所值乘列车型号、编组、存放股道及防溜设置情况（见图 2.1.1），并记录在司机手账上。领取动力车钥匙、控制车车门钥匙和《运行日志》，并签认登记。

图 2.1.1

任务实施

序号	任务实施步骤	任务要点
1	到达值班室或交接室	
2	领取钥匙和资料	
3	了解值乘列车信息	
4	找到值乘列车，查看状态	

任务评价

非常符合（90分以上）；比较符合（80～89分）；符合（70～79分）；基本符合（60～69分）；不符合（60以下或存在失格项）

考核要素	知识评价	技能评价	权重	评分标准	得分
到达值班室或交接室	知晓值班室或交接室位置	机班成员安全到达值班室或交接室	20%	未能准时安全抵达值班室或交接室扣20分	
领取钥匙和资料	包括动力车钥匙、控制车车门钥匙和《运行日志》等	机班成员正确领取动力车和控制车车门钥匙、电钥匙、运行日志	20%	领取机车资料少1项扣5分，满分20分扣完为止	
了解值乘列车信息	知道所值乘列车型号、编组、存放股道及防溜设置情况	机班成员正确了解所值乘列车型号、编组、存放股道及防溜设置情况	20%	未能向交接人员了解值乘列车信息，每项扣5分，满分20分扣完为止	
找到值乘列车，查看状态	知道值乘列车停留位置和走行径路	机班成员成功找到值乘列车，确认列车型号、编组、存放股道及防溜设置	30%	1. 未能顺利找到值乘列车扣10分； 2. 未能确认值乘列车信息，每项扣5分； 3. 过程中发生钥匙或资料丢失事件，此任务直接失格	
思政评价	任务完成后，能够依据任务实施过程，阐述出作业过程体现出的职业素养或思政元素，或者可以根据自身实训结果，反思自己在任务实施过程中有哪些违反职业素养的行为		10%	学员的阐述可以体现对职业素养的正确认识，或对该任务蕴含的思政元素有自己合理的见解即可	
合计			100%		

检查与评价	
一、学生自我评估	年　月　日
二、小组评价	年　月　日
三、指导教师评价	年　月　日

知识要点

一、车门钥匙

车门钥匙指动力集中动车组控制车车门钥匙。

二、电钥匙

电钥匙开关通常在司机室控制台上。不同车型的电钥匙有不同的形式。

电钥匙开关与扳键开关中的受电弓、主断路器、空压机设有机械联锁装置，具体联锁关系如下：

当电钥匙插入钥匙孔后，钥匙转换开关处于“0”（或“分”）位时，受电弓、主断路器、空压机的扳键开关均被锁定，不能进行操作。

当电钥匙插入钥匙孔后，钥匙转换开关处于“1”（或“合”）位时，受电弓、主断路器、空压机的扳键开关能够正常动作。

当受电弓、主断路器、空压机的扳键开关有任意一个不在“0”位时，钥匙开关不能操作。

司机在办理接车手续时，地勤值班员通常只交给司机 1 把电钥匙，司机必须保管好电钥匙，严防丢失。

三、运行日志

运行日志，主要用于每一个机班出乘时记录机车运行情况。上车后，机班必须检查运行日志，了解动车运行状态。在机班退勤时由当班司机填记机车预报、修理项目，下一机班在出乘时应重点复查这两项内容，以免影响行车。

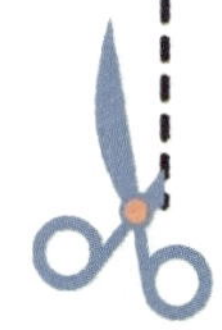

四、受电弓检测合格证

CR200J 动车组运行时所需要的电源由受电弓从接触网上获取。故受电弓相对于机车的作用，就相当于插头对于用电器的作用。受电弓故障或工作状态不良，均会影响电力机车的正常运行，因此机车在机务段内完成整备作业时，需要地勤人员检查受电弓碳滑板厚度、升/降弓时间及升弓拉力，当所有项目均符合标准时，整备人员会出具受电弓检测合格证，证明该机车受电弓状态正常。

五、LKJ 数据与电务车载设备检测合格证

LKJ 监控记录装置是基本行车安全装备之一，LKJ 数据是控制行车的重要数据，其准确性是监控列车安全运行的前提和保证。LKJ 数据应与铁路运输基础设备、设施的数据保持一致。

1. LKJ 数据

LKJ 数据由 LKJ 基础数据、LKJ 临时数据（IC 卡数据）、LKJ 固定控制参数、LKJ 临时控制参数（司机输入数据）、LKJ 运行记录数据 5 部分组成。

（1）LKJ 基础数据：是指纳入铁路局集团公司《列车运行图技术资料》中的线路、信号、接触网、站场等设备、设施基础线路数据，以及车站接发车经由股道、开车对标距离特殊地点等基础运行组织数据。

LKJ 基础数据分为 LKJ 基础运行组织数据和 LKJ 基础线路数据两部分。

（2）LKJ 临时数据（IC 卡数据）：是指依据向机务段提前下达的运行揭示调度命令，编辑形成 IC 卡数据文件载入 LKJ 设备，对列车运行实施减速控制或改变行车方式、提示有关操作的各类临时性数据。

（3）LKJ 固定控制参数：是指由铁路局集团公司 LKJ 专业机构在 LKJ 特定运行区段控制模式设定时通过 LKJ 车载控制文件置入的对应特定运行交路的参数。

LKJ 固定控制参数分为 LKJ 控制模式设定参数和 LKJ 列车参数两部分。

（4）LKJ 临时控制参数（司机输入数据）：是指由机车司机担当具体值乘任务时通过 LKJ 人机交互单元（屏幕显示器）输入装置的参数。

（5）LKJ 运行记录数据：是指由 LKJ 按照技术规范规定形成的列车运行状态数据。

LKJ 运行组织数据包括以下内容：

① 运输类：车站正线股道、旅客列车车站接发车经由股道和道岔、线路线编号为二线（多线）交会车站通过列车径路、线路所固定位置、固定径路列车信息等数据。

② 机务类：停车靠标困难特殊站（股道）、机外大坡道特殊车站、开车对标距离特殊地点、机车（动车组）担当区段等数据。

LKJ 基础线路数据包括以下内容，其取用格式由“LKJ 基础数据填写表”规定。

① 工务类：线路名称表、车站、股道、道岔、线路允许速度、坡道、曲线、桥梁、

隧道、道口、线路里程断链明细、车站平面示意图（配线图）、正线起讫里程表等数据。

② 电务类：信号机坐标、半自闭接近区段上码地点坐标、信号机间距离、轨道电路制式、特殊发码地点、车站股道固定无码、关联发码特殊信号机显示关系、防护18号及以上道岔信号机位置、级间转换、车站及区间信号机设置的平面示意图等数据。

③ 机务类：接触网分相、接触网限制速度、长大下坡道百吨闸瓦压力列车限速等数据。

④ 信息技术类：TMIS车站编号数据。

2. 电务车载设备检测合格证

机车上的LKJ基础数据和固定控制参数，由电务段下的车载设备车间负责维护更新，当LKJ基础数据有更新时，电务部门会到车上更新LKJ基础数据，并在LKJ上粘贴LKJ数据版本标签，同时给地勤人员交接电务车载设备检测合格证。当机车乘务员接车时，需一并领取电务车载设备检测合格证，等上车后需核实LKJ基础数据版本并签字确认。

任务二　司机室检查

司机室设备认知

任务描述

司机室检查，是机车乘务员上车后首先要做的项目，司机需要从非操纵端上车，按“出所检查作业”（见附件3）流程，完成司机室检查。

学习活动建议

学习活动	内　容	建议学时
自学资讯及相关知识点	1. 了解司机室布局； 2. 知道司机室各开关、按钮、手柄的功能和作用； 3. 掌握出所检查作业流程	课前
计划	根据任务单上的任务情境，每位同学独立归纳总结司机室检查作业流程及注意事项并正确完成操作端及非操作端司机室检查	课中（2学时）
决策	通过小组讨论和组间交流后，做出指导教师指定任务情景下，所需司机室检查的任务决策	
实施	根据指导教师提供的资讯，完成指导教师指定情景下具体的司机室检查作业情景模拟任务	
实施	正确填写（执行过程检查）评估工作页。小组成员互检工作页的正确性，提交指导教师给予评估	
检查与评价	完成自我评估、小组评价以及教师评价	
完善与拓展	根据学习掌握深度要求，拓展完善司机室检查作业相关资讯	课后

任务引导

1. 简述出所作业检查流程。

____

____

____

2. 简单画出司机室布局，并标明各位置名称。

____

____

____

任务分析

司机需要在模拟驾驶实训设备上，从非操纵端开始检查，并成功开启非操纵端蓄电池电源，并开启各行车安全装备主机电源，包括 6A 系统、机车运行监测数据无线传输装置、机车信号主机、LKJ 主机。

确认无异常后，换室至操纵端，完成相应检查。

任务分工

班级		组号		指导教师	
小组成员	任务分工				

任务步骤

机班从列车非操纵端上车，非操纵端检查内容包括各手柄、开关位置，其中 CIR 扳钮应在关闭位，开启无线对讲设备并置于规定频道。检查作业范围按“出所检查作业”（见附件 3）执行。

机班查阅《运行日志》交接内容，了解动力车（控制车机务设备）技术状态。闭合蓄电池开关（见图 2.2.1）及控制电源开关（见图 2.2.2）（控制电源开关闭合时机：如非操纵端为控制车，应在操纵端闭合；非操纵端为动力车时，在非操纵端进行闭合，对列车进行上电作业，在非操纵端动力车进行高压绝缘试验）。

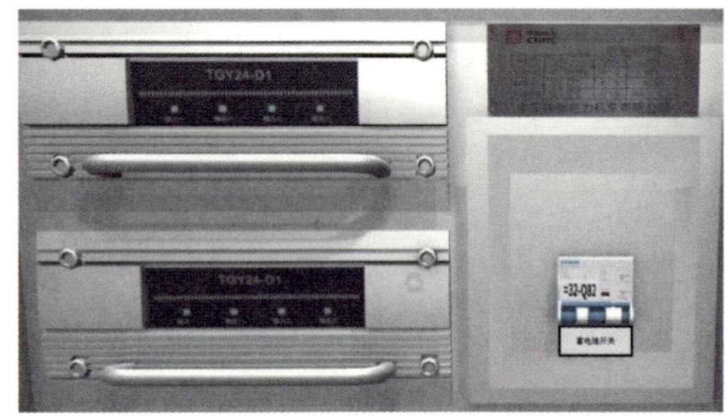

图 2.2.1　蓄电池开关

图 2.2.2　控制电源开关

确认非操纵端动力车（控制车机务设备）行车安全装备、车载信息监控装置等上电情况正常，对非操纵端动力车进行车顶高压绝缘检测（非操纵端为控制车时除外），确认无异常后，锁闭非操纵端动力室门窗，携带电钥匙、换向手柄、《运行日志》、各类单据及司机室侧门钥匙换室至操纵端。

到达操纵端，检查作业范围按“出所检查作业”（见附件 3）执行。

闭合蓄电池开关及控制电源开关，插入 6A 转储 U 盘（见图 2.2.3）。按司机室定置管理要求摆放物品，保持驾驶室清洁、整齐。

图 2.2.3　6A 转储 U 盘

任务实施

序号	任务实施步骤	任务要点
1	前部外观检查	
2	受电弓检查	
3	司机室检查	
4	机械间检查	

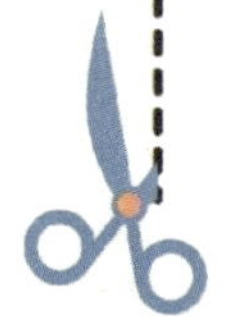

任务评价

非常符合（90 分以上）；比较符合（80～89 分）；符合（70～79 分）；基本符合（60～69 分）；不符合（60 以下或存在失格项）					
考核要素	知识评价	技能评价	权重	评分标准	得分
前部外观检查	知道前部外观检查事项	能够按检查事项完成检查	20%	少检查 1 项扣 5 分，满分 20，扣完为止	
受电弓检查	知道受电弓检查事项	能够按检查事项完成检查	20%	少检查 1 项扣 5 分，满分 20，扣完为止	
司机室检查	知道司机室检查事项	能够按检查事项完成检查	30%	少检查 1 项扣 5 分，满分 30，扣完为止	
机械间检查	知道机械间检查事项	能够按检查事项完成检查	20%	少检查 1 项扣 5 分，满分 20，扣完为止	
思政评价	任务完成后，能够依据任务实施过程，阐述出作业过程体现出的职业素养或思政元素，或者可以根据自身实训结果，反思自己在任务实施过程中有哪些违反职业素养的行为		10%	学员的阐述可以体现对职业素养的正确认识，或对该任务蕴含的思政元素有自己合理的见解即可	
合计			100%		

检查与评价	
一、学生自我评估	年　月　日
二、小组评价	年　月　日
三、指导教师评价	年　月　日

知识要点

CR200J（时速 160 km）动力集中动车组指两端为动力车，或一端为动力车、另一端为控制车，中间为拖车的最高运营速度为 160 km/h 的电力动车组（以下简称动车组），按编组形式分为长、短编。

动车组设置有两个具有同样操作功能的司机室，分别设在动车组两端的动力车/控制车的前端。

司机室的结构和设备布置符合人机工程学要求和美学原理，保证整个司机室具有友好的人机界面，便利的操作空间、充分的瞭望条件。司机能方便地接近司机室内的

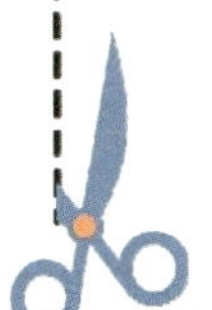

每一个部位。主司机位布置于司机室的左侧。同时，司机室设置了基本的辅助设施，为司乘人员提供安全、可靠、舒适的工作环境。

一、司机室整体布局

整个司机室采用模块化设计，分成司机操纵台、左柜、中柜、右柜、主（副）司机脚踏、左边柜、左后墙柜、右边柜、右后墙柜（见图 2.2.4）。

图 2.2.4

二、司机操纵台

操纵台设备按功能分区进行布置，主司机操纵位布置有所有与运行有关的操纵装置、仪表、显示装置、各类开关按钮等，其中主要的功能区有运行区、制动区、牵引区等。以主司机面向前方操作为基准，运行区位于主司机的正前方；制动区位于主司机的左侧；牵引区设置在主司机的右侧的台面板上。仪表设备布置（见图 2.2.5）；台面设备布置（见图 2.2.6）；副司机位设备布置（见图 2.2.7）。

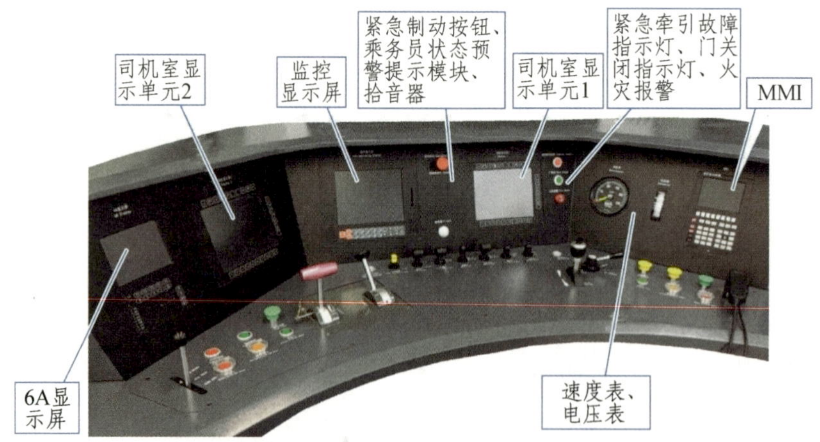

图 2.2.5　仪表设备布置

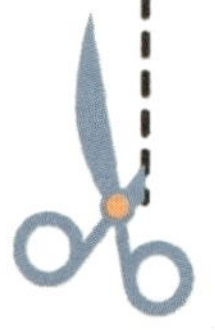

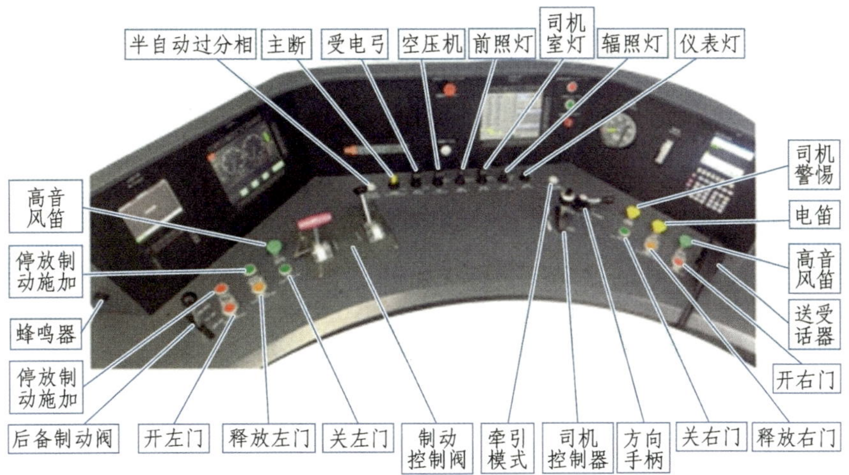

图 2.2.6　台面设备布置

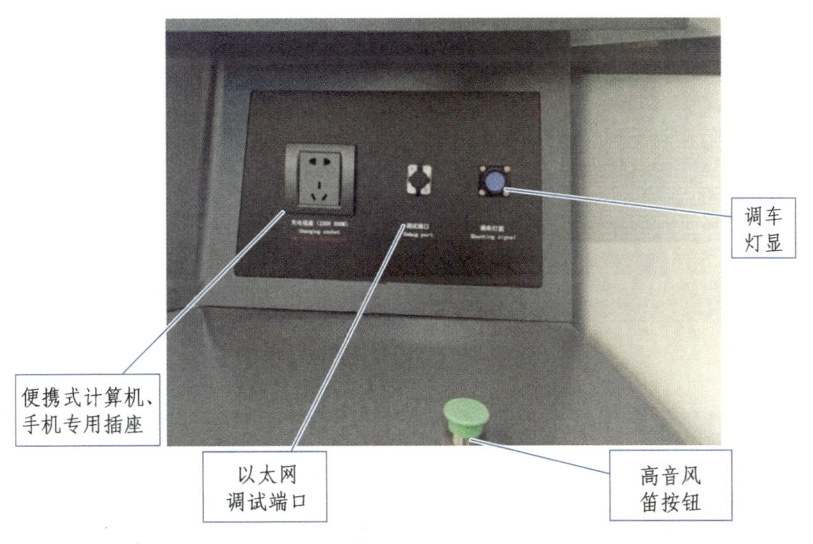

图 2.2.7　副司机位设备布置

三、左边柜设备布置（见图 2.2.8）

左边柜功能区布置有制动缸压力表、总风/列车管压力表、后备均衡压力表、茶杯托、紧急放风阀、开关面板 1（见图 2.2.9，紧急制动、换端、列供断电）、开关面板 2（见图 2.2.10，风扇等功能控制、标志灯、仪表灯、走廊灯、尾灯、地脚灯、底架灯等灯光控制、监控隔离、控制电源等开关控制）以及其他辅助设备（五孔插座、行灯插座、地脚灯、灭火器）。

左柜内部还布置刮雨器控制盒、后备控制阀等；左边柜内部布置有继电器、二极管等。

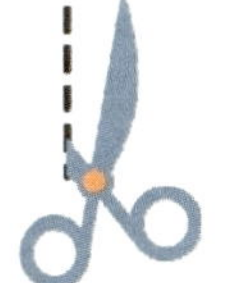

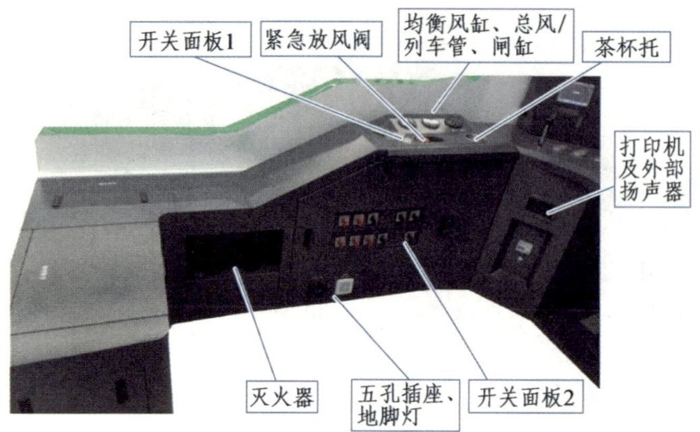

图 2.2.8　左边柜设备布置

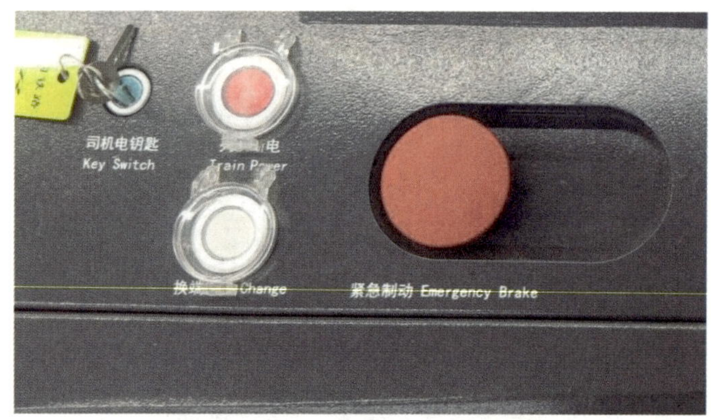

图 2.2.9　开关面板 1

图 2.2.10　开关面板 2

四、中柜设备布置（见图 2.2.11）

中柜顶部布置了刮雨器控制开关、空调控制开关、遮阳帘控制开关、窗加热控制开关、暖风机控制开关。中柜内部布置有连接器等。

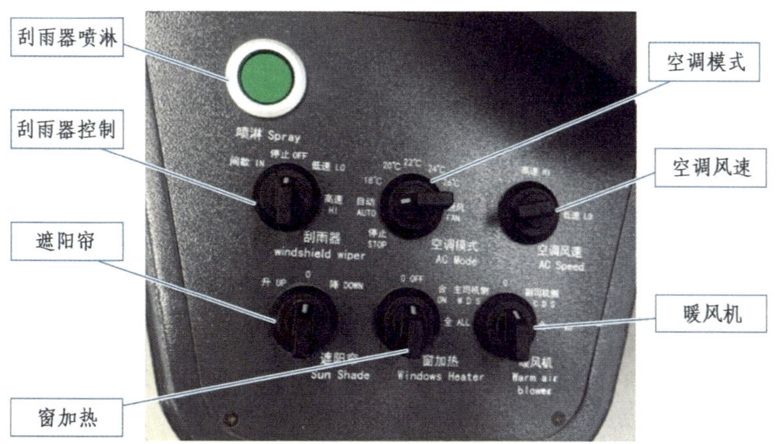

图 2.2.11　中柜设备布置

五、右边柜设备布置（见图 2.2.12）

右边柜功能区布置有一些辅助设备（茶杯托、地脚灯、行灯插座、五孔插座、灭火器）、右侧墙上布置有带开关的五孔插座、右边柜顶部布置有热水壶。右边柜内部还布置有压力波控制器、输入输出模块、端子排等。

图 2.2.12　右边柜设备布置

任务三　行车安全装备开机及检查

任务描述

完成司机室检查后，司机需要给行车安全装备上电开机，检查各行车安全装备的工作状态。

学习活动建议

学习活动	内　容	建议学时
自学资讯及相关知识点	1. 知道行车安全装备包括哪些； 2. 知道各行车安全装备的作用； 3. 掌握行车安全装备的检查和操作方法	课前
计划	根据任务单上的任务情境，每位同学独立归纳总结行车安全装备开机及检查作业流程及注意事项并正确完成本任务	课中（2学时）
决策	通过小组讨论和组间交流后，做出指导教师指定任务情景下，所需行车安全装备开机及检查的任务决策	
实施	根据指导教师提供的资讯，完成指导教师指定情景下具体的行车安全装备开机及检查作业情景模拟任务	
	正确填写（执行过程检查）评估工作页。小组成员互检工作页的正确性，提交指导教师给予评估	
检查与评价	完成自我评估、小组评价以及教师评价	
完善与拓展	根据学习掌握深度要求，拓展完善行车安全装备开机及检查作业相关资讯	课后

任务引导

1. 简述列车运行监控记录装置（LKJ）的组成及作用。

____

____

____

2. 简述机车车载安全防护系统（6A 系统）的作用。

____

____

____

3. 简述机车信号的作用。

____

____

____

4.面图简述列车无线调度通信设备（CIR）的作用。

____

____

____

任务分析

司机需要完成操纵端司机室检查后，在机械间内成功开启蓄电池电源及控制电源开关。

硬件设备开机检查完毕后，还需检查 LKJ 基础数据版本是否一致。

任务分工

班级		组号		指导教师	
小组成员	任务分工				

任务步骤

（1）插入主控钥匙并转至投入位（见图 2.3.1），确认列车运行安全监控系统开启。

图 2.3.1

确认 LKJ 时钟正确，并将年、月、日、时、分记录于司机手账。核对粘贴在显示器上的数据“版本标签”、LKJ 显示的数据版本号一致。有电务车载设备检测合格证时，再核对电务车载设备检测合格证记载的数据版本号一致，并在电务车载设备检测合格证版本“司机确认”栏签字。

（2）开启机车综合无线通信设备（简称“CIR”，下同），确认 CIR 运行于正确状态，并进行通话录音和回放试验（用语为：×月×日××、××机班值乘××号车录音试验）。

（3）确认机车信号电源开启，机车信号正常上电。

（4）检查机车车载安全防护系统（6A 系统）车载装置显示正常。

任务实施

序号	任务实施步骤	任务要点
1	上电开机	
2	开启 6A 系统	
3	开启机车无线运行监测数据无线传输装置	
4	开启信号主机	
5	开启 CIR 主机	
6	开启 LKJ 主机	
7	核对 LKJ 基础数据版本	

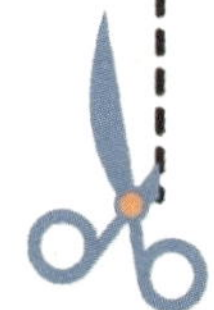

任务评价

非常符合（90 分以上）；比较符合（80～89 分）；符合（70～79 分）；基本符合（60～69 分）；不符合（60 以下或存在失格项）

考核要素	知识评价	技能评价	权重	评分标准	得分
上电开机	知道蓄电池电源开关位置	司机成功开启蓄电池电源	10%	1. 司机找不到蓄电池电源扣 5 分； 2. 司机没有正确开启蓄电池电源扣 5 分	
开启 6A 系统	知道 6A 系统开机方法和系统正常运行的判断标准	司机开启 6A 系统主机电源并检测 6A 系统运行	14%	1. 司机无法正确开启 6A 系统电源扣 7 分； 2. 司机没有正确判断 6A 系统正常运行扣 7 分	
开启机车无线运行监测数据无线传输装置	知道机车运行监测数据无线传输装置开机方法和系统正常运行的判断标准	司机开启机车运行监测数据无线传输装置电源并检测系统运行	14%	1. 司机无法正确开启机车运行监测数据无线传输装置电源扣 7 分； 2. 司机没有正确判断机车运行监测数据无线传输装置正常运行扣 7 分	
开启信号主机	知道信号主机开机方法和系统正常运行的判断标准	司机开启信号主机电源并检测系统运行	14%	1. 司机无法正确开启信号主机电源扣 7 分； 2. 司机没有正确判断信号主机正常运行扣 7 分	
开启 CIR 主机	知道 CIR 主机开机方法和系统正常运行的判断标准	司机开启 CIR 主机电源并检测系统运行	14%	1. 司机无法正确开启 CIR 主机电源扣 7 分； 2. 司机没有正确判断 CIR 主机正常运行扣 7 分	
开启 LKJ 主机	知道 LKJ 主机开机方法和系统正常运行的判断标准	司机开启 LKJ 主机电源并检测系统运行	14%	1. 司机无法正确开启 LKJ 主机电源扣 7 分； 2. 司机没有正确判断 LKJ 主机正常运行扣 7 分	
核对 LKJ 基础数据版本	知道如何查看 LKJ 基础数据版本	司机核实 LKJ 基础数据版本一致	10%	1. 司机未根据电务数据标签核对 LKJ 基础数据版本扣 5 分； 2. 司机未在电务数据检测合格证上核对签名扣 5 分	
思政评价	任务完成后，能够依据任务实施过程，阐述出作业过程体现出的职业素养或思政元素，或者可以根据自身实训结果，反思自己在任务实施过程中有哪些违反职业素养的行为		10%	学员的阐述可以体现对职业素养的正确认识，或对该任务蕴含的思政元素有自己合理的见解即可	
合计			100%		

检查与评价	
一、学生自我评估	年　月　日
二、小组评价	年　月　日
三、指导教师评价	年　月　日

知识要点

铁路机车行车安全装备是指装设于机车、动车以及自轮运转特种设备上，用于直接防止列车运行事故或辅助机车乘务员提高操纵列车运行安全能力的装备，主要包括：列车运行监控记录装置（LKJ）、机车车载安全防护系统（6A 系统）、机车信号、机车综合无线通信设备，以及与之配套的传感、信息输入、信息输出和连接设备等。铁路机车行车安全装备是机车的组成部分。监控装置同时是实现铁路机务行车安全科学管理的重要设备。

一、列车运行监控记录装置（LKJ）

LKJ-2000 型列车运行监控记录装置是国内新一代列车超速防护设备，能准确地记录列车运行状况、信号设备状况及乘务员操纵状况，并采用双机热备冗余工作方式使工作性能更加可靠；装置的显示屏显示器以图形、曲线、文字等方式来呈现前方线路状况、运行情况等信息，并在列车超速、冒进红灯等危险情况时自动采取紧急制动，保障铁路运输安全。

LKJ-2000 型监控装置主要由主机、显示屏显示器、压力传感器、速度传感器、常用制动装置、紧急放风阀及连接电缆等组成。

（一）主机

主机内部由 A、B 两组完全相同的控制单元（分别称为 A 机、B 机）组成，每组有 8 个插件位置。主机前面板布局如图 2.3.2 所示。主机后背板上设有电缆连接插座和电源开关。

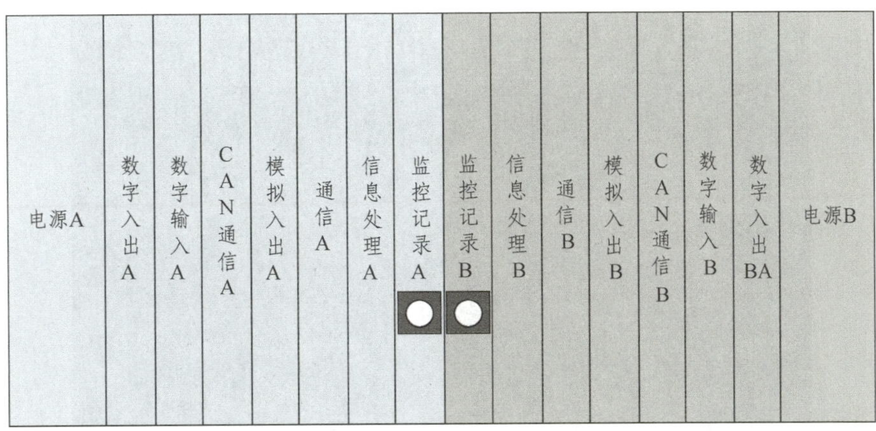

图 2.3.2

（二）显示器

1. 显示器组成（见图 2.3.3）

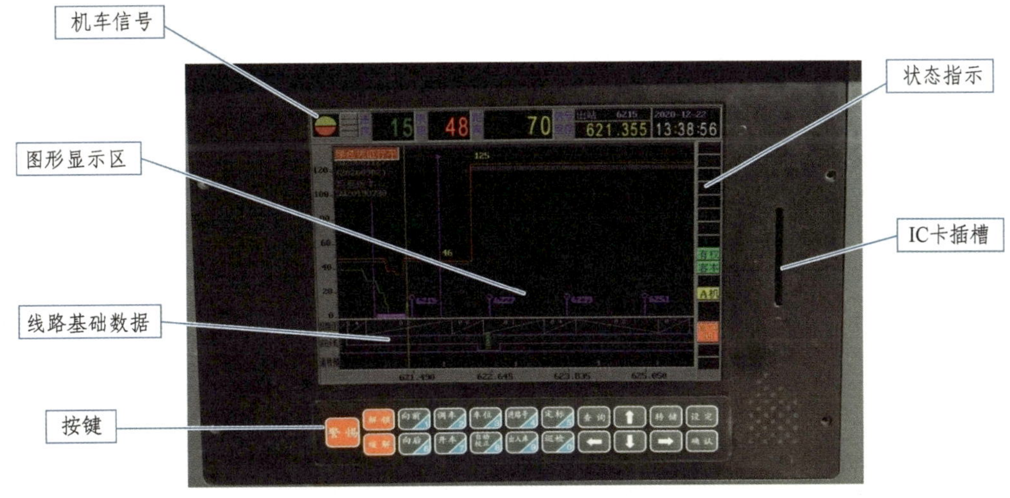

图 2.3.3

显示器由 10 英寸的 TFT 高亮度彩色显示屏、21 个薄膜键的小键盘和 IC 卡读卡器组成。

2. 显示屏显示界面（见图 2.3.4）

（1）显示屏最上方的数据窗口依次为：机车信号灯、速度等级、当前速度、限速、距前方信号机距离、当前信号机编号、当前信号机类型、日期和时间。

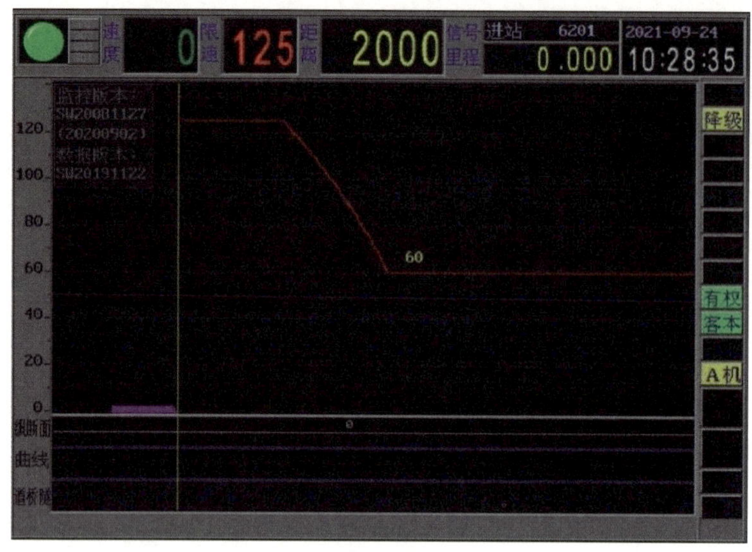

图 2.3.4

① 机车信号灯显示窗口：显示机车当前接收的信号状态：如绿 3、绿 2、绿灯、绿黄灯、黄灯、红灯、红/黄灯、双黄灯、黄 2 灯、白灯、黄闪黄、红黄闪、黄 2 闪等。

② 速度等级显示窗口：从上至下有 LC、SD3、SD2、SD1 等 4 种速度等级，SD1、SD2、SD3 组合成不同的速度等级显示。

③ 当前速度窗口：显示机车当前的实际运行速度（绿色数字）。

④ 限制速度窗口：显示机车当前的允许运行速度（红色数字）。

⑤ 距前方信号机距离窗口：显示列车距前方信号机的距离（黄色数字）。

⑥ 信号机类型窗口：显示前方信号机的编号和信号机的种类。

⑦ 里程窗口：显示机车当前所在的工务里程。

⑧ 日期和时间窗口：显示当前的系统日期及时间。

（2）显示屏右侧为系统状态指示灯，自上到下依次为：

①【故障】：系统与所有单元通信中断时，此灯点亮。

②【降级】：装置处于降级工作状态时，此灯点亮。

③【紧急】：装置发出紧急制动指令时，此灯点亮，停车后灯灭。

④【常用】：装置发出常用制动指令时，此灯点亮，缓解操作成功后灯灭。

⑤【卸载】：装置发出卸载动作指令时，此灯点亮，满足加载条件后灯灭。

⑥【解锁】：解除停车控制成功后，此灯点亮，4 s 后自动熄灭。

⑦【开车】：列车运行参数有效设定完毕后灯亮，按压【开车】键响应后灯灭。

⑧【调车】：处于“调车”状态时灯亮，退出“调车”状态时灯灭。

⑨【有权】：显示“有权”时本端显示器有操作权，显示“无权”时本端显示器无操作权。

⑩【客货/巡检】：设定完毕后显示当前的客货状态，显示“客本”时，装置处于

客车本务状态；显示“货本”时，装置处于货车本务状态；显示“客补”时，装置处于客车非本务状态；显示“货补”时，装置处于货车非本务状态。按压巡检按钮后【巡检】显示 4 s。

⑪【IC 卡】：正确插入 IC 卡后，此灯点亮，无卡或插卡无效时灯灭。

⑫【A 机/B 机】：显示“A 机”表示 A 机为当前工作机，显示“B 机”表示 B 机为当前工作机。

⑬【侧线】：允许输入侧线股道号时，此灯亮，输入完毕后显示输入的股道号码。

⑭【支线】：允许输入支线号时，此灯亮，输入完毕后显示输入的支线号。

⑮【入段】：按压【出入库】键，该位置灯点亮再次按压【出入库】键，该位置灯熄灭。

（3）显示屏中间的窗口（见图 2.3.5）正常情况下横向显示 5 km 长的线路数据，以机车前端位置将窗口分为左右两部分，左侧显示 1 km 长的列车实际运行轨迹，右侧显示 4 km 长的列车运行前方线路数据。此窗口显示内容主要为：列车实际运行速度线、限制速度线、优化操纵线、信号机位置、道岔位置、站中心位置、线路基本数据及站名等。

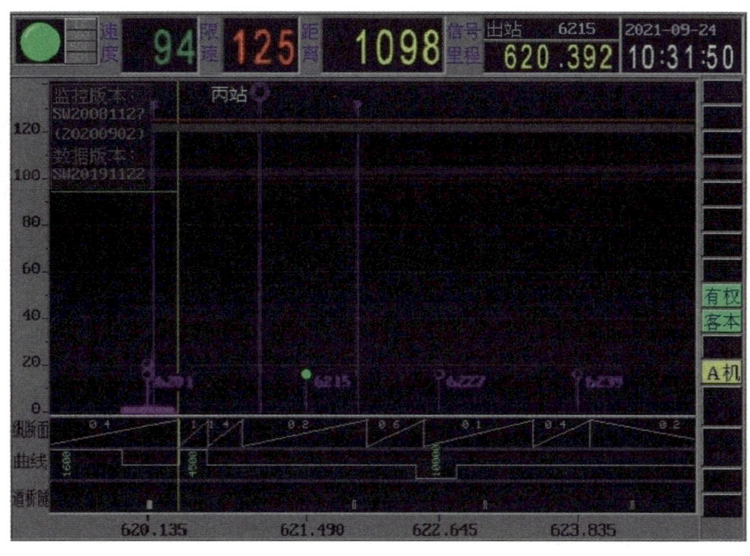

图 2.3.5

① 实际运行速度线：以绿色线条显示当前的机车运行速度和实际走行的速度轨迹。

② 限制速度线：以红色线条显示实际限制速度轨迹和列车运行前方 4 km 以内的线路限速曲线。

③ 信号机位置、编号、信号机的状态：以坐标的方式显示前方 4 km 以内的信号机位置，信号机的编号，当前信号机的显示状态。

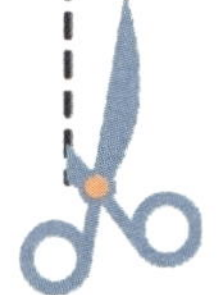

④ 站中心及站名：以白色垂直线条显示车站中心位置，并用汉字标注车站名称。

⑤ 机车位置：以红色（客车）或灰白色（货车）矩形表示列车图标，图标的横向长度与输入的列车长度成正比，距显示屏左侧 1 km 处的黄色垂直线条为机车前端位置，以黄色垂直线条处向左延伸。

⑥ 道岔：以白色线条表示进站第 1 组和出站最后 1 组道岔坐标位置，线条上部用“<”表示进站道岔，用“>”表示出站道岔。

⑦ 线路纵断面、线路曲线、道桥隧：在显示屏下方 3 个 5 km 长的长条窗口显示线路纵断面、线路曲线和道口、桥梁、隧道的情况（道口、桥梁、隧道合用一个长条窗口）。

⑧ 里程标：在显示屏的最下方显示信号机的里程标。

⑨ 优化操纵曲线的显示：按线路纵断面变化情况，预置优化操纵曲线，指导乘务员合理操纵机车。

3. 键盘

1）键盘布置和组成

键盘由 21 个带背光的按键组成（见图 2.3.6），光线变暗时，按键上的字符可自动透光。其中 0 ~ 9 的数字键在不同界面中，还具备其他功能，称为复合键，其他键为单功能键。

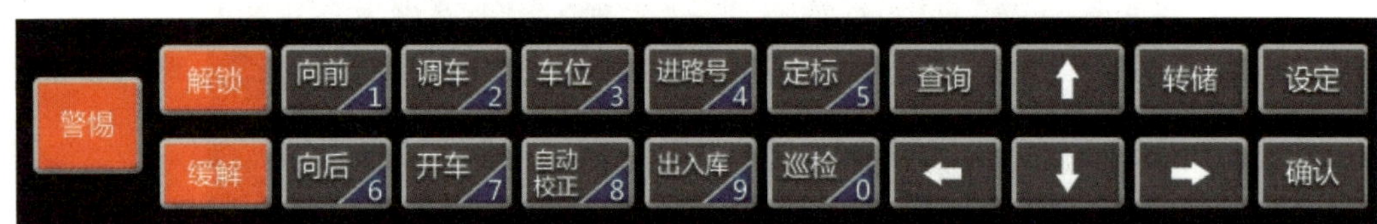

图 2.3.6

2）按键的功能

（1）复合键定义：在监控状态下作功能键使用，在参数修改状态下作数字键使用：

①【巡检/0】键：按该键执行副司机机械间巡视记录操作。

②【向前/1】键：与【车位/3】键配合使用，按压【车位/3】键后 5 s 内按压【向前/1】键，调整车位滞后误差。

③【调车/2】键：按该键进入或退出“调车”工作状态。

④【车位/3】键：配合【向前/1】键或【向后/6】键进行距离误差调整。

⑤【进路号/4】键：当允许输入支线号或侧线股道号时，按该键调出“支线号”或“侧线股道号”输入窗口。

⑥【定标/5】键：按该键用作线路坐标的打点记录。

⑦【向后/6】键：与【车位/3】键配合使用，按压【车位/3】键后 5 s 内按压【向后/6】键，调整车位超前误差。

⑧【开车/7】键：按该键执行对标开车操作。

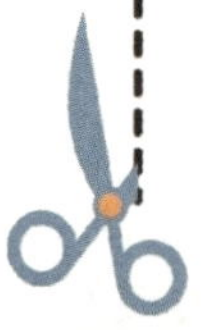

⑨【自动校正/8】键：当 LKJ 运行位置与实际位置误差小于 300 m 时，按压【自动校正/8】键可调整距离误差。

⑩【出入库/9】键：按该键将 LKJ 转入转出、入段状态。

（2）单功能键定义：

①【设定】键：进入或退出参数设定操作。

②【转储】键：进入文件转储操作状态。

③【警惕】键：降级 ZTL、防溜等报警状态下短时间解除报警和防溜动作后撤除 LKJ 制动指令。

④【缓解】键：常用制动后的缓解操作。

⑤【查询】键：进入信息查询操作状态。

⑥【确认】键：用于确定参数设定或修改。

⑦【→】【←】【↑】【↓】键：用于菜单选择和光标移动，在参数设定状态或查询状态，按压相应键，可改变光标位置。在输入数字时，【←】键作退格键用；在非设定状态，【→】【←】键用于调整显示器音量，【↑】【↓】键用于调整显示器亮度；持续按压【↑】键 2 s 后，进入非正常行车确认状态。

二、机车车载安全防护系统（6A 系统）

6A 系统上电后，音视频显示终端进入 BIOS 启动界面，待启动完成，出现 6A 系统软件的载入进度，达到 100% 后，出现如图 2.3.7 所示画面。

图 2.3.7

1. 主界面

“主界面”用来显示 6A 系统当前发生的提示或报警信息。点击“主界面”，如当前无报警并且系统一切正常，则显示“当前无报警”。若有报警，屏幕会显示报警的序号、所属子系统、提示或报警的内容、级别和备注信息（见图 2.3.8）。

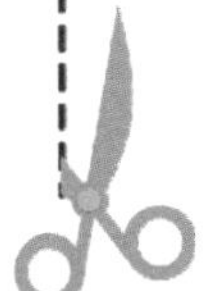

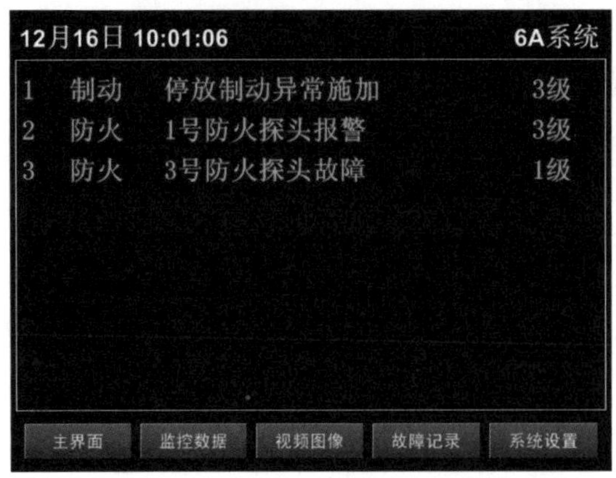

图 2.3.8

2. 监控数据

“监控数据”显示各个子系统的详细监控数据，包括：空气制动安全监测子系统、防火监控子系统、高压绝缘监测子系统、列车供电监测子系统、走行部故障监测子系统 1、走行部故障监测子系统 2 和司机盹睡监控子系统。

（1）空气制动安全监测子系统显示运行速度、列车管压力、停放缸压力、折角塞门关闭、停放制动缓解和停放制动施加（见图 2.3.9）。

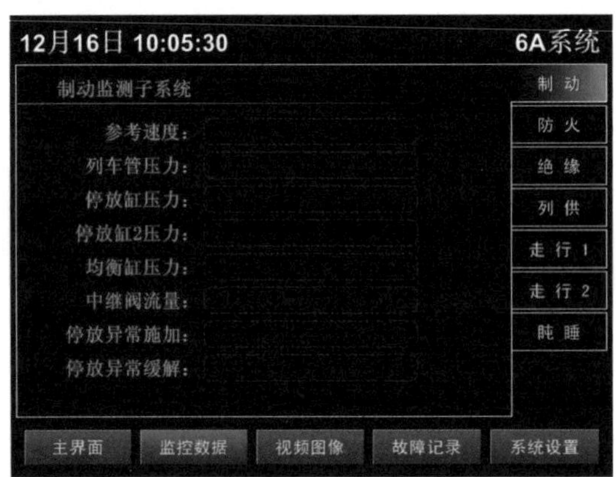

图 2.3.9

（2）“防火监控子系统”显示该子系统安装了多少个防火探头及探头的类型（1 ~ 8 是感烟感温探头；9 是火焰探头；10 是感温电缆），并显示探头是否发生故障和是否发生报警（见图 2.3.10）。如果所有探头都没有故障，则“探头故障”栏显示“无”；如探头发生故障，则相应的探头图标显示黄色，“探头故障”栏显示发生故障的探头号。如果该子系统中，没有探头发出报警，则“火灾报警”栏显示“无”；如果该子系统中的探头发生报警，则相应的探头图标显示红色，“火灾报警”栏显示发生报警的探头编号。

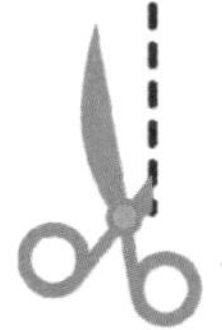

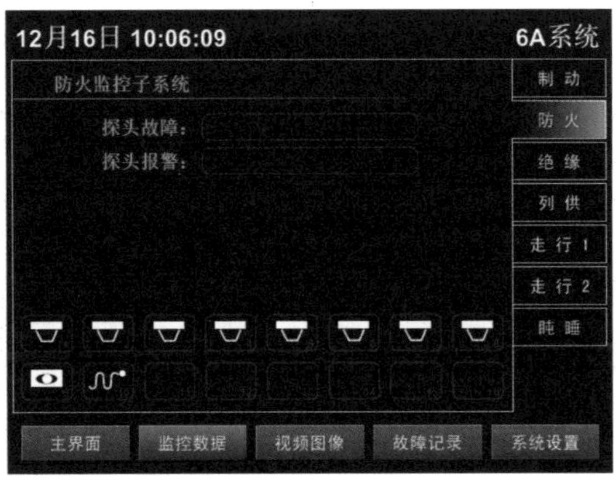

图 2.3.10

（3）“绝缘监测子系统”显示检测类型、检测结果、检测电压、报警电压、电钥匙开、外网有电和功率模块（见图 2.3.11）。当检测电压小于报警电压时，系统报警。电钥匙开、外网有电和功率模块是系统自检。若自检发现故障，则不能进行绝缘检测。

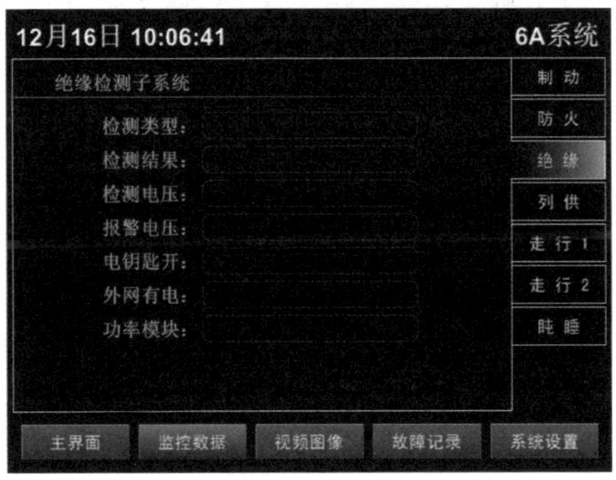

图 2.3.11

（4）“列车供电监测子系统”（见图 2.3.12）第一页主要显示列车供电系统报过来的数据，包括报警信息、1/2 路交流输入电压、1/2 路交流输入电流、1/2 路直流输出电压、1/2 路交流输出电流、1/2 路半电压、1/2 路漏电流和 1/2 路使用电量。第二页主要显示列车供电系统报过来的关键状态量。包括：1/2 路供电申请情况、1/2 路供电钥匙闭合情况、1/2 路客车电源有效情况、1/2 路供电允许情况、1/2 路 A 组运行情况、1/2 路 B 组运行情况、1/2 路接地隔离开关闭合情况、1/2 路接地集控隔离开关闭合情况、1/2 路温度继电器 1 动作情况、1/2 路温度继电器 2 动作情况、1 端占用情况、2 端占用情况、1 端电钥匙闭合情况、2 端电钥匙闭合情况、辅变运行情况、主断闭合情况和列供风机运行情况。第二页中，如果相应位置有显示，方块中会出现绿点。

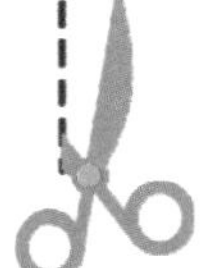

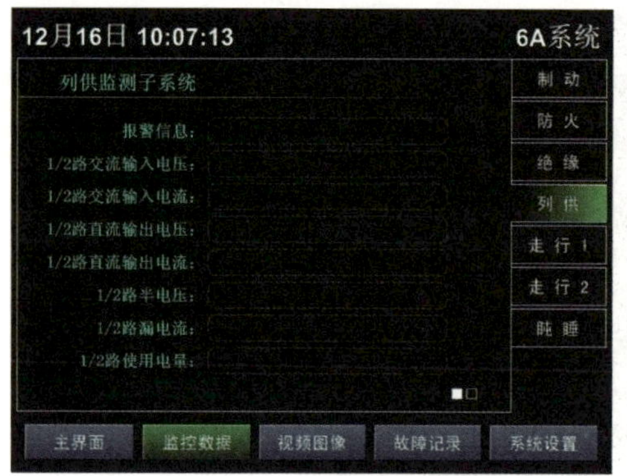

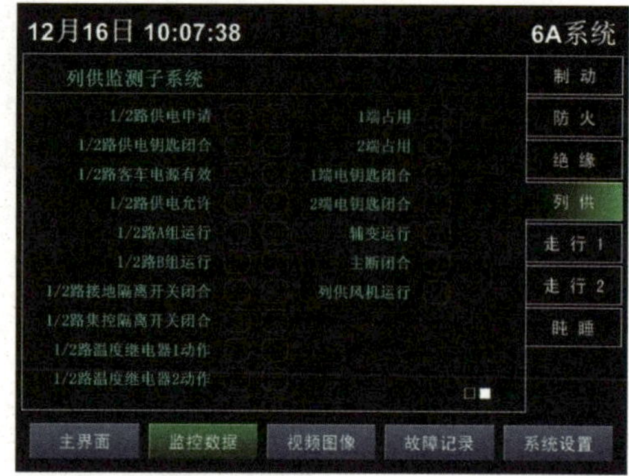

图 2.3.12

（5）“走行部 1 监测子系统”（见图 2.3.13）显示列车 6 根轴的温度和振动是否有报警。如果有报警，则显示在相应位置的格子内。每个格子上半部分显示温度数值，下半部分显示冲击状态。

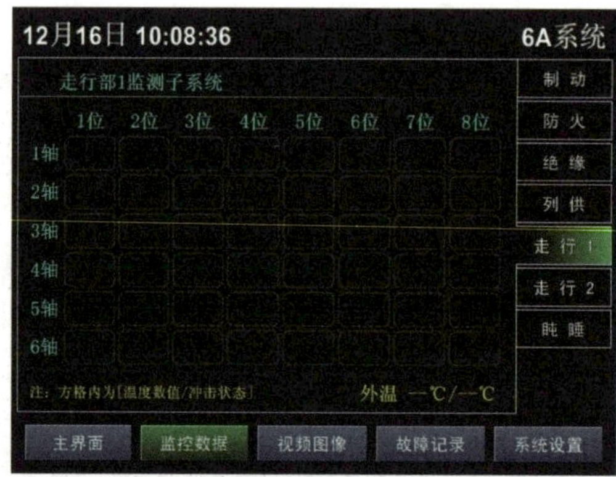

图 2.3.13

（6）“走行部 2 监测子系统”（见图 2.3.14）显示运行速度、一端构架横向晃动、二端构架横向晃动、一端车体纵向冲动和二端车体纵向冲动。

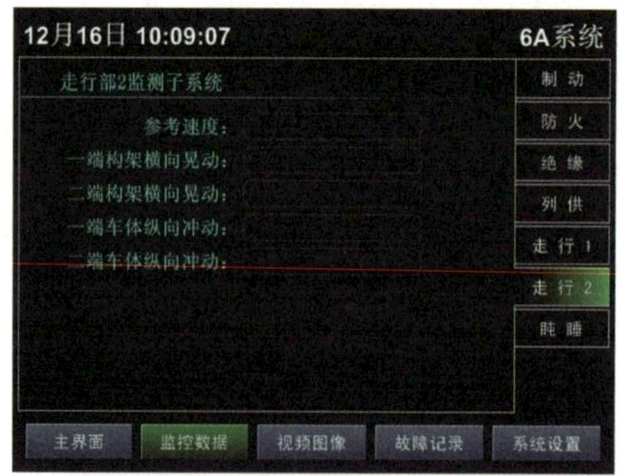

图 2.3.14

（7）司机“盹睡监控子系统”（见图 2.3.15）主要用来监测司机状态。该子系统的界面可显示一端摄像头、二端摄像头、板卡硬件、司机状态以及一端司机室和二端司机室启用的状态。

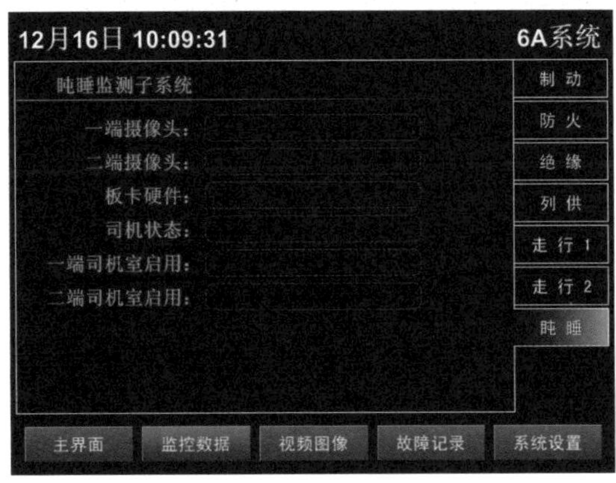

图 2.3.15

3．视频图像

“视频图像”（见图 2.3.16）用来显示视频监控采集的实时画面。视频图像包括路况 1、路况 2、司机室 1、司机室 2、设备间、电气间、动力间和走廊的实时图像。这些图像可以按照单画面、四画面和自动循环来查看，可以在屏幕右侧选择。点击图像可以全屏观看；再次点击即可恢复。

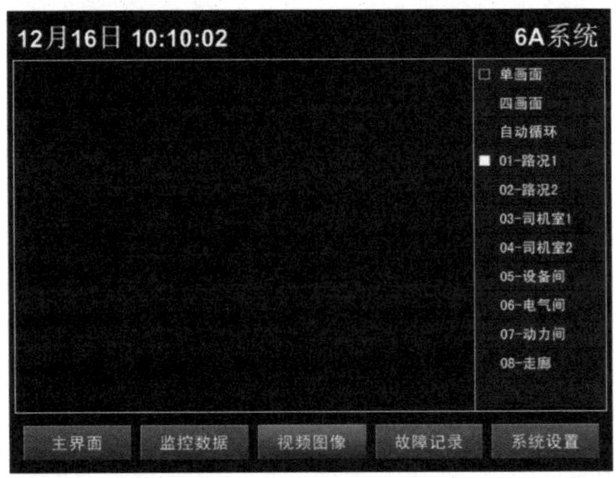

图 2.3.16

4．故障记录

“故障记录”（见图 2.3.17）显示本次上电出现的故障和历史故障，可在屏幕右边选择。每条故障信息包括故障的序号、所属的子系统、提示或报警的内容和故障发生时间。最多显示 5 000 条故障信息。

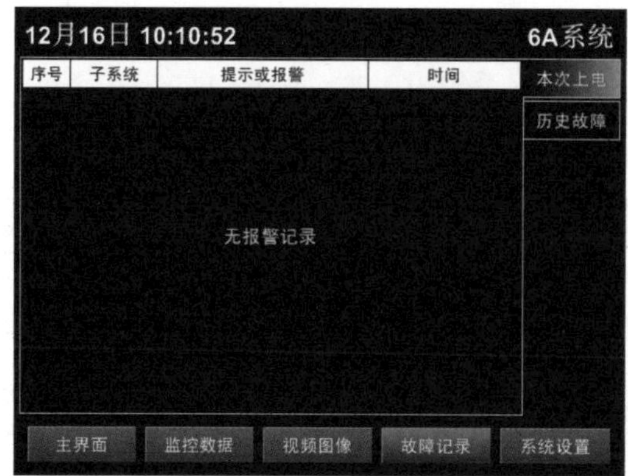

图 2.3.17

5．系统设置

“系统设置”界面可显示系统设置、下载数据和版本信息。

系统设置包括设置系统时间、设置绝缘参数、设置防火探头和防火系统复位（见图 2.3.18），下载数据界面如图 2.3.19 所示。

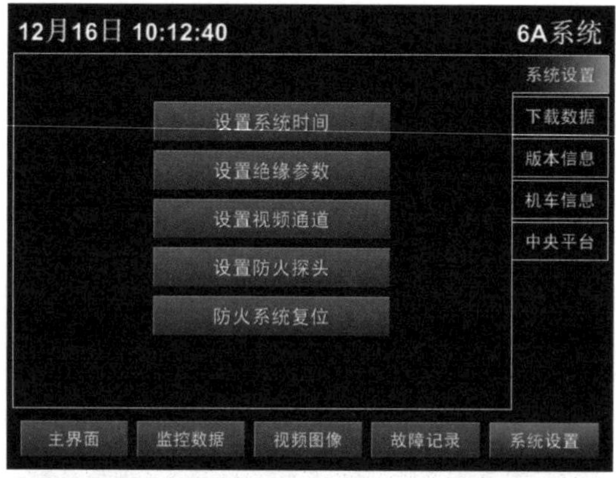

图 2.3.18

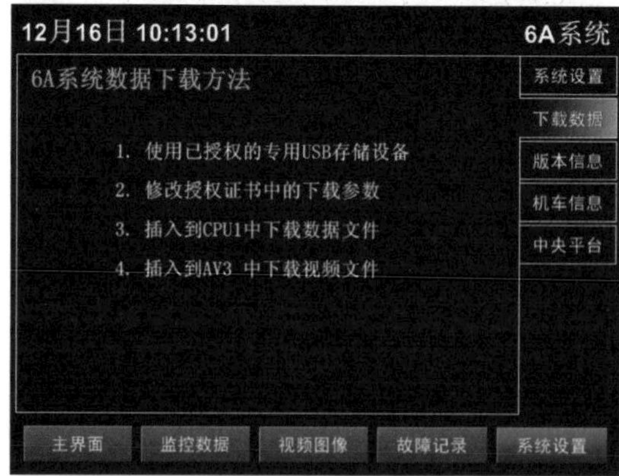

图 2.3.19

版本信息用来查看各子系统软件和硬件的版本（见图 2.3.20）。

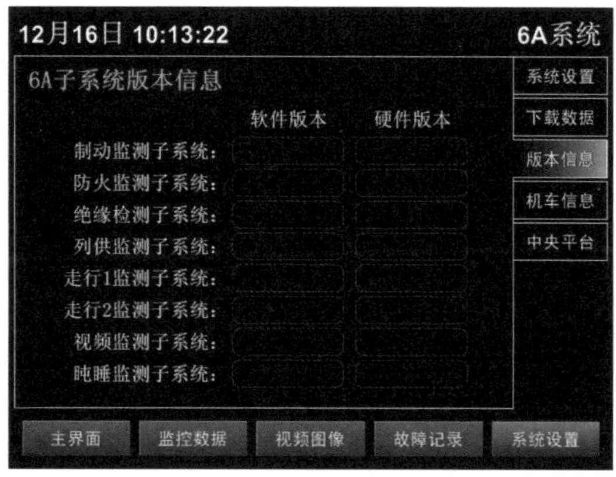

图 2.3.20

三、机车信号

机车信号又称机车自动信号，设在机车或动车组的驾驶室内，用来自动反映运行条件，指示机车或动车组运行。为实现机车信号的正常作业而设置的整套技术设备被称为机车信号设备。

机车信号分为连续式和接近连续式。自动闭塞区段应装设连续式机车信号，半自动闭塞和自动站间闭塞区段应装设接近连续式机车信号。

通用机车信号能自动识别和接收 4 信息、8 信息、18 信息移频，UM71，25 Hz、50 Hz、75 Hz 交流计数信息，译码后使机车信号机显示，为列车自动停车装置和列车运行超速防护系统提供信息。通用机车信号适用于各种制式的自动闭塞和半自动闭塞区段，能满足机车长交路的要求。

通用机车信号的显示方式，采用 8 显示机车信号机，自上而下分别是绿（L）、绿黄（LU）、黄（U）、黄 2（U2）、红黄（HU）、双黄（UU）、红（H）、白（B），可提供 11 种显示模式。

四、机车综合无线通信设备

机车综合无线通信设备由 CIR 主机、MMI 操作显示终端、打印机、送受话器、扬声器、连接电缆、天馈单元等组成。

MMI 由外壳、液晶显示屏、控制板和按键等组成，根据不同的安装需求，MMI 分为横向式和竖立式两种外形结构（见图 2.3.21）。

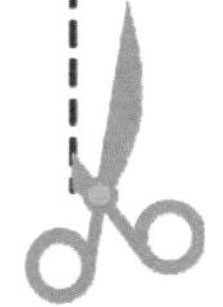

图 2.3.21

MMI 的按键分为可配置式按键、数字字母输入按键、功能按键和列尾按键（见图 2.3.22）。

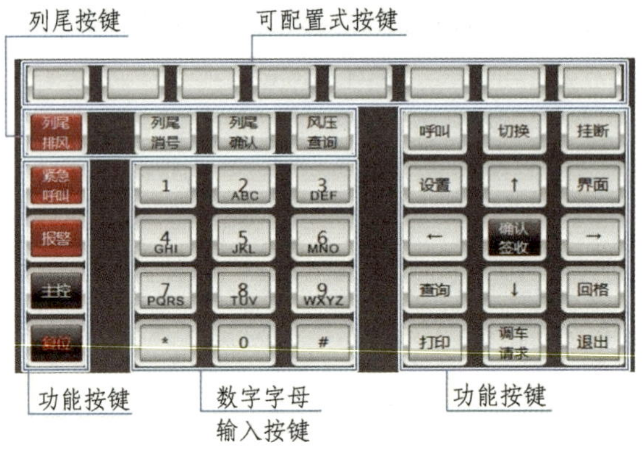

图 2.3.22

送受话器：送受话器（见图 2.3.23）配置有两个呼叫按键和一个 PTT 按键：当 CIR 工作在 450 MHz 模式下时，按键“Ⅰ”和按键“Ⅱ”分别用于呼叫 “隧道车站”和“平原车站”；工作在 GSM-R 模式下按键“Ⅰ”和按键“Ⅱ”分别用于呼叫“调度”和“车站”；通话过程中，司机需按下 PTT 按键才能讲话。

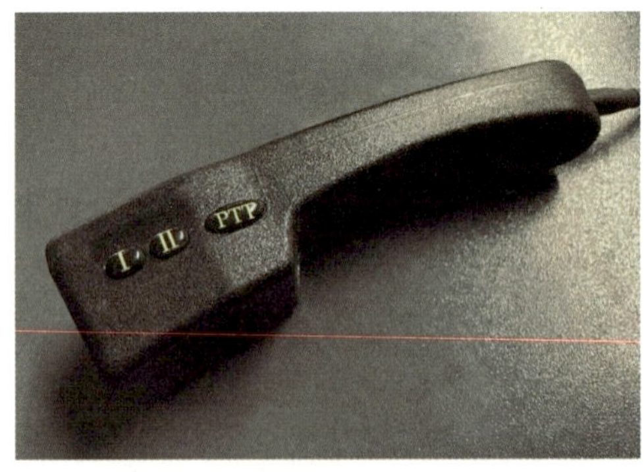

图 2.3.23

CIR 加电后，MMI 根据上次关机时的状态进 450 MHz 模式或 GSM-R 模式主界面（见图 2.3.24）。

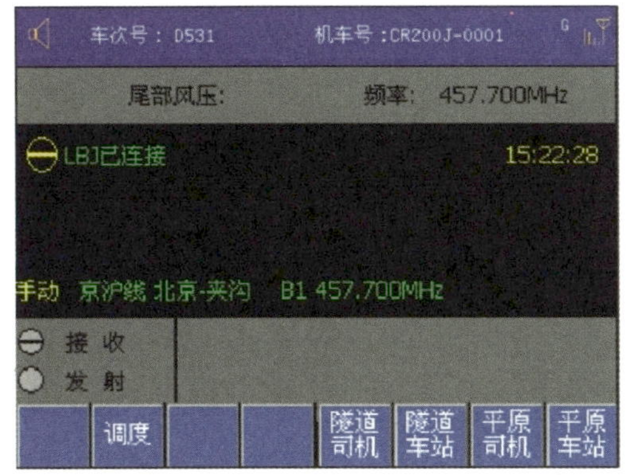

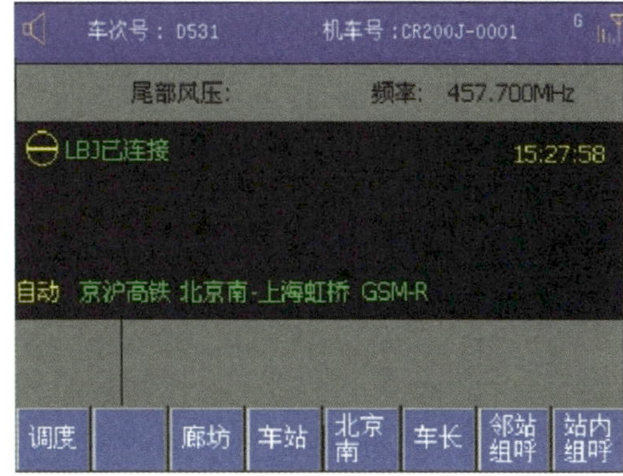

图 2.3.24

MMI 在守候状态下的主界面，从上到下依次分为基本信息显示区、列尾状态显示区、安全预警显示区、工作模式及运行线路显示区、调度通信状态显示区和功能按键显示区 6 个区域（见图 2.3.25）。

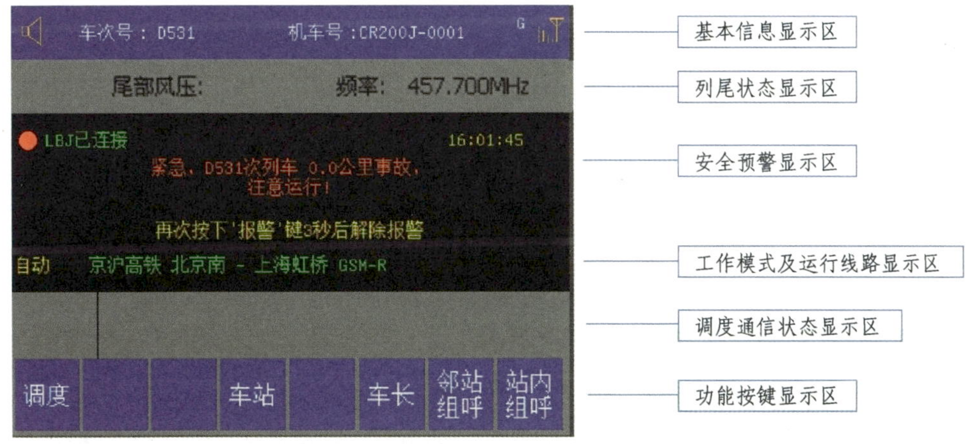

图 2.3.25

基本信息显示区：在这个显示区域，显示内容包括扬声器或听筒的音量、车次号和机车号、GSM-R 话音单元场强信息、GSM-R 数据单元状态等。左侧的图标显示的是扬声器或听筒的音量，在挂机状态下显示扬声器音量，在摘机状态下显示听筒音量。右侧的 GSM-R 话音单元场强信息图标显示 GSM-R 话音单元接收到的网络信号强度。车次号和机车号内容显示为白色时，表示功能号已注册，显示为黑色时表示功能号未注册。车次号获取方式设定为“自动”时，“车次号:”字符为白色字体；车次号获取方式设定为“手动”时，“车次号:”字符为黑色字体。如果 GSM-R 数据单元已获取 IP 地址，右上角显示白色“G”；GSM-R 数据单元处于重启、无接收信号、GPRS 网络附着、PDP 激活等过程时，符号“G”不显示，表示 GSM-R 数据单元不能正常进行 GPRS 数据传送。

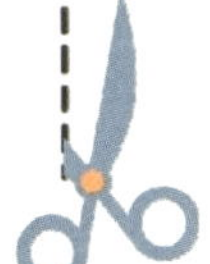

列尾状态显示区：此区域显示与列尾相关的各种信息。主要信息包括列尾的连接状态、风压数值等。在与不同制式的列尾配合使用时，显示的内容不同。

安全预警显示区：此区域显示列车安全预警信息。在 CIR 装备有 LBJ 单元时，此区域显示列车防护报警的各种状态提示信息。右上角显示卫星定位状态和当前时间（24 小时制）。卫星定位信息有效时，当前时间显示为黄色；卫星定位信息无效时，当前时间显示为红色。

工作模式及运行线路显示区：此区域显示工作方式、线路名称、运行区段、工作模式等信息。

调度通信状态显示区：此区域显示调度通信的呼出、呼入、通话等状态信息。在 450 MHz 工作模式下，还显示 450 MHz 机车电台的收发状态，发射状态红色实心圆亮表示机车电台的发射机正在发射，接收状态绿色上半实心圆亮表示机车电台接收到异频信号，下半实心圆亮表示机车电台接收到同频信号。

功能按键显示区：此区域用于显示司机可单键发起呼叫的按键名称，在 450 MHz 模式下显示"调度""隧道司机""隧道车站""平原司机""平原车站"；在 GSM-R 模式下显示"调度""车长""邻站组呼""站内组呼"以及根据列车运行位置显示的车站名称。

五、司机室显示单元（DDU）

动力集中动车组司机显示单元安装于列车司机操纵端，每个操纵端安装两台该设备，用来显示列车正常运行时的相关信息，包括列车网络控制系统、制动系统、车列信息（包括拖车的监控信息）和在维护时显示的其他内容（见图 2.3.26）。

图 2.3.26

司机显示屏 1（右屏）（见图 2.3.27）默认显示列车的牵引信息，司机显示屏 2（左屏）（见图 2.3.28）默认显示列车的制动信息。两个司机显示屏功能一致，左右可切换

显示相同内容或者不同内容。通过司机显示屏，使用者可查看列车的监控信息和完成对列车设备的控制。

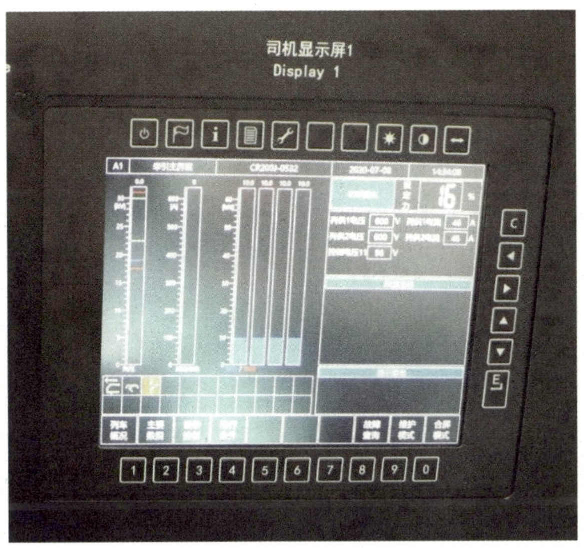

图 2.3.27

图 2.3.28

司机显示屏操作面板的上侧、下侧与右侧有硬件按键，显示屏区域为可触摸的液晶显示面板。司机可根据不同的显示内容，通过触摸屏与按键完成与列车的交互。上侧的硬件按键对应的功能是固定的，在条件满足时可触发其对应的功能，下侧与右侧的硬件按键在显示的内容不同时，可能会有不同的作用。司机可根据需要使用触摸按键或者硬件按键完成界面的切换或者列车设备的控制。

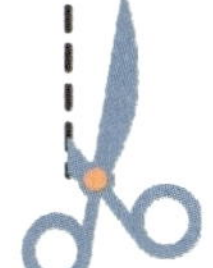

1. 牵引模式界面

牵引模式界面（见图 2.3.29）用来显示列车牵引信息。司机显示屏 1 上电后默认为此界面。该界面显示了牵引信息、列供信息、故障信息和提示信息。

通过界面底部的按键可进入牵引模式的其他界面。

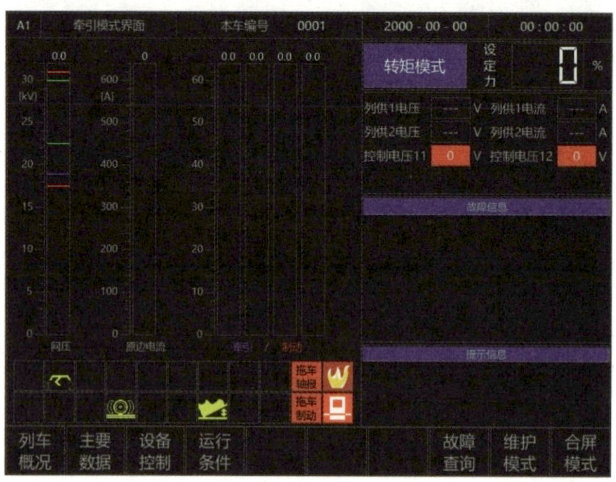

图 2.3.29

（1）列车概况。

点击牵引界面下【列车概况】按键，可进入其下的二级菜单。其中包括信息总览、动控车信息、拖车信息、车门状态 4 个界面（见图 2.3.30 ~ 图 2.3.33）。主要用来显示列车的监控信息，例如车门状态、拖车车厢状态等。

该一级菜单下不仅可以显示本车状态也可显示重联他车的监控状态。

通过界面底部的【主界面】按键可返回到牵引模式主界面。

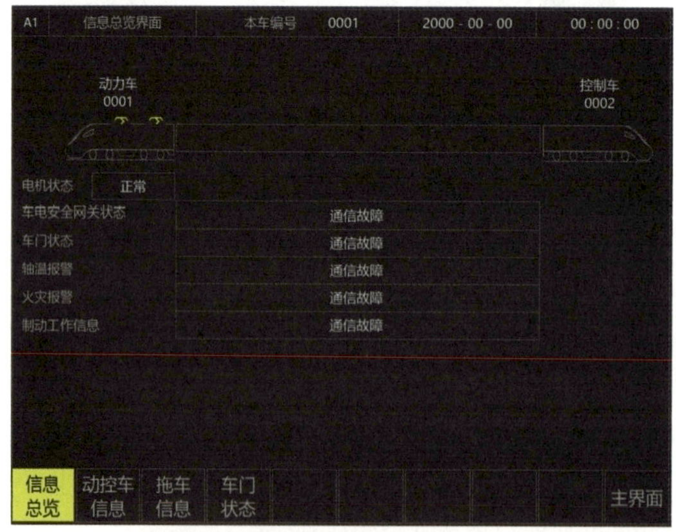

图 2.3.30

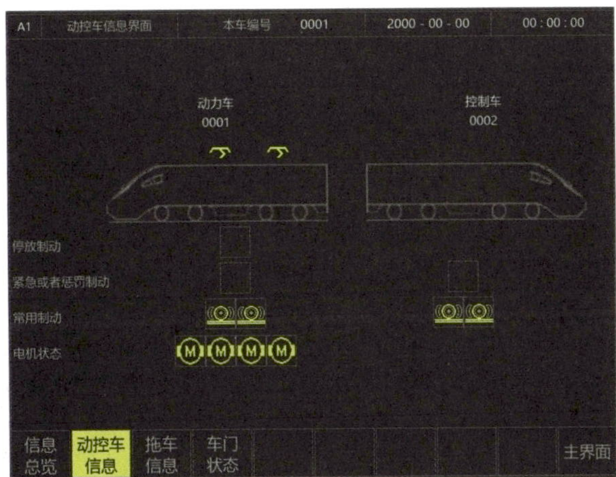

图 2.3.31

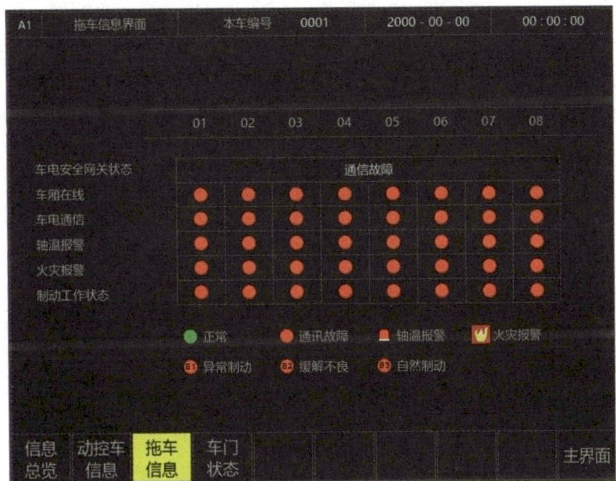

图 2.3.32

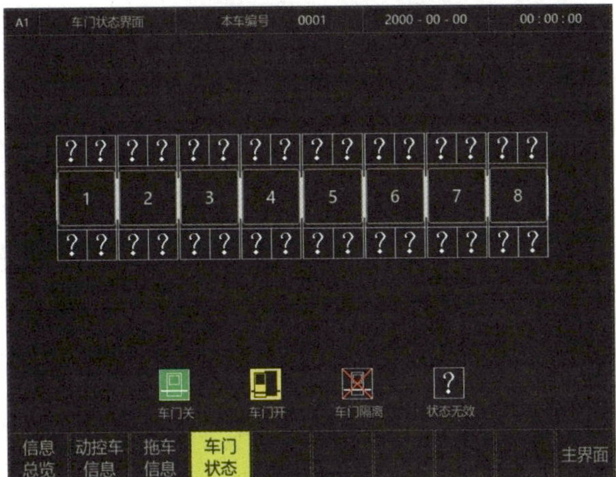

图 2.3.33

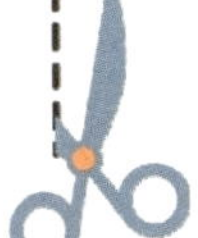

（2）主要数据。

点击牵引界面下【主要数据】按键，可进入其下的二级菜单。其中包括牵引数据、网络系统、辅助系统、列供系统 4 个界面（见图 2.3.34 ~ 图 2.3.37）。主要是用来显示牵引数据、网络系统设备的在线状态、辅助系统的设备状态和列供系统的相关信息。

该一级菜单下不仅可以显示本车状态也可显示重联他车的监控状态（牵引数据界面除外）。

通过界面底部的【主界面】按键可返回到牵引模式主界面。

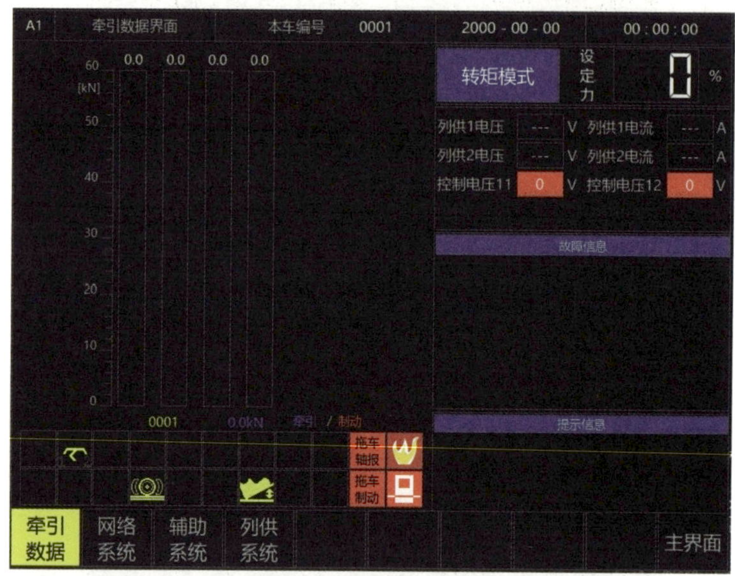

图 2.3.34

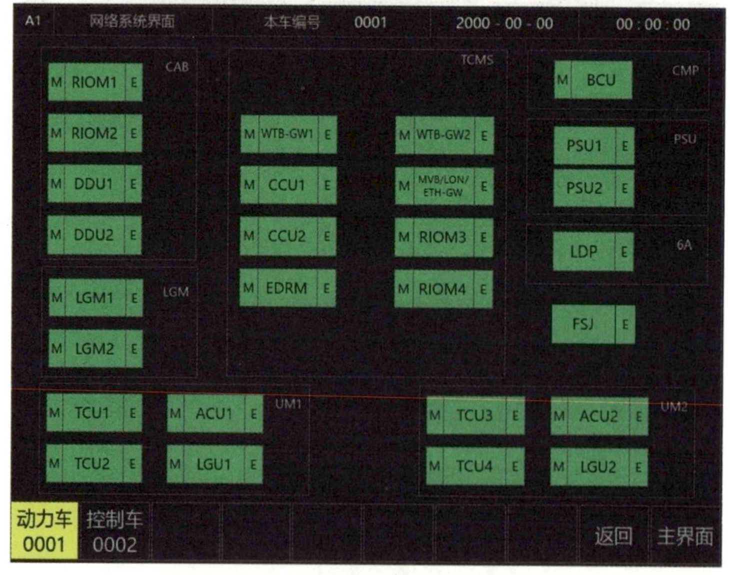

图 2.3.35

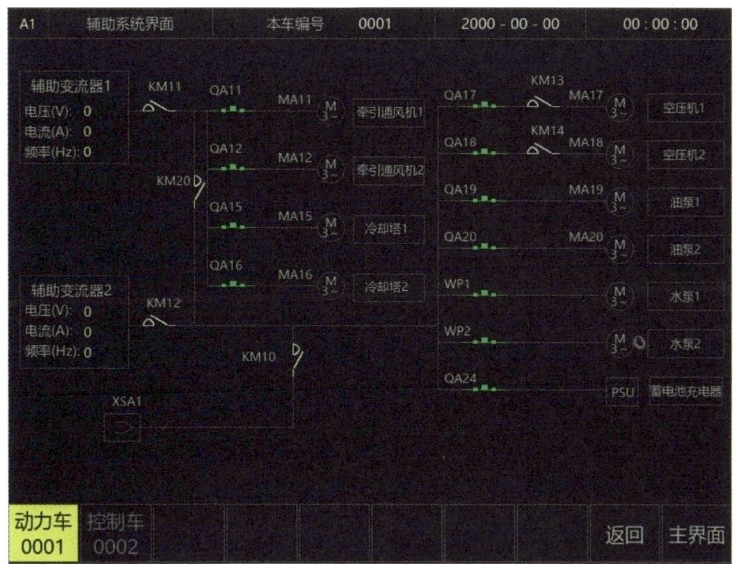

图 2.3.36

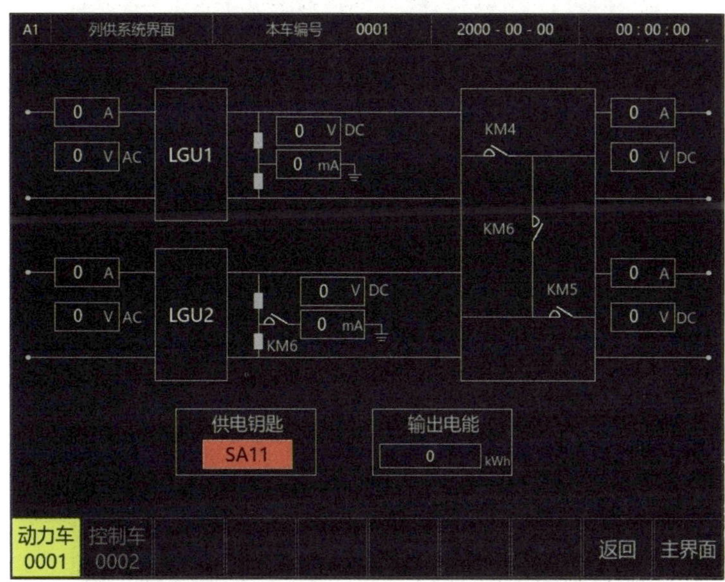

图 2.3.37

（3）设备控制。

点击牵引界面下【设备控制】按键，可进入其下的二级菜单。其中包括受电弓模式、设备隔离、分相设置、警惕设置、环路设置、联挂流程 6 个界面（见图 2.3.38 ~ 图 2.3.43）。主要是用来完成对列车设备控制的功能。

该一级菜单下不仅可以对本车设备进行控制，也可控制重联他车。（无人警惕、环路设置、联挂解联除外）

通过界面底部的【主界面】按键可返回到牵引模式主界面。

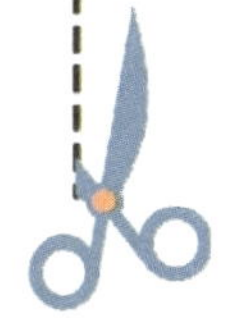

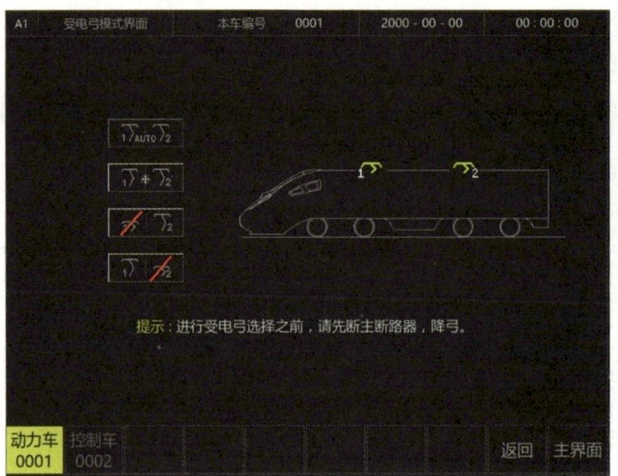

图 2.3.38

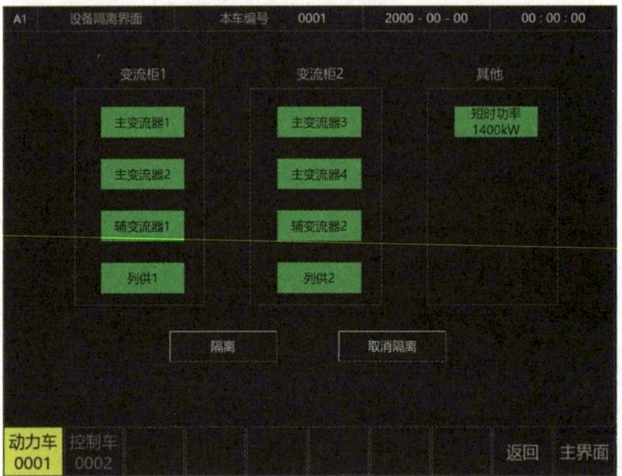

图 2.3.39

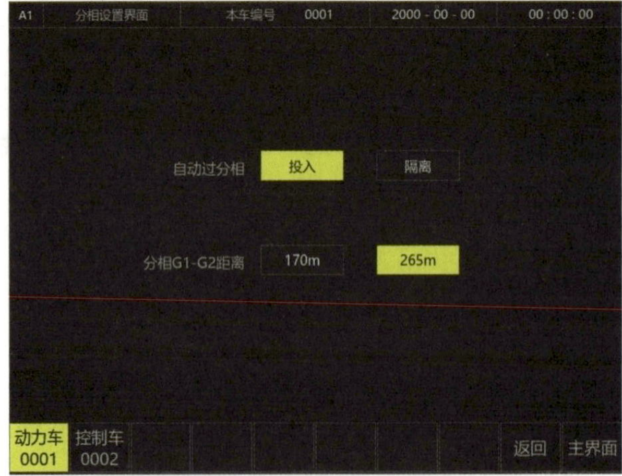

图 2.3.40

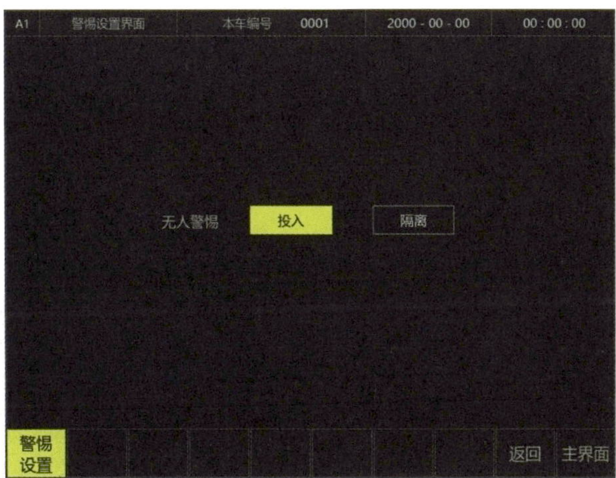

图 2.3.41

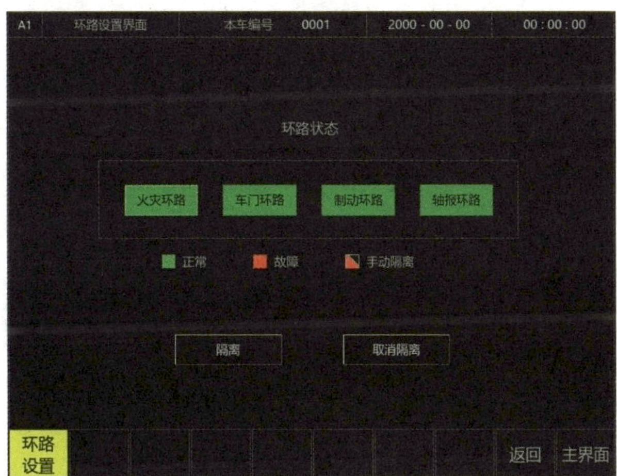

图 2.3.42

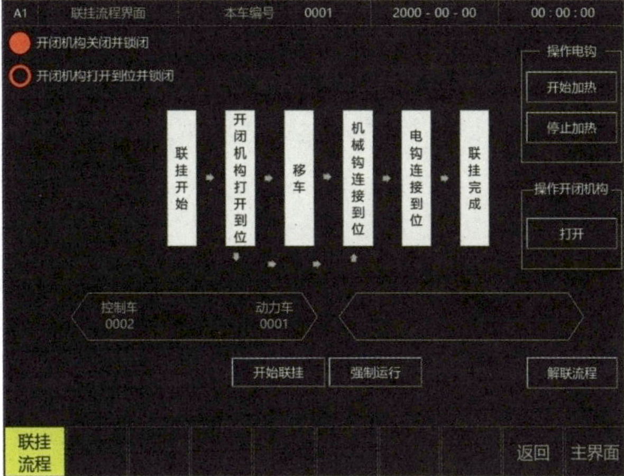

图 2.3.43

（4）运行条件。

点击牵引界面下【运行条件】按键，可进入其下的二级菜单。其中包括升弓条件、主断条件、牵引条件、制动条件4个界面（见图2.3.44～图2.3.47）。主要是用来显示列车的升弓、闭合主断、牵引、制动所需的必要条件，满足条件后，方可执行对应的功能。

通过界面底部的【主界面】按键可返回到牵引模式主界面。

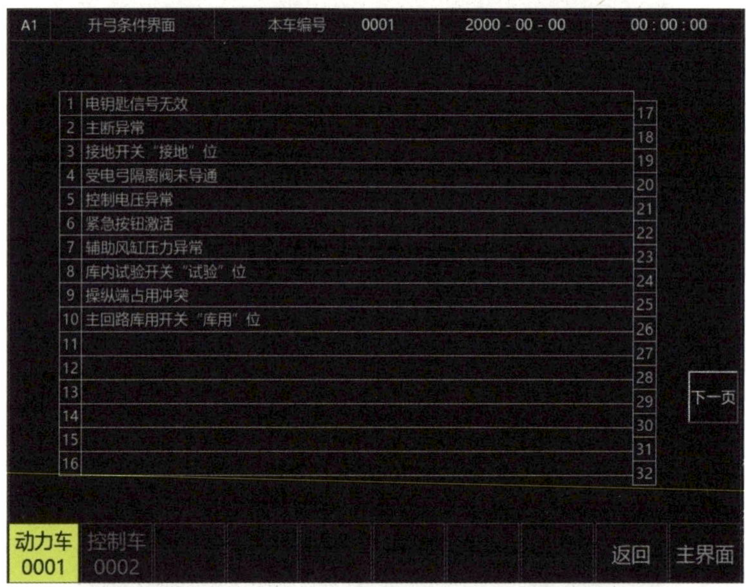

图 2.3.44

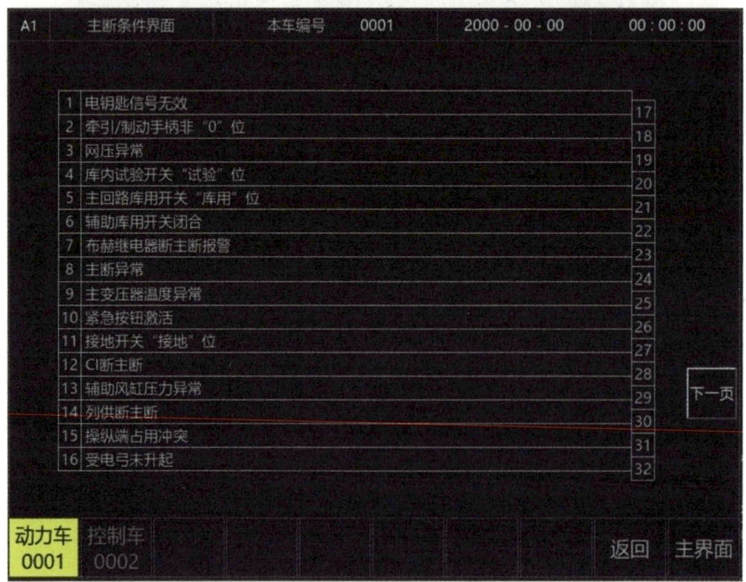

图 2.3.45

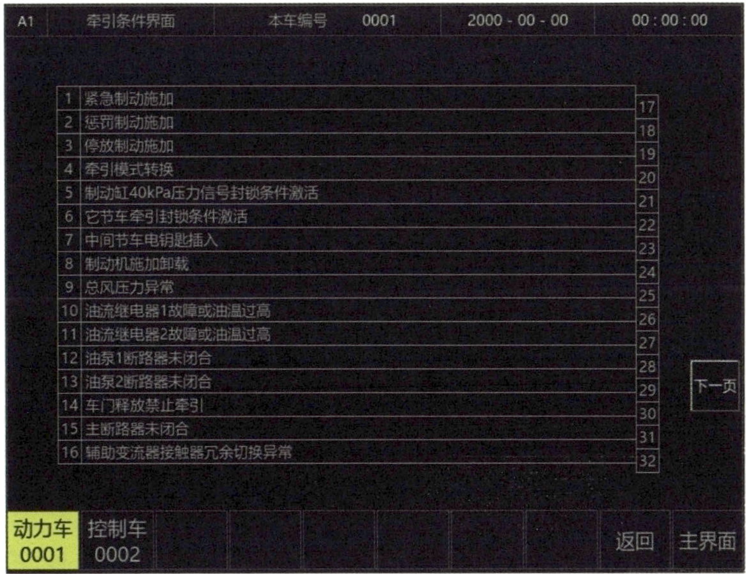

图 2.3.46

图 2.3.47

（5）故障查询。

点击牵引界面下【故障查询】按键，可进入其下的二级菜单，包括当前故障和本历史故障两个界面（见图 2.3.48 和图 2.3.49）。主要显示的故障信息有车号、故障等级、故障代码、故障名称及故障发生时间、恢复时间。

通过界面底部的【主界面】按键可返回到牵引模式主界面。

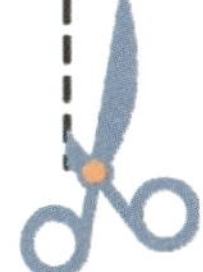

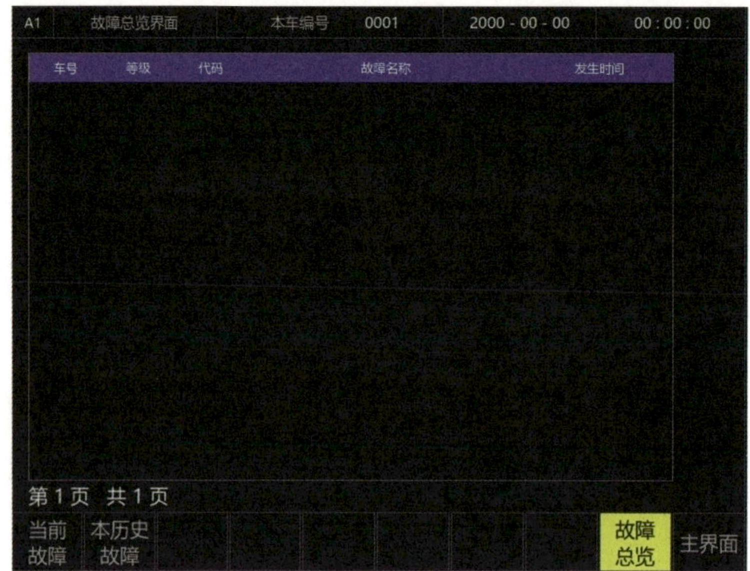

图 2.3.48

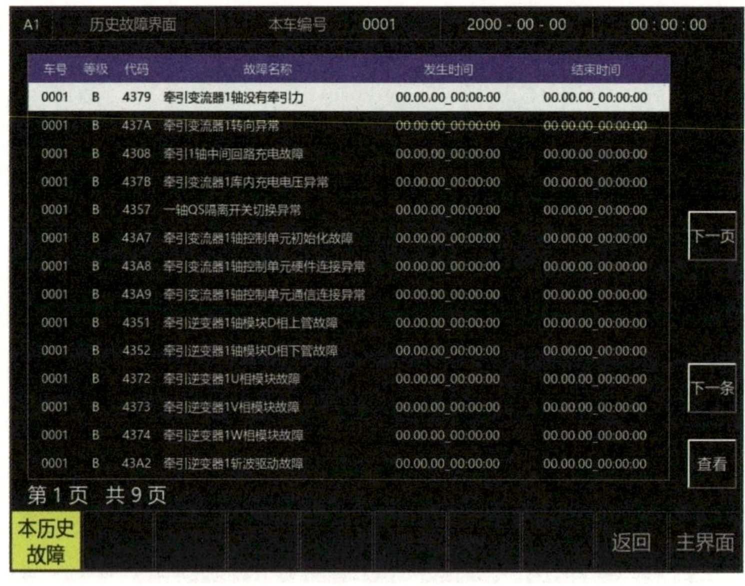

图 2.3.49

（6）故障查询—历史故障界面。

历史故障可显示重联他车故障信息。每个故障可进行点击选择，进入该故障的故障导向界面。故障导向界面有该故障的相关具体信息及操作指南（见图 2.3.50 和图 2.3.51）。

点击环境数据按键可以进入相关环境数据，比如电压电流手柄级位等。

通过界面底部的【主界面】按键可返回到牵引模式主界面。

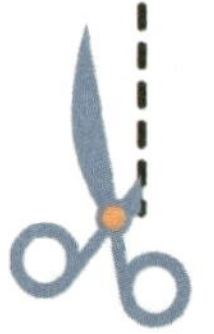

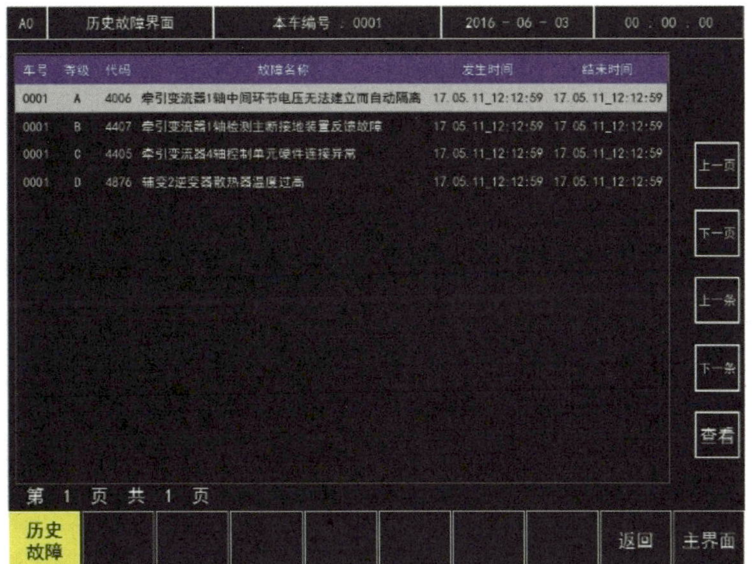

图 2.3.50

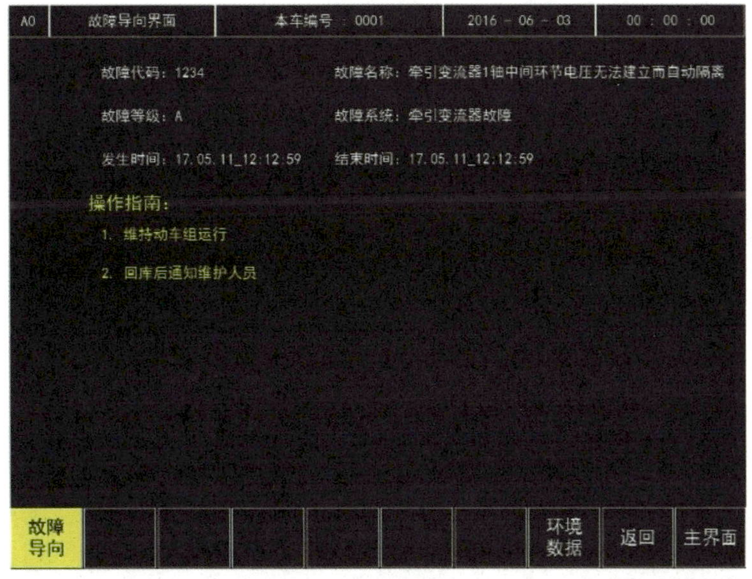

图 2.3.51

（7）维护模式。

点击牵引界面下【维护模式】按键，并且输入密码，可进入该界面（见图 2.3.52）。

有驱动概况、数据输入、维护测试、RIOM 通道、数据选择、蓄电池等相关功能。维护功能界面是禁止司机操作的。

通过界面底部的【主界面】按键可返回到牵引模式主界面。

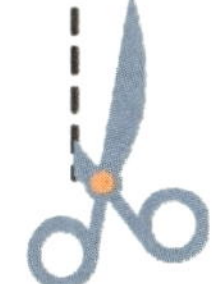

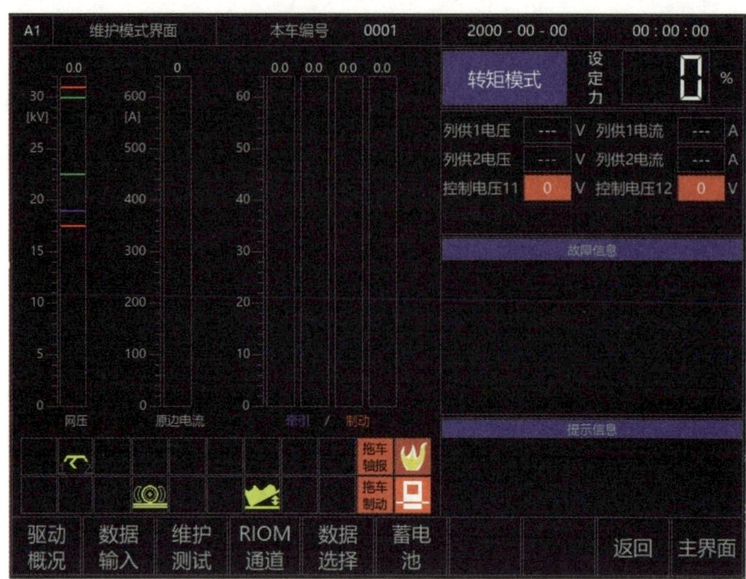

图 2.3.52

2. 制动模式界面

制动模式主界面显示了制动系统的主要信息（见图 2.3.53），包括均衡风缸、列车管、总风缸、制动缸压力等信息。司机显示屏 2 上电后默认为此界面。

通过底部的按键可进入制动系统的电空制动设置和信息显示界面；通过界面底部的【合屏模式】按键可进入合屏模式界面。

图 2.3.53

（1）电空制动界面。

点击制动主界面下【电空制动】按键，可进入该界面（见图 2.3.54）。电空制动界面可以通过底部的按键进行设置及投入操作。

通过界面底部的【主界面】按键可返回到制动模式主界面。

图 2.3.54

（2）维护菜单界面。

通过电空制动界面底部的【维护菜单】按键可进入制动系统的维护菜单界面（见图 2.3.55）。该界面包含自检、事件记录、故障摘要、流量校准、传感器校准、控制校准等功能。

通过界面底部的【主界面】按键可返回到制动模式主界面。

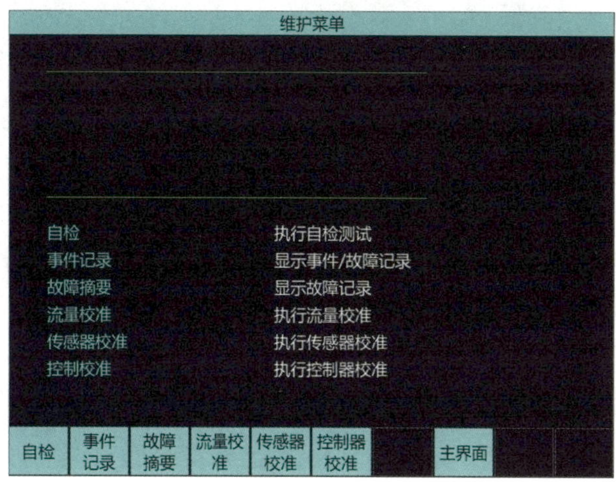

图 2.3.55

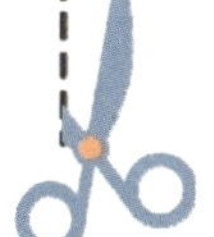

（3）软件版本界面。

通过制动主界面底部的【显示信息】按键及该界面下的【软件版本】按键可进入软件版本界面（见图 2.3.56）。该界面显示制动系统相关模块的版本信息。

通过界面底部的【主界面】按键可返回到制动模式主界面。

软件版本号

序号	模块	版本号
1	EIU	0.00
2	BPCM	0.00
3	BCCM	0.00
4	IBCM	0.00
5	EBV	0.00

显示信息　主界面

图 2.3.56

3．合屏模式界面

合屏模式界面主要用来显示列车的主要监控信息（见图 2.3.57）。是牵引系统信息和制动系统信息的概览。

通过该界面底部的按键可进入牵引模式界面或制动模式界面。

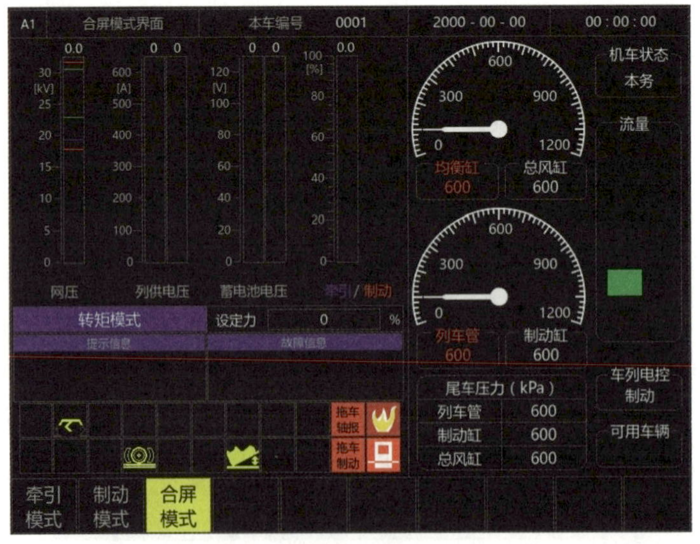

图 2.3.57

4. 司机室显示单元检查

司机室显示单元 1 是检查是否组内的所有动力车/控制车都已识别。如果编组内的所有的动力车都已经识别且在司机室显示单元 1 上无故障信息显示，动力车的 WTB 连接成功完成。如果 WTB 连接过程不成功，以下情形可能发生：

① 动力车不能参与牵引及在控制级上出现故障，动力车故障产生的原因：电气连接故障、不正确的启动过程等。

② 超过 1 个钥匙开关闭合。

③ 网关未投入。车端 WTB 重联插座重联连接不良。

动力车 WTB 连接不成功处理：

① WTB 的联接过程必须重复，对所有网重联动力车进行大复位，再次检查电气连接。

② 按照正确的顺序重复启动过程。

③ 如果 WTB 连接再次试验后仍然不成功，未识别的动力车或带 WTB 故障的那台车必须停止（断开蓄电池）。

任务四　行车安全装备相关数据的输入

任务描述

插入 IC 卡，根据出勤信息设定行车参数并写入 LKJ 临时数据，注册 CIR。

学习活动建议

学习活动	内　容	建议学时
自学资讯及相关知识点	1. 掌握 LKJ 临时数据的含义和内容； 2. 掌握 LKJ 监控有关输入操作； 3. 掌握机车综合无线通信设备（CIR）相关操作	课前
计划	根据任务单上的任务情境，每位同学独立归纳总结行车安全装备相关数据输入作业流程及注意事项，并正确完成数据输入	课中（1 学时）
决策	通过小组讨论和组间交流后，做出指导教师指定任务情景下所需行车安全装备相关数据输入的任务决策	
实施	根据指导教师提供的资讯，完成指导教师指定情景下具体的行车安全装备相关数据输入作业情景模拟任务	
	正确填写（执行过程检查）评估工作页，小组成员互检工作页的正确性，提交指导教师给予评估	
检查与评价	完成自我评估、小组评价以及教师评价	
完善与拓展	根据学习掌握深度要求，拓展完善行车安全装备相关数据输入作业相关资讯	课后

任务引导

1. 行车安全装备相关数据输入前，各手柄、按钮应该处于什么状态？

2. 什么是 LKJ 临时运行数据？

3. 简述 LKJ 监控数据输入的操作流程。

4. 简述机车综合无线通信设备（CIR）数据输入的操作流程。

任务分析

1. 机班在输入 LKJ 临时数据前，需确认动车组制动手柄和司控器手柄状态。

2. 司机要知晓 IC 卡插入位置和插入方向，知道 LKJ 设定方法，知道 CIR 车次号注册方法。

3. 司机要明白如何调出揭示查询界面，并明白揭示核对步骤。

任务分工

班级		组号		指导教师	
小组成员	任务分工				

任务步骤

（1）机班共同确认大闸重联位、小闸全制位，司控器 0 位，换向手柄中立位（见图 2.4.1 ~ 图 2.4.4）。

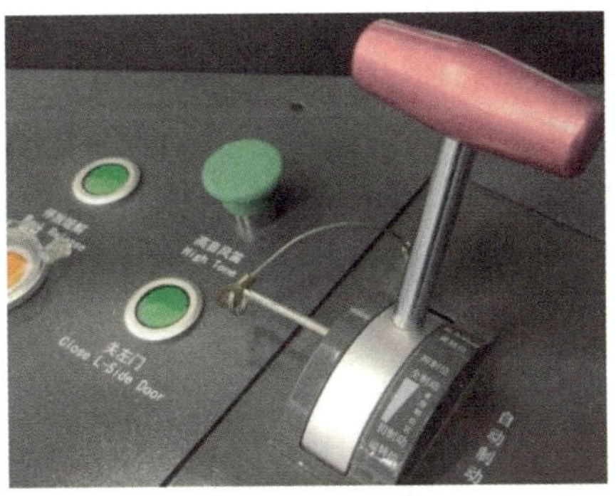

图 2.4.1

图 2.4.2

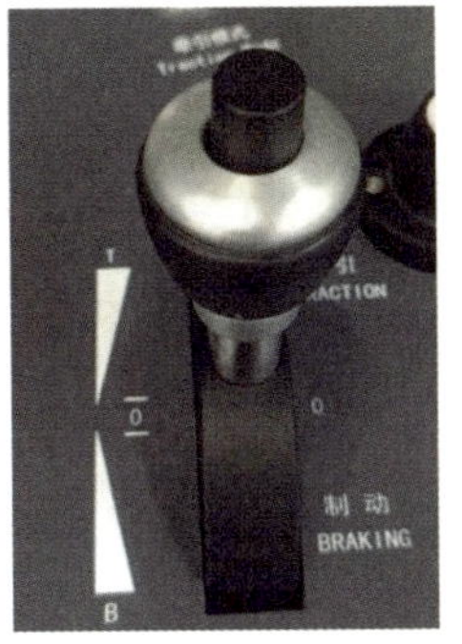

图 2.4.3

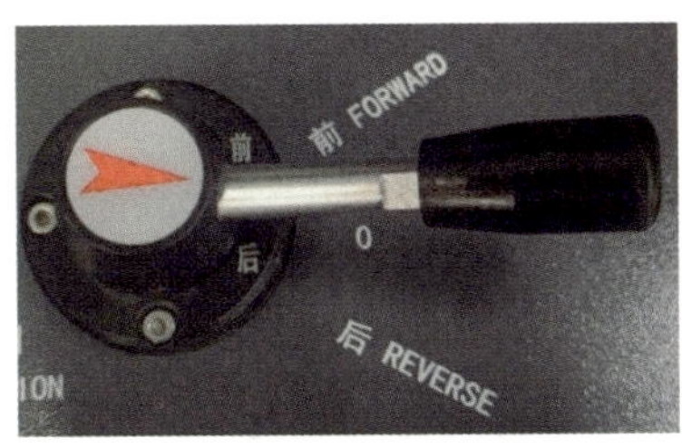

图 2.4.4

（2）司机将 IC 卡插入监控显示器旁边的 IC 卡插槽内，监控显示器上的【IC 卡】区域点亮（见图 2.4.5）。

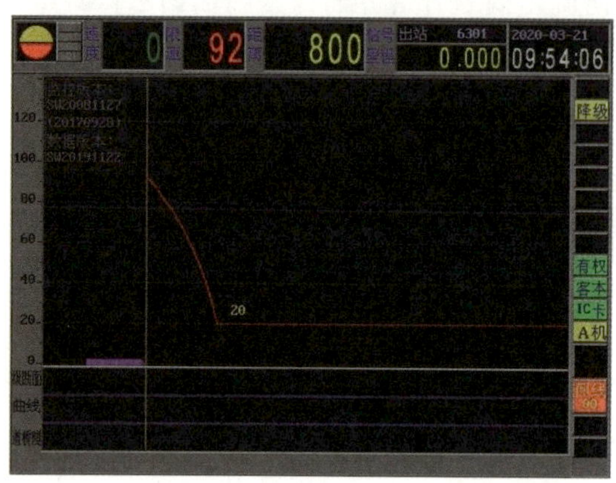

图 2.4.5

（3）此时点击【设定】键，界面弹出设定窗口（见图 2.4.6）。

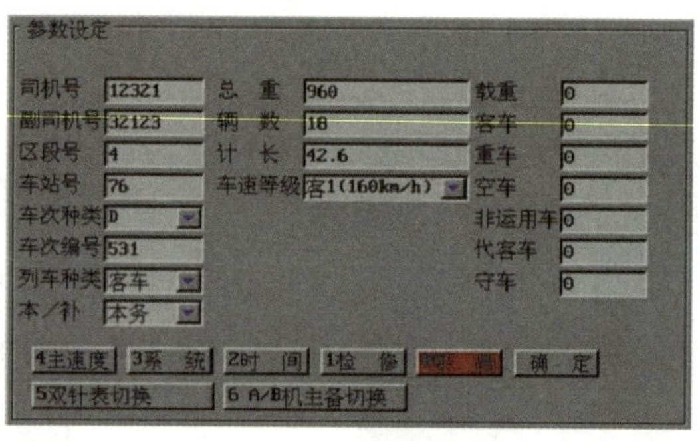

图 2.4.6

（4）根据机班乘务员信息及行车信息，通过【→】【←】【↑】【↓】键，移动光标到相应位置，按压【0】~【9】数字键，完成对具体项的设置，如司机号：22931，副司机号 45617，区段号 4，车站号 76，车次种类 D，车次编号 531，列车种类客车，本务，总重 608，辆数 9，计长 21.4，车速等级客 1（160 km/h），载重 0，客车 9，重车 0，空车 0，非运用车 0，待客车 0，守车 0。

（5）如果输入错误，可用【←】键取消光标左侧一个字符，每进行完一项设置，须按压【确认】键。

（6）设定完行车参数，监控自动读取 IC 卡中的临时数据并写入监控中（见图 2.4.7、图 2.4.8）。

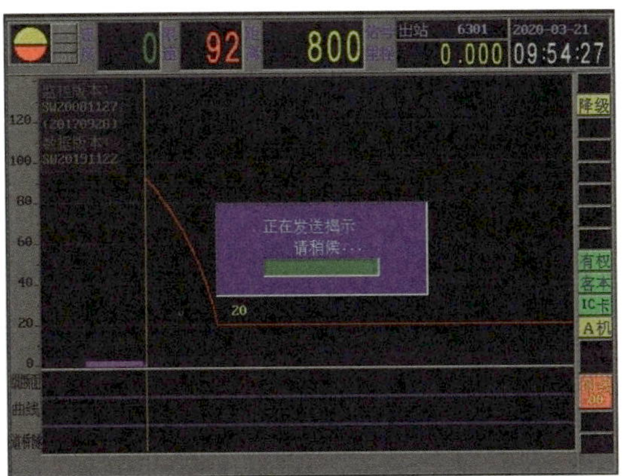

图 2.4.7

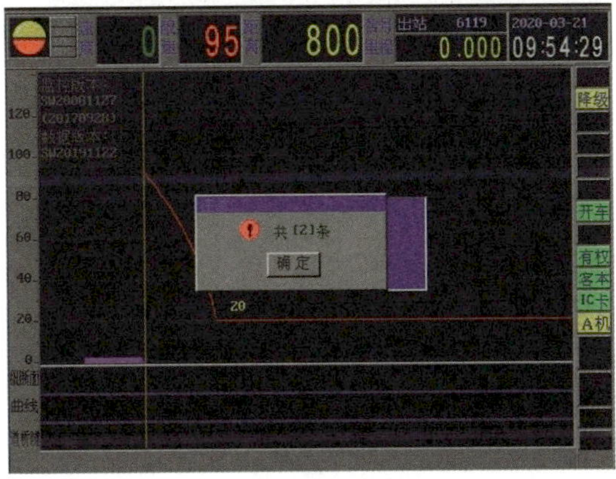

图 2.4.8

（7）写入完毕后，会自动进入全部揭示查询界面，可以查看、核对写入的全部揭示（见图 2.4.9）。

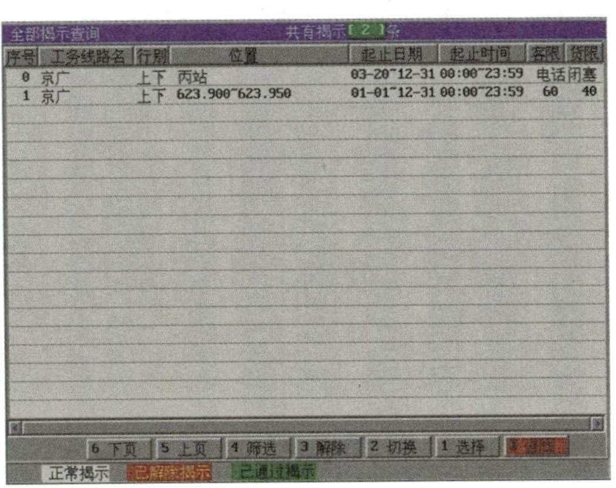

图 2.4.9

（8）司机核对携带的交付揭示和监控中显示的揭示，手比呼唤逐条核对。

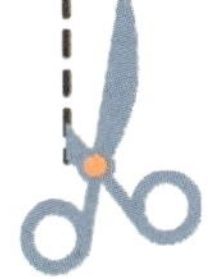

（9）核对完毕后，在司机手账上做好记录。将光标移至“返回”按压【确认】键，返回设定的开车站界面。

（10）输入数据时做到边输入、边呼唤、边确认，确保数据完整正确（见图 2.4.10）；并将 LKJ 数据版本号等记录在司机手账上。

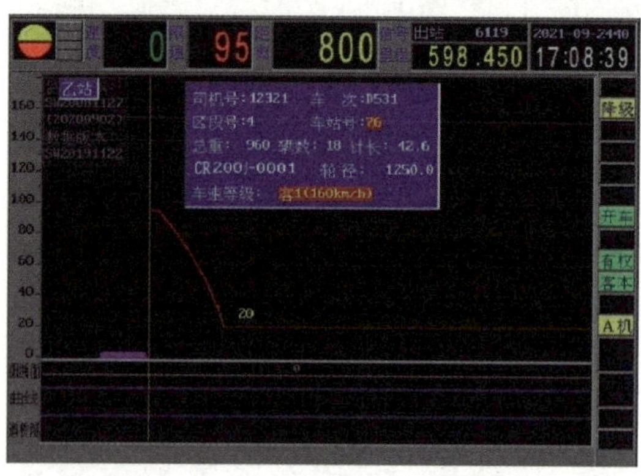

图 2.4.10

（11）CIR 有关数据参数输入。

① 在主界面下按 MMI“设置”键，进入设置界面。

② 将光标移动至“1、车次功能号注册”并按“确认/签收”键，进入后输出本列车次号“XXX”。

③ 根据 MMI 屏幕下方的提示，手动输入车次号后按“确认/签收”键，从随后弹出的选择机车牵引任务状态界面上选择“本务机”或“补机”（见图 2.4.11）。

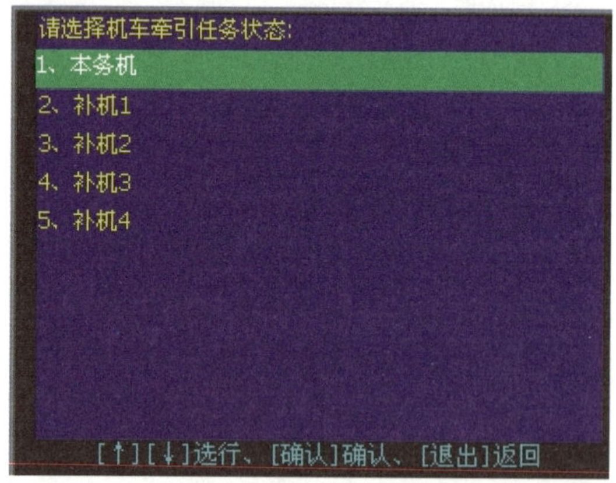

图 2.4.11

④ 再次按下“确认/签收” 键后，CIR 即向 GSM-R 网络注册车次功能号（车次注册成功后，底色显示为白色，则说明注册成功）。

任务实施

序号	任务实施步骤	任务要点
1	确认手柄位置	
2	IC 卡使用	
3	LKJ 操作	
4	出乘信息输入	
5	揭示查看方法	
6	工作内容记录	

任务评价

非常符合（90 分以上）；比较符合（80～89 分）；符合（70～79 分）；基本符合（60～69 分）；不符合（60 以下或存在失格项）					
考核要素	知识评价	技能评价	权重	评分标准	得分
确认手柄位置	知道设定 LKJ 参数前各手柄位置	机班共同确认大闸重联位、小闸全制位，司控器 0 位，换向手柄中立位	10%	没有确认各手柄位置，少确认 1 处扣 3 分，满分 10 分扣完为止	
IC 卡使用	IC 卡使用方法和判断 IC 卡插入正常的标准	司机能正确将 IC 卡插入卡槽	10%	未能将 IC 卡正确插入卡槽扣 10 分	
LKJ 操作	司机知道 LKJ 操作方法	司机能正确调出设定窗口	10%	未能 1 次成功调出设定窗口扣 10 分	
出乘信息输入	出乘信息掌握	司机能根据实际情况输入出勤信息和行车信息	30%	未能正确设定行车参数和注册 CIR，错误 1 处扣 5 分，满分 30 分扣完为止	
揭示查看方法	揭示查看方法和核对步骤	司机能正确逐条核对揭示	15%	未能逐条核对运行揭示，错误 1 条扣 3 分，满分 15 分扣完为止	
工作内容记录	知道司机手账正确的记录位置	司机能在司机手账上正确记录	15%	未能正确记录司机手账，错误 1 处扣 3 分，满分 15 分扣完为止	
思政评价	任务完成后，能够依据任务实施过程，阐述出作业过程体现出的职业素养或思政元素，或者可以根据自身实训结果，反思自己在任务实施过程中有哪些违反职业素养的行为		10%	学员的阐述可以体现对职业素养的正确认识，或对该任务蕴含的思政元素有自己合理的见解即可	
合计			100%		

检查与评价	
一、学生自我评估	年 月 日
二、小组评价	年 月 日
三、指导教师评价	年 月 日

知识要点

一、LKJ 临时运行数据

LKJ 临时数据旧称揭示，是指依据铁路运输调度指挥部门向相关机车运用部门提前下达的运行揭示调度命令，编辑形成临时数据文件载入 LKJ 设备，对列车运行实施减速控制或改变行车方式、提示有关操作的各类临时数据。LKJ 临时数据编制工作需利用 IC 卡数据文件编制软件，配合 IC 卡数据文件编制软件参数来实现。

常见的 LKJ 临时运行数据类型，包括临时限速、电话闭塞、车站限速、侧线限速、绿色许可证、特定引导。

（1）临时限速：指因为工务部门施工影响区间正常行车，指示途径列车降速运行的揭示，通常包括命令号、工务线路名称、行别、临时限速的起止公里标、起止日期、起止时间、客车限速值和货车限速值。

（2）电话闭塞：是停用基本闭塞法改用电话闭塞法行车的简称，遇下列情况，应该停止基本闭塞法改用电话闭塞法行车 ：① 基本闭塞设备发生故障（包括自动闭塞区间内两架及以或灯光熄灭）时；② 发出挂有由区间返回后部补机的列车时，或自动闭塞区间发出由区间返回的列车时；③ 无双向闭塞设备的双线区间反方向发车或改按单线行车时；④ 半自动闭塞区间，发出须由区间返回的列车，由未设出站信号机的线路上发车，或超长列车头部越过出站信号机并压上出站方面轨道电路发车时；⑤ 在夜间或遇降雾、暴风雨雪，为消除线路故障或执行特殊任务，开行轻型车辆时。

（3）车站限速：指站内工务施工影响直通列车正常运行，指示途径列车降速运行的揭示。

（4）侧线限速：指站内工务施工影响侧线列车正常运行，指示途径列车降速运行的揭示。

（5）绿色许可证：是指列车使用自动闭塞行车方法时，由于列车不能按正常出站信号机显示发车时，只能使用绿色许可证作为列车进入区间闭塞分区的行车凭证。①出站信号机不能显示绿色或绿黄色灯光，仅能显示黄色灯光时，发出客运列车；②出站信号机故障时发出列车；③由未设出站信号机的线路上发出列车；④列车头部越过出站信号机的超长列车；⑤发车进路信号机发生故障时发出列车。

（6）特定引导：在固定上下行正线、道岔全部开通直股，并且在进路上的道岔按规定加锁和钉闭，施工期间接发列车不扳动道岔（开通前停止接发列车试验信号时除外）的情况下，车站按《技规》第 134 图显示特定引导手信号（引导人员站在接车地点，昼间展开绿色信号旗高举头上左右摇动，夜间使用绿色灯光高举头上左右摇动），列车以不超过 60 km/h 速度进站或通过接车进路。

二、LKJ 监控有关输入操作

LKJ 3 种控制状态的转换：降级控制状态、出入库控制状态、调车控制状态。

1. 降级工作状态

（1）监控主机开机（或断电 30 s 以上）（见图 2.4.12）。

（2）在监控工作状态下更改交路号、车站号、车次、客货、本补。

（3）线路数据终止。

（4）装置按机车信号，产生“速度—走行距离” 监控行车。机车信号为进行信号时，2 000 m 内限速逐渐降为 60 km/h，显示屏的距离窗口显示剩余距离。

降级运行时实际速度低于限速值 3 km/h 语音报警，低于限速值 2 km/h 卸载，等于常用限速值实施常用制动，等于紧急制动限速值（+3）实施紧急制动。

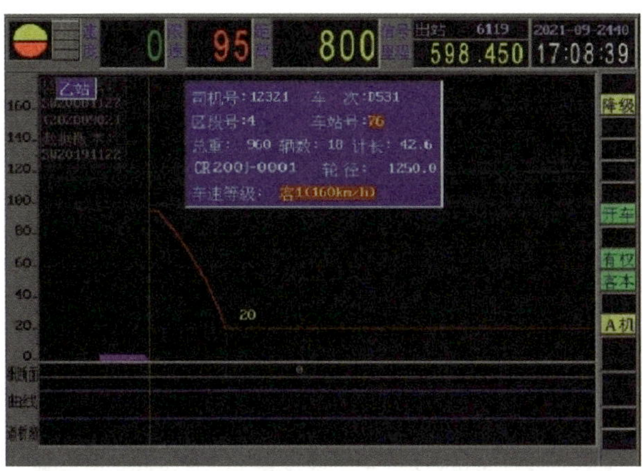

图 2.4.12

2. 出入库工作状态

（1）停车时，按压显示器上的【出入库】键进入出入库状态；

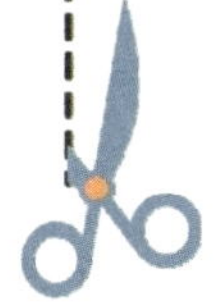

（2）机车以不超过所在段规定的出/入段限速运行至出段闸楼处。连续按压【出入库】键退出出入库状态，进入调车状态（见图 2.4.13、图 2.4.14）。

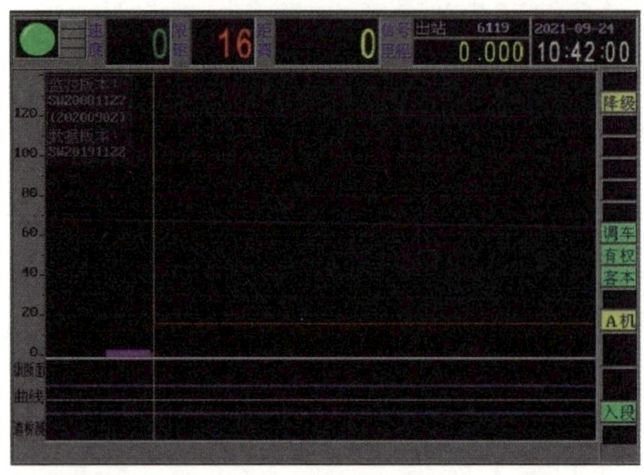

图 2.4.13

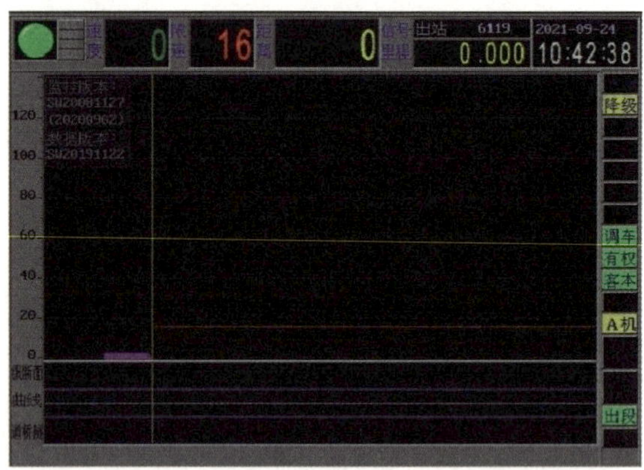

图 2.4.14

3．调车工作状态

（1）乘务员按地面调车信号行车，监控装置最高限速 41 km/h（见图 2.4.15）。

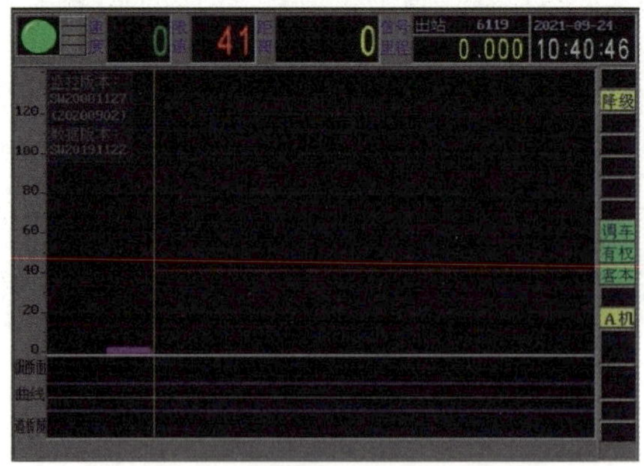

图 2.4.15

（2）－3 报警，－2 卸载，0 常用，＋3 紧急。

（3）机车与车列连挂后，按压【调车】键退出调车状态，进入降级状态。

三、机车综合无线通信设备（CIR）相关操作

1. 工作模式选择

1）自动选择线路

（1）在 MMI 主界面下按“设置”键，进入设置界面（见图 2.4.16）。

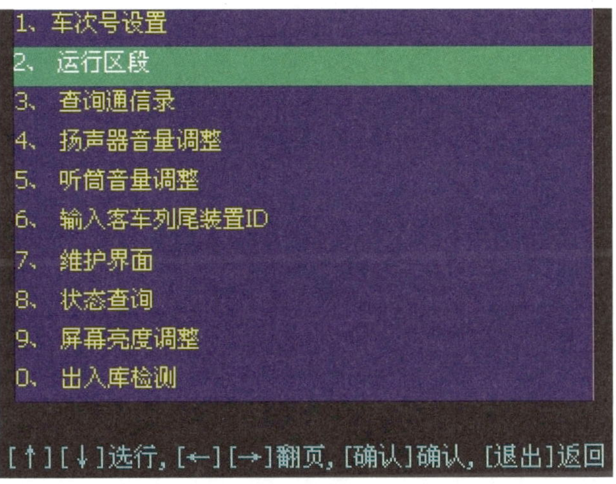

图 2.4.16

（2）根据屏幕提示按方向键将光标移动到“2、运行区段”，也可以按数字键“2”快速定位至选项，按“确认/签收”键进入“线路选择”界面（见图 2.4.17）。

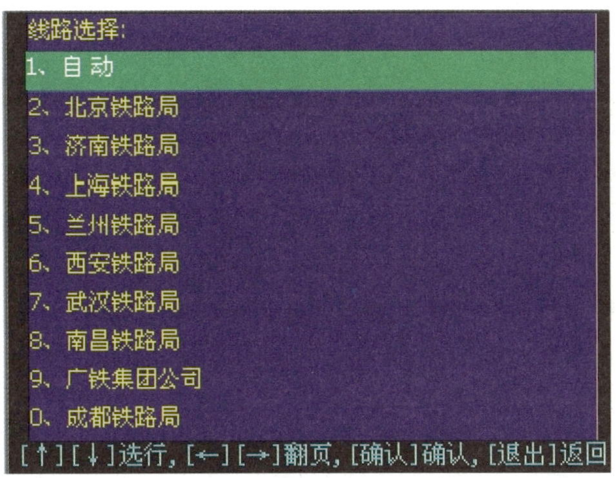

图 2.4.17　线路选择界面-自动方式

（3）移动光标到“1、自动”，再次按“确认/签收”键，此时 CIR 设置为线路自动切换模式。

2）手动选择线路

（1）在 MMI 主界面下按“设置”键，进入设置界面，选择“2、运行区段”。

（2）按“确认/签收”键进入“线路选择”界面，此时屏幕上会列出所有的路局。选择路局后按“确认/签收”键，此时屏幕上列出该路局全部运行线路，如图 2.4.18 所示。

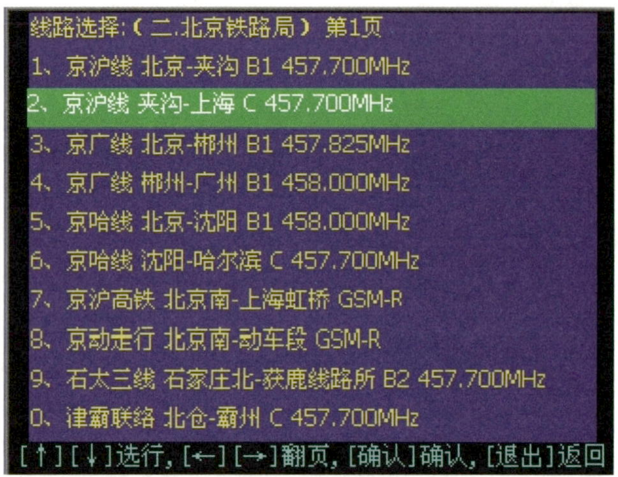

图 2.4.18　线路选择界面-手动方式

（3）选中线路后，再次按下“确认/签收”键，此时 CIR 设置为线路手动切换模式。

3）运行线路人工选择

除以上所述自动、手动选择线路的方式外，CIR 在自动工作方式下还具有人工选择运行线路及通信模式的功能，当 MMI 发出语音提示“通信转换，请选择线路”时，司机可按“切换”键调出线路选择界面，选择运行线路（见图 2.4.19）。

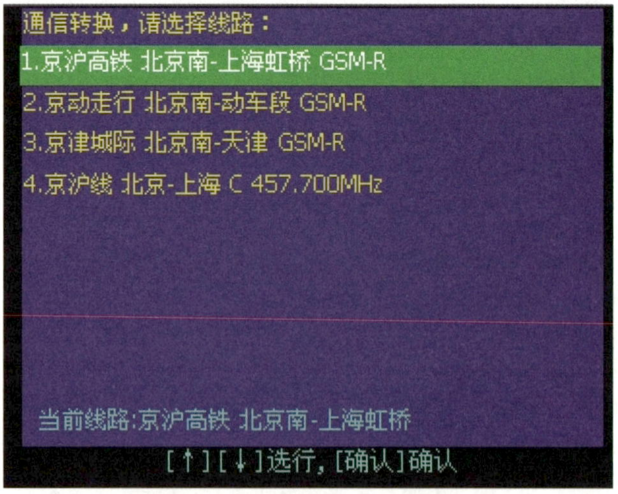

图 2.4.19　运行线路选择界面

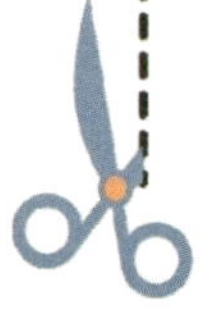

2. 车次号注册、确认和注销

CIR 在 GSM-R 模式下必须进行车次号注册，在 450 MHz 模式下必须进行车次号设置。

1）车次号注册/设置

（1）GSM-R 模式下：

① 在主界面下按 MMI“设置”键，进入设置界面。

② 将光标移动至“1、车次功能号注册”并按“确认/签收”键（见图 2.4.20）。

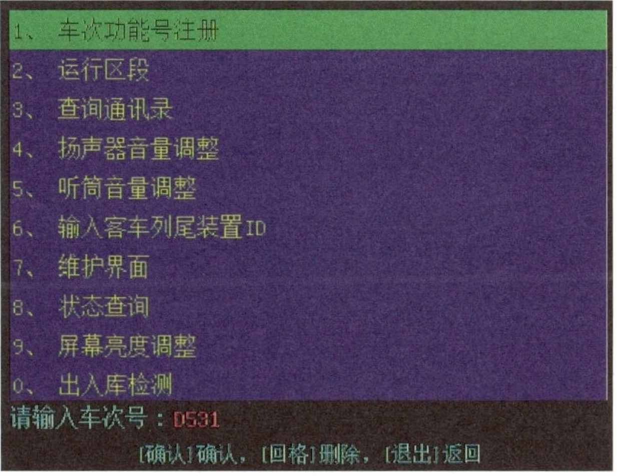

图 2.4.20

③ 根据 MMI 屏幕下方的提示，手动输入车次号后按“确认/签收”键，从随后弹出的选择机车牵引任务状态界面上选择“本务机”或“补机”（见图 2.4.21）。

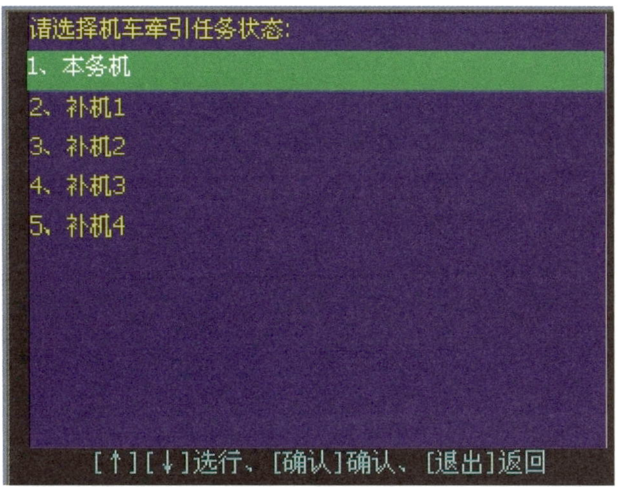

图 2.4.21

④ 再次按下“确认/签收”键后，CIR 即向 GSM-R 网络注册车次功能号。

（2）450 MHz 模式下：

设置车次号的操作过程与 GSM-R 模式下的注册过程①～③步骤相同，按“确认/签收”键后 MMI 显示屏显示输入的车次号。

450 MHz 模式下，车次号设置仅用于车次号显示和车次号校核信息传送，CIR 不进行车次功能号注册。

2）车次号确认

（1）车次号获取方式设定为自动时：

① 当出现下列情况时，CIR 在车次号注册界面（GSM-R 工作模式）或车次号设置界面（450 MHz 工作模式）显示“请输入车次号：”提示信息，同时发出“请确认车次号”语音提示。

② 在车次号注册或设置界面（司机应确认界面上的车次号（图中举例车次为“K1234”）是否与图定车次号一致。若一致直接按“确认/签收”键确认，不一致时可通过按“回格”和“数字/字母”键等进行修改，再按“确认/签收”键确认，后续操作不变。

（2）车次号获取方式设定为手动时：

① LKJ 状态转换或列车折角运行车次号变化，CIR 均不会自动给出车次号注册界面或车次号设置界面显示和语音提示。

② 须由司机在指定的地点手动输入图定正确的车次号，操作过程与车次号的注册、设置方法相同。

3）车次号注销

CIR 工作在 GSM-R 模式下，离车前，以及动车组换端时，司机需手动注销车次功能号。注销过程如下：在设置界面下选择“1、车次功能号注销”，按“确认/签收”键后 MMI 屏幕下方显示是否确认注销的提示，按“确认/签收”键，CIR 即向网络注销车次功能号（见图 2.4.22）。

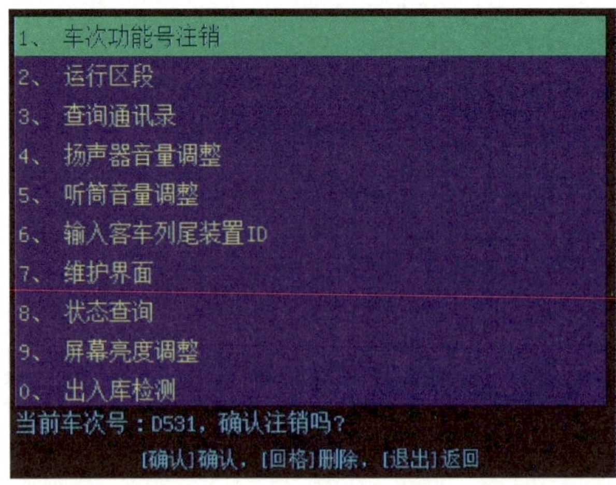

图 2.4.22

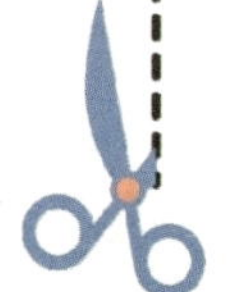

任务五　升弓作业

任务描述

完成 LKJ 参数设置后，需进行升弓操作。

学习活动建议

<table>
<tr><th>学习活动</th><th>内　容</th><th>建议学时</th></tr>
<tr><td>自学资讯及相关知识点</td><td>1. 了解受电弓的组成、功能特点；
2. 掌握升弓、闭合主断的操作流程</td><td>课前</td></tr>
<tr><td>计划</td><td>根据任务单上的任务情境，每位同学独立归纳总结升弓作业流程及注意事项，并正确完成升弓作业</td><td rowspan="5">课中
（1 学时）</td></tr>
<tr><td>决策</td><td>通过小组讨论和组间交流后，做出指导教师指定任务情景下所需升弓作业的任务决策</td></tr>
<tr><td rowspan="2">实施</td><td>根据指导教师提供的资讯，完成指导教师指定情景下具体的升弓作业情景模拟任务</td></tr>
<tr><td>正确填写（执行过程检查）评估工作页，小组成员互检工作页的正确性，提交指导教师给予评估</td></tr>
<tr><td>检查与评价</td><td>完成自我评估、小组评价以及教师评价</td></tr>
<tr><td>完善与拓展</td><td>根据学习掌握深度要求，拓展完善升弓作业相关资讯</td><td>课后</td></tr>
</table>

任务引导

1. 简述升弓前需确认哪些设备状态。

____

____

____

2. 简述升弓的操作方法。

____

____

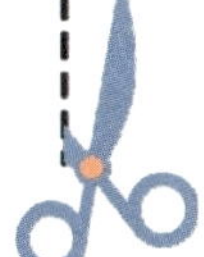

3. 简述闭合主断的操作方法。

任务分析

升弓前报告值班室，通知随车机械师，得到值班室准许升弓和随车机械师可以供电的通知后进行升弓作业。

任务分工

班级		组号		指导教师	
小组成员	任务分工				

任务步骤

升弓前，司机需确认机班全员到岗、到位，通过 6A 系统检查确认车顶高压设备绝缘状态良好、感应网压值符合要求（高压检测设备故障时，查看微机显示屏感应网压值），通过车载信息监控装置查看非操纵端动力车车顶可视范围内无异常，进行升弓操作，如图 2.5.1 ~ 图 2.5.3 所示。

升弓时，机班密切关注网压及微机屏显示的受电弓状态，发现异常立即降下受电弓。

升弓后闭合主断，待控制电压稳定后启动空气压缩机进行泵风，确认总风缸压力不低于 600 kPa 后，自阀减压不少于 100 kPa，单阀置全制位（前端为控制车时除外）。主断路器扳键开关、空压机扳键开关如图 2.5.4、图 2.5.5 所示。

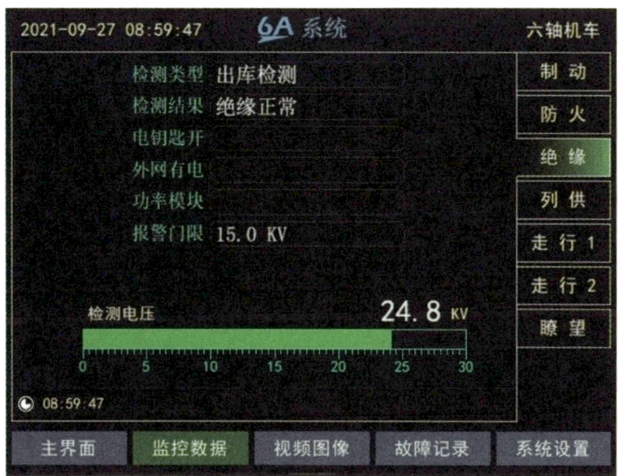

图 2.5.1 车顶高压设备绝缘状态

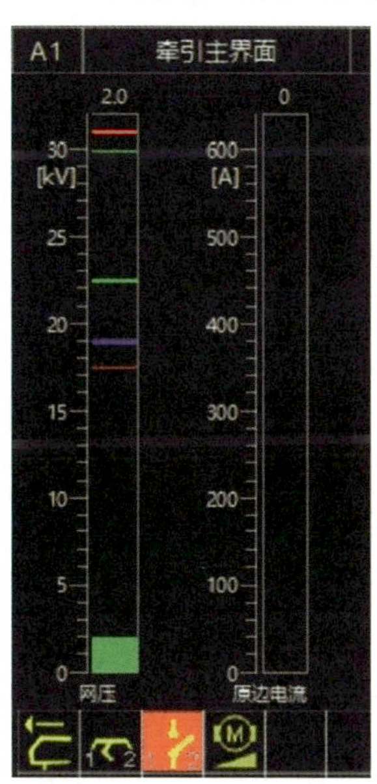

图 2.5.2 感应网压值

图 2.5.3 非操纵端动力车车顶

图 2.5.4　主断路器扳键开关

图 2.5.5　空压机扳键开关

任务实施

序号	任务实施步骤	任务要点
1	升弓前	
2	升弓时	
3	升弓后	

任务评价

非常符合（90 分以上）；比较符合（80～89 分）；符合（70～79 分）；基本符合（60～69 分）；不符合（60 以下或存在失格项）

考核要素	知识评价	技能评价	权重	评分标准	得分
升弓前	知道升弓前需确认的设备状态	正确完成升弓前的设备状态检查	30%	1. 未通过 6A 系统检查确认车顶高压设备绝缘状态，扣 10 分； 2. 未确认感应网压值符合，扣 10 分； 3. 未通过车载信息监控装置查看非操纵端动力车车顶可视范围内无异常，扣 10 分	
升弓时	知道升弓的操作方法	能正确完成升弓	30%	未能正确完成升弓操作，扣 30 分	
升弓后	知道闭合主断的操作方法	能正确闭合主断	30%	未能正确闭合主断路器，扣 30 分	
思政评价	任务完成后，能够依据任务实施过程，阐述出作业过程体现出的职业素养或思政元素，或者可以根据自身实训结果，反思自己在任务实施过程中有哪些违反职业素养的行为		10%	学员的阐述可以体现对职业素养的正确认识，或对该任务蕴含的思政元素有自己合理的见解即可	
合计			100%		

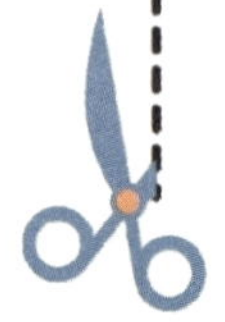

检查与评价	
一、学生自我评估	年　月　日
二、小组评价	年　月　日
三、指导教师评价	年　月　日

知识要点

一、受电弓概述

受电弓（见图 2.5.6）是电力机车/电力动车组从接触网接触导线上受取电流的一种受流装置。它通过绝缘子安装在电力机车/电动车组的车顶上，当受电弓升起时，其滑板与接触网导线直接接触，从接触网导线上受取电流，通过车顶母线/电缆传送到机车内部/高压机器箱，供电力机车/电力动车组使用。

受电弓靠滑动接触而受流，是电力机车/电力动车组与固定供电装置之间的连接环节，其性能的优劣直接影响到电力机车/电力动车组工作的可靠性。随着电力机车/电动车组运行速度的不断提高，对其受流性能也提出了越来越高的要求。

图 2.5.6

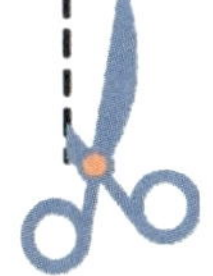

二、受电弓的工作特点

（1）靠滑动接触受流，要求滑板与接触导线接触可靠，磨耗小。

（2）升弓时滑板离开底架要快，贴近接触导线要慢，防弹跳。

（3）降弓时脱离接触导线要快，以防拉弧；落在底架上要慢，以防对底架有过大的机械冲击。

司机室检查、电气及制动试验

任务六 简略试验

任务描述

司机在完成升弓作业后，应开始做电空制动简略试验。

学习活动建议

学习活动	内 容	建议学时
自学资讯及相关知识点	1. 学习简略试验的操作方法； 2. 学习站折试验的操作方法； 3. 了解各类试验的应用场景	课前
计划	根据任务单上的任务情境，每位同学独立归纳总结机车简略试验作业流程及注意事项，并正确完成简略试验	课中（2学时）
决策	通过小组讨论和组间交流后，做出指导教师指定任务情景下所需简略试验的任务决策	
实施	根据指导教师提供的资讯，完成指导教师指定情景下具体的简略试验情景模拟任务	
	正确填写（执行过程检查）评估工作页，小组成员互检工作页的正确性，提交指导教师给予评估	
检查与评价	完成自我评估、小组评价以及教师评价	
完善与拓展	根据学习掌握深度要求，拓展完善简略试验相关资讯	课后

任务引导

1. 简述电空制动简略试验的作业流程。

2. 简述电空制动简略试验的应用场景。

任务分析

司机应熟知值乘车型的列车试验方法。

任务分工

班级		组号		指导教师	
小组成员	任务分工				

任务步骤

出所前由司机在操纵端实施列车制动系统电空制动简略试验并办理动车组技术状态交接。司机室激活后，正常启动制动系统，确认：① 均衡风缸压力为 0 kPa；② 列车管压力低于 90 kPa；③ 制动缸压力为 430 ~ 470 kPa；④ 制动系统自动设置为本务模式，本务模式默认为列车管投入、阶段缓解、补风状态；⑤ 小闸的投入/切除在显示屏进行，通过司机室显示屏确认尾部动力车（控制车）制动、缓解作用正常。试验完毕后，司机将自阀减压 100 kPa 以上，单阀置全制位，缓解停放制动（见图 2.6.1、图 2.6.2）。

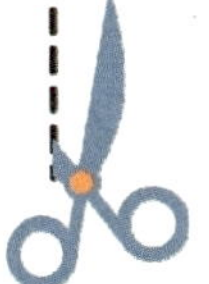

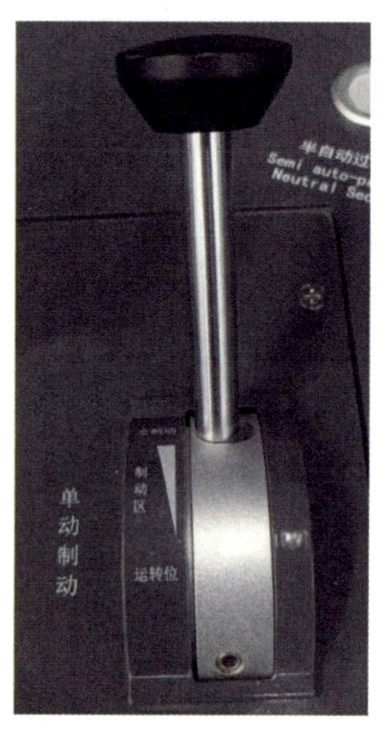

图 2.6.1

图 2.6.2

动车组设置铁鞋（止轮器）时，司机在试验完毕并采取制动措施后，向值班室汇报作业完毕可撤除铁鞋，得到一体化值班室铁鞋已撤除的通知后，将通知时间记录在司机手账上。

任务实施

序号	任务实施步骤	任务要点
1	电空制动简略试验	
2	制动试验现象观察和数据信息记录	

任务评价

非常符合（90 分以上）；比较符合（80～89 分）；符合（70～79 分）；基本符合（60～69 分）；不符合（60 以下或存在失格项）					
考核要素	知识评价	技能评价	权重	评分标准	得分
电空制动简略试验	熟知简略试验的作业步骤	能够进行简略试验操作，及早发现制动机作用不良隐患	50%	未能正确进行制动简略试验操作扣 50 分	

续表

考核要素	知识评价	技能评价	权重	评分标准	得分
制动试验现象观察和数据信息记录	1. 能够熟知制动效能证明的内容； 2. 能够掌握制动机理论充排风时间计算； 3. 能够熟知制动状态下各仪表显示	1. 能够及早发现制动机作用不良隐患； 2. 能够进行充排风时间观察； 3. 能够进行列车制动管压力状态检查并记录信息	40%	1. 未能及时发现制动机作用不良隐患扣 10 分； 2. 未能正确掌握制动机充风时间扣 15 分； 3. 未能正确判断制动状态下仪表显示扣 15 分	
思政评价	任务完成后，能够依据任务实施过程，阐述出作业过程体现出的职业素养或思政元素，或者可以根据自身实训结果，反思自己在任务实施过程中有哪些违反职业素养的行为		10%	学员的阐述可以体现对职业素养的正确认识，或对该任务蕴含的思政元素有自己合理的见解即可	
合计			100%		

检查与评价	
一、学生自我评估	年 月 日
二、小组评价	年 月 日
三、指导教师评价	年 月 日

知识要点

一、简略试验

1．空气制动简略试验。

断开低压柜电空制动开关。尾部一位动力车列车管充风至定压后，操纵端大闸减压 100 kPa（见图 2.6.3），通过司机室显示屏确认尾部一位动力车制动作用正常（见图 2.6.4）。

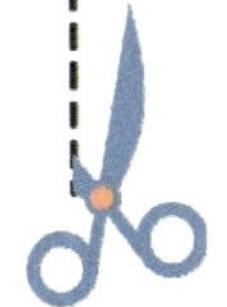

保压 1 min，列车管漏泄不大于 20 kPa。操纵端大闸置运转位（见图 2.6.5），通过司机室显示屏确认尾部一位动力车缓解作用正常（见图 2.6.6）。试验完成后，闭合操纵端电空制动开关。

图 2.6.3　减压 100 kPa

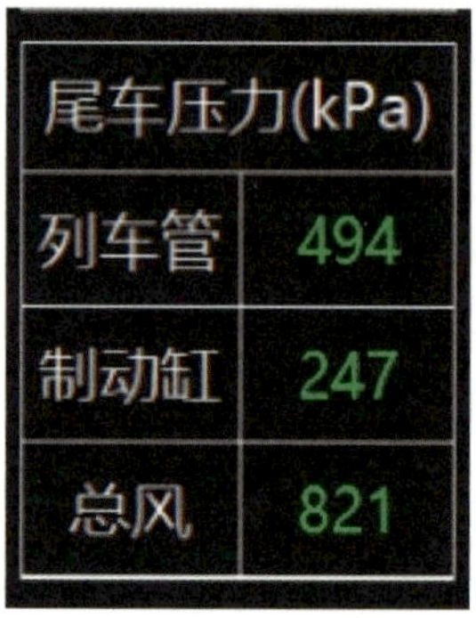

尾车压力(kPa)	
列车管	494
制动缸	247
总风	821

图 2.6.4　司机室显示屏尾部一位动力车制动作用状态

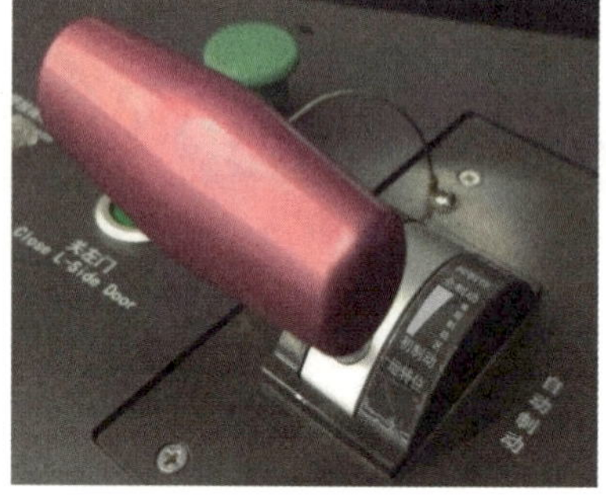

图 2.6.5　大闸运转位

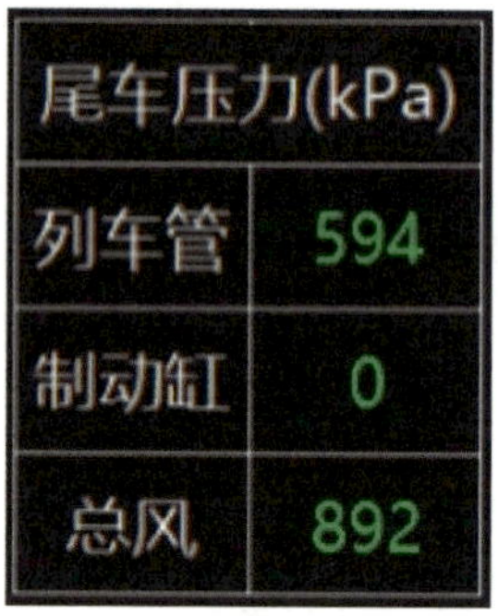

尾车压力(kPa)	
列车管	594
制动缸	0
总风	892

图 2.6.6　司机室显示屏尾部一位动力车缓解作用状态

2．电空制动简略试验

确认低压柜电空制动开关闭合。尾部一位动力车（控制车）列车管充风至定压后，操纵端大闸减压 100 kPa，通过司机室显示屏确认尾部一位动力车制动作用正常。

操纵端大闸置运转位，通过司机室显示屏确认尾部一位动力车缓解作用正常，列车管充至定压。

二、站折试验

1. 初制动位空气制动试验

断开低压柜电空制动开关（或通过制动屏功能键 F5-F3-F1 设置车列电空功能切除）。尾部一位动力车列车管充风至定压后，操纵端大闸置初制动位（减压 50 kPa，见图 2.6.7），通过司机室显示屏确认尾部一位动力车制动作用正常；保压 1 min 不得自然缓解。

操纵端大闸置运转位充风后，通过司机室显示屏确认尾部一位动力车缓解作用正常，全列须在 1 min 内缓解完毕。试验完成后，闭合操纵端低压柜电空制动开关。

2. 全制动位电空制动试验

确认低压柜电空制动开关闭合（或通过制动屏功能键 F5-F3-F1 设置车列电空功能恢复）。尾部一位动力车列车管充风至定压后，操纵端大闸置全制动位（减压 170 kPa，见图 2.6.8），通过司机室显示屏确认尾部一位动力车制动作用正常。列车不得发生紧急制动，保压 1 min，列车管漏泄不大于 20 kPa。

图 2.6.7　大闸初制动位

图 2.6.8　大闸全制动位

操纵端大闸置运转位充风后，通过司机室显示屏确认尾部一位动力车缓解作用正常。

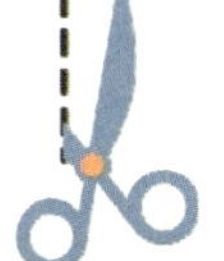

项目三　出所作业

项目说明

出所作业包括出所和始发站停车作业。本项目要求学员按标准作业流程完成起动列车前的一系列操作，最终完成出所作业。

项目目标

1. 知识目标

（1）掌握出所作业的标准流程。

（2）掌握按列车方式出所和调车方式出所时行车安全装备的不同操作。

（3）掌握出所时的联控内容和要求。

2. 能力目标

（1）能够按标准作业流程，完成出所作业。

（2）能够按标在站内一次稳、准对标停车。

3. 思政目标

（1）践行动车组乘务员职业守则，强化学生遵章守纪的作业意识。

（2）树立知行合一、以知促行、以行求知的正确人生价值观。

任务一　出　所

乘务员完成机车检查及试验后，首先进行出所作业，乘务员确认整备完毕和防溜撤除后，机班全部人员上车，准备出所，作业须遵守动力集中动车组机车操作相关规定，正确识别铁路行车信号，并进行眼看手比和呼唤应答，严守速度运行，在司机报单上正确签认出所（段）时分，做到“信号确认、严守速度、安全防护、正点出所（段）”。

任务描述

你作为一名机务段的机车司机，和副司机小张已经做好出所准备，将要进行出所作业。当前需要执行车机联控，确认出所（段）信号、道岔开通信号等信号显示正确并执行，厉行呼唤应答并手比确认，按信号显示严守速度运行出所（段）。

学习活动建议

<table>
<tr><th>学习活动</th><th>内　容</th><th>建议学时</th></tr>
<tr><td>自学资讯及相关知识点</td><td>1. 了解铁路行车信号的基础认知；
2. 学习出所作业时的呼唤应答标准；
3. 了解段内走行速度的规定</td><td>课前</td></tr>
<tr><td>计划</td><td>根据任务单上的任务情境，每位同学独立归纳总结出所作业流程及注意事项，并正确完成出所作业</td><td rowspan="5">课中
（2 学时）</td></tr>
<tr><td>决策</td><td>通过小组讨论和组间交流后，做出指导教师指定任务情景下所需出所作业的任务决策</td></tr>
<tr><td rowspan="2">实施</td><td>根据指导教师提供的资讯，完成指导教师指定情景下具体的出所作业情景模拟任务</td></tr>
<tr><td>正确填写（执行过程检查）评估工作页，小组成员互检工作页的正确性，提交指导教师给予评估</td></tr>
<tr><td>检查与评价</td><td>完成自我评估、小组评价以及教师评价</td></tr>
<tr><td>完善与拓展</td><td>根据学习掌握深度要求，拓展完善出所作业相关资讯</td><td>课后</td></tr>
</table>

任务引导

1. 简述各种铁路行车信号（信号机、手信号、信号标志）的意义。

____

____

____

2. 简述出所作业限制速度和安全距离限制要求。

____

____

____

3. 简述出所作业安全防护注意事项。

____

____

____

任务分析

作为司机进行出所作业，要熟知铁路行车信号，并按照信号行车。所内走行需要严守速度，进行眼看手比和呼唤应答，注意相关作业人员和临线机车、车辆运行情况，安全正点完成出所作业。

任务分工

班级		组号		指导教师	
小组成员	任务分工				

任务步骤

（1）客整所内整备作业完毕，与客整所（车站）行车室请求进路并得到进路准备妥当的通知后（非集中区为执行要道还道制度），确认出所信号开放或股道号码信号、道岔开通信号正确，鸣笛（限鸣区段除外，下同）动车，准时出所。

（2）按列车方式出所时，按规定输入 LKJ 参数，确认行车凭证，在规定地点开车对标，接近车站时执行车机联控。

（3）按调车方式出所时，出所时，使装置进入调车工作状态，速度为 0 时，按压【出入库】键。始发站发车前，应退出调车工作状态（【出段/入段】灯亮时，先按【出入库】键，再按【调车】键退出调车工作状态），根据列车编组单确认输入的列车编组数据等参数。列车到达终点站，入所（或转线调头）时，应使装置进入调车工作状态（见图 3.1.1）。出、入所时，在闸楼处，按压一次【出入库】键，装置以按键时间作为出、入所的时间（见图 3.1.2）。

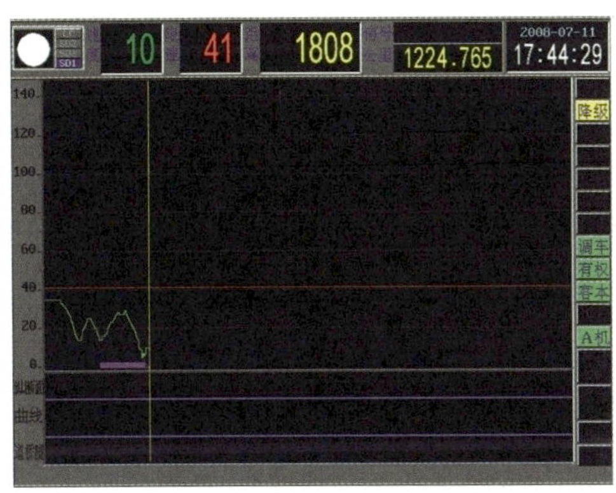

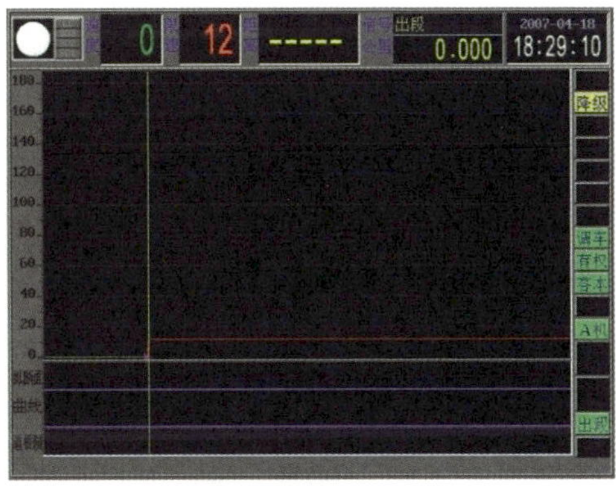

图 3.1.1　调车工作状态和出入库工作状态

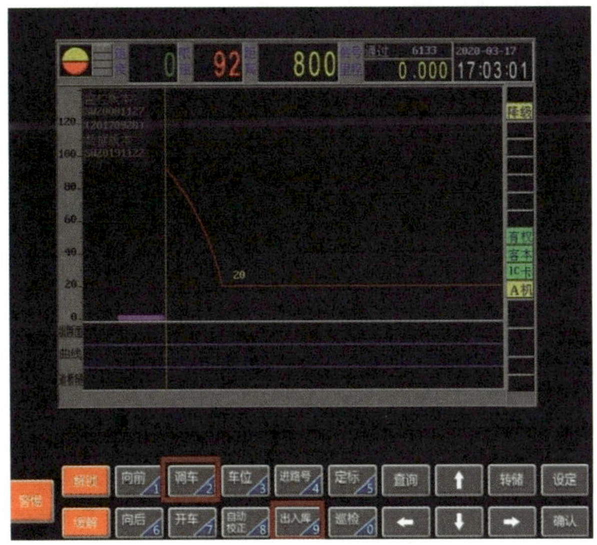

图 3.1.2

（4）副司机（非操纵司机）移位立岗，对首架信号机（非集中区为股道号码信号、道岔表示器），机班共同执行“立岗手比、呼唤确认”有形化措施，确认后动车前按压 LKJ【定标】键打点。机班全员由近及远、依次逐架手比呼唤、确认进路上的每一架信号机（非集中区为确认道岔表示器），并认真执行确认呼唤（应答）制度（见附件 1）。严格按信号显示要求运行，严守限制速度。

（5）通过自动过分相测试点，应分别确认前后端动力车车载自动过分相装置作用良好。

（6）与车站值班员联系，了解出所走行经路等事项，将出所时间记录在司机手账上。

（7）运行方向动力车前端距运行方向首部调车信号机距离不足 10 m 时（见图 3.1.3），机班必须打开信号机一侧司机室侧窗进行确认，并及时关闭侧窗。

图 3.1.3　调车信号机

任务实施

序号	任务实施步骤	任务要点
1	确认出所（段）信号	
2	执行车机联控作业	
3	严守速度运行机车	
4	出所安全防护	

任务评价

非常符合（90 分以上）；比较符合（80～89 分）；符合（70～79 分）；基本符合（60～69 分）；不符合（60 以下或存在失格项）

考核要素	知识评价	技能评价	权重	评分标准	得分
铁路行车信号	正确认知各种铁路行车信号，明白信号机、手信号和信号标志的意义	能够确认出所（段）信号、道岔开通信号，道岔标志显示正确，并进行眼看手比和呼唤应答	20%	1. 未能确认出所信号并眼看手比呼唤扣 10 分； 2. 未能确认道岔开通信号并眼看手比呼唤扣 5 分； 3. 未能确认道岔标志并眼看手比呼唤扣 5 分	
执行车机联控作业	能够对车机联控用语，及时汇报当前状态或执行调度或车站值班员命令	能够正确进行 LKJ 输入操作，掌握“出入库”按键按压时机进行出库调车状态切换	20%	1. 未能进行 LKJ 正确操作扣 10 分； 2. 未能正确按压“出入库”键扣 10 分	
严守速度运行机车	能够熟知出所作业限制速度和安全距离限制要求	1. 出所执行稍动即停； 2. 严守速度运行，发现信号或道岔不正确时立即停车	20%	未按规定控制速度扣 20 分	

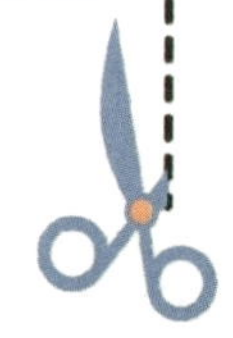

续表

考核要素	知识评价	技能评价	权重	评分标准	得分
出所安全防护	1. 能够识别出作业各个作业环节的风险点,具有风险防控措施; 2. 能够对作业人员、机车防护、行车信号和线路设施正确状态进行完全确认	能够对出现的安全事件进行正确有效的应对处置,安全正点完成出所作业	30%	未能正常出所扣 30 分	
思政评价	任务完成后,能够依据任务实施过程,阐述作业过程体现出的职业素养或思政元素,或者可以根据自身实训结果,反思自己在任务实施过程中有哪些违反职业素养的行为		10%	学员的阐述可以体现对职业素养的正确认识,或对该任务蕴含的思政元素有自己合理的见解即可	
合计			100%		

检查与评价	
一、学生自我评估	年　月　日
二、小组评价	年　月　日
三、指导教师评价	年　月　日

知识要点

一、铁路行车信号的基础认知

铁路行车信号是指示列车运行及调车作业的命令，有关行车人员必须严格执行。铁路行车信号通过一定的音响、颜色、形状、位置灯光等来表示。为了确保行车安全和正常的运输秩序，有关行车人员必须掌握信号显示的规定，并在确认其显示状态下按信号显示要求执行。

铁路信号分为视觉信号和听觉信号两大类。信号机、信号旗、信号灯、信号牌、

信号表示器、信号标志及火炬等显示的信号，都属视觉信号。如用号角、口笛、机车和轨道车的鸣笛及响墩等发出的信号，都属听觉信号。出所作业需确认调车信号或股道号码信号、道岔开通信号、道岔表示器显示正确，鸣笛动车（限鸣区段除外），进行确认呼唤应答，所以必须正确识别铁路行车信号，并严格执行。

1．调车信号机规定

调车信号机设在电气集中联锁的车站调车线上适当地点，以显示的信号，指示准许或禁止进行调车作业。

（1）一个月白色灯光，准许越过该信号机调车（见图 3.1.4）。

图 3.1.4

（2）一个蓝色灯光，不准越过该信号机调车（见图 3.1.5）。

图 3.1.5

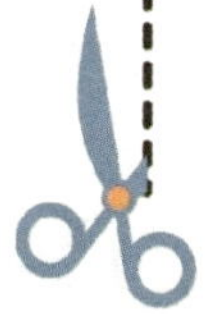

（3）不办理闭塞的站内岔线，在岔线入口处设置的调车信号机，可用红色灯光代替蓝色灯光（见图 3.1.6）。

（4）起阻挡列车运行作用的调车信号机，应采用矮型三显示机构，增加红色灯光或用红色灯光代替蓝色灯光。当该信号机的红色灯光熄灭、显示不明或显示不正确时，应视为列车的停车信号（见图 3.1.7）。

图 3.1.6

图 3.1.7

2. 无线调车灯显制式的信号显示

调车作业时采用无线调车灯显设备（见图 3.1.8），使用频率、显示方式应符合有关要求：

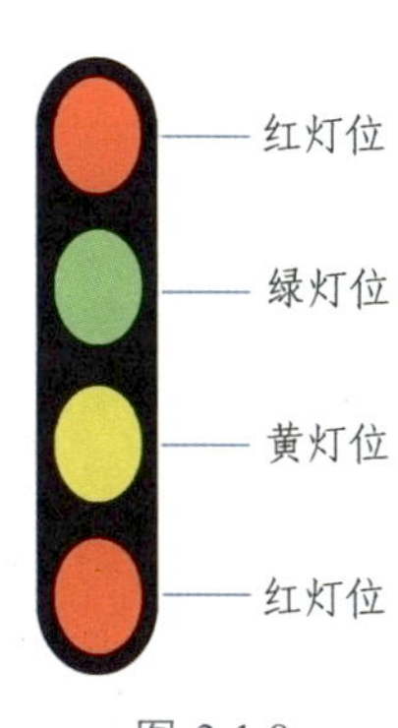

图 3.1.8

（1）一个红灯——停车信号。

（2）一个绿灯——推进信号。

（3）绿灯闪数次后熄灭——起动信号。

（4）绿、红灯交替后绿灯长亮——连结信号。

（5）绿、黄灯交替后绿灯长亮——溜放信号。

（6）黄灯闪后绿灯长亮——减速信号。

（7）黄灯长亮——十、五、三车距离信号。

① 十车距离信号（加辅助语音提示）；

② 五车距离信号（加辅助语音提示）；

③ 三车距离信号（加辅助语音提示）。

（8）两个红灯——紧急停车信号。

（9）先两个红灯后熄灭一个红灯——解锁信号。

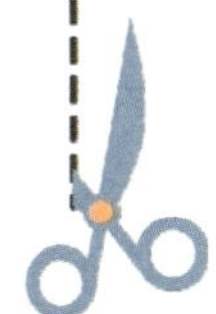

3．手信号相关规定

手信号是铁路行车有关人员在作业中，进行指挥联系等工作广泛采用的一种视觉信号，是指用手拿信号旗、信号灯或直接用手臂显示的信号。根据行车的需要，可以机动地指挥列车运行和调车作业，也可作为联系和传达行车有关事项的旗（灯）语。手信号显示指示列车运行条件的停车，减速通过、引导信号，与固定信号机显示的相应信号具有同等作用，行车有关人员必须认真按其显示执行。

调车手信号仅在调车工作中指挥调车机车活动使用，为保证调车作业的安全，调车机车司机应正确及时地执行手信号的要求。

（1）引导手信号：准许列车进入车场或车站。

昼间——展开的黄色信号旗高举头上左右摇动；夜间——黄色灯光高举头上左右摇动（见图 3.1.9）。

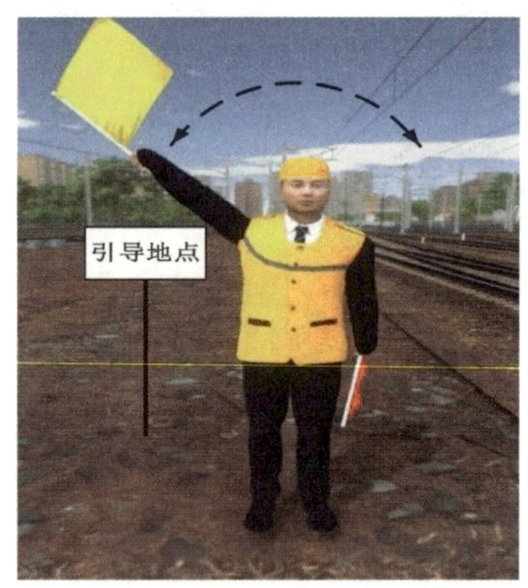

图 3.1.9

（2）停车信号：要求列车停车。

昼间——展开的红色信号旗；夜间——红色灯光（见图 3.1.10）。

图 3.1.10

昼间无红色信号旗时，两臂高举头上向两侧急剧摇动；夜间无红色灯光时，用白色灯光上下急剧摇动。

（3）减速信号。

昼间——展开的黄色信号旗；夜间——黄色灯光。昼间无黄色信号器时，用绿色信号器下压数次；夜间无黄色灯光时，用白色或绿色灯光下压数次（见图 3.1.11）。

图 3.1.11

（4）指挥机车向显示人方向来的信号。

昼间——展开的绿色信号旗在下部左右摇动；夜间——绿色灯光在下部左右摇动（见图 3.1.12）。

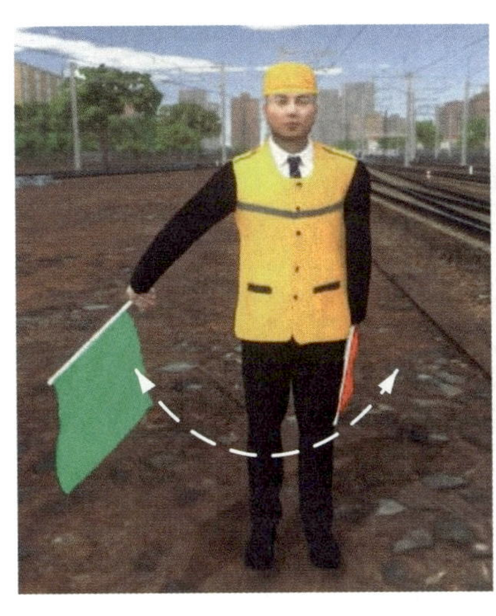
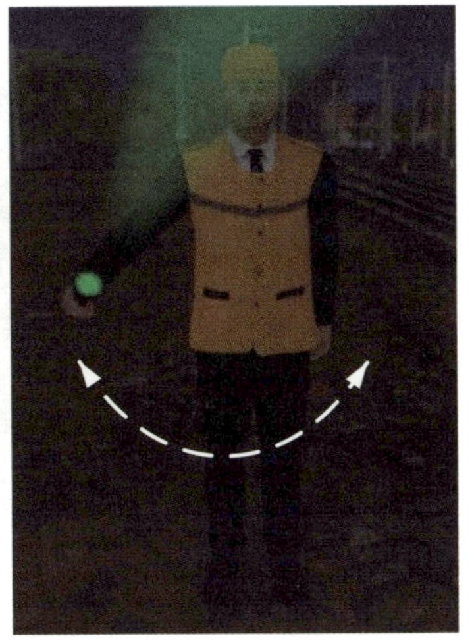

图 3.1.12

（5）指挥机车向显示人方向稍行移动的信号。

昼间——拢起的红色信号旗直立平举，再用展开的绿色信号旗左右小动；夜间——绿色灯光下压数次后，再左右小动（见图 3.1.13）。

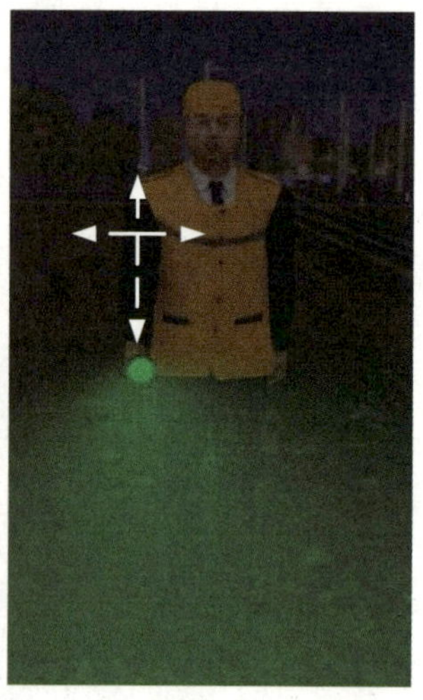

图 3.1.13

（6）指挥机车向显示人反方向去的信号。

昼间——展开的绿色信号旗上下摇动；夜间——绿色灯光上下摇动（见图 3.1.14）。

图 3.1.14

（7）指挥机车向显示人反方向稍行移动的信号。

昼间——拢起的红色信号旗直立平举，再用展开的绿色信号旗上下小动；夜间——绿色灯光上下小动（见图 3.1.15）。

图 3.1.15

4．联系用的手信号的显示方式

为了解决办理列车运行和调车工作中，行车有关人员不能用口头或通信设备彼此联系的事项，所以规定了联系用手信号。作为一种传递信息的手段，行车有关人员必须熟练掌握每个联系用手信号的作用、显示方式和要求，及时准确地运用手信号，达到沟通意图、协调行动、保证安全的目的。

（2）道岔开通信号：表示进路道岔准备妥当。

昼间——拢起的黄色信号旗高举头上左右摇动；夜间——白色灯光高举头上（见图 3.1.16）。

图 3.1.16

（2）机车出入段进路道岔准备妥当后，显示如下道岔开通信号：

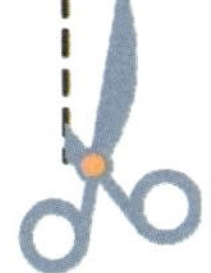

昼间——展开的黄色信号旗高举头上左右摇动；夜间——黄色灯光高举头上左右摇动（见图 3.1.17）。

图 3.1.17

5. 股道号码信号：要道或回示股道开通号码

（1）一道：昼间——两臂左右平伸；夜间——白色灯光左右摇动（见图 3.1.18）。

图 3.1.18

（2）二道：昼间——右臂向上直伸，左臂下垂；夜间——白色灯光左右摇动后，从左下方向右上方高举（见图 3.1.19）。

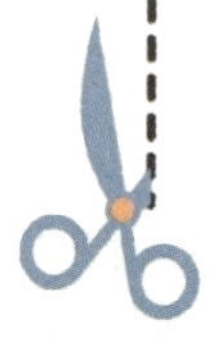

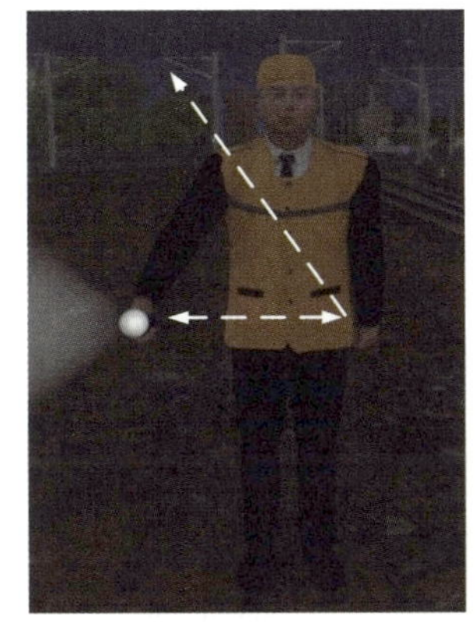

图 3.1.19

（3）三道：昼间——两臂向上直伸；夜间——白色灯光上下摇动（见图 3.1.20）。

图 3.1.20

（4）四道：昼间——右臂向右上方，左臂向左下方各斜伸 45° 角；夜间——白色灯光高举头上左右小动（见图 3.1.21）。

图 3.1.21

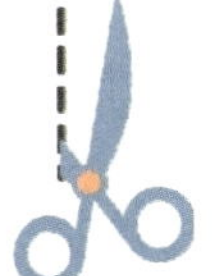

（5）五道：昼间——两臂交叉于头上；夜间——白色灯光做圆形转动（见图3.1.22）。

图 3.1.22

（6）六道：昼间——左臂向左下方，右臂向右下方各斜伸 45° 角；夜间——白色灯光做圆形转动后，再左右摇动（见图 3.1.23）。

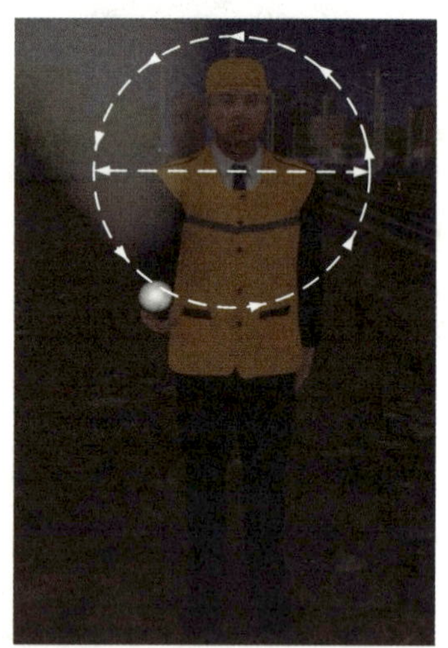

图 3.1.23

（7）七道：昼间——右臂向上直伸，左臂向左平伸；夜间——白色灯光做圆形转动后，左右摇动，然后再从左下方向右上方高举（见图 3.1.24）。

图 3.1.24

（8）八道：昼间——右臂向右平伸，左臂下垂；夜间——白色灯光做圆形转动后，再上下摇动（见图 3.1.25）。

图 3.1.25

（9）九道：昼间——右臂向右平伸，左臂向右下斜 45° 角；夜间——白色灯光做圆形转动后，再高举头上左右小动（见图 3.1.26）。

图 3.1.26

（10）十道：昼间——左臂向左上方，右臂向右上方各斜伸45°角；夜间——白色灯光左右摇动后，再上下摇动做成十字形（见图3.1.27）。

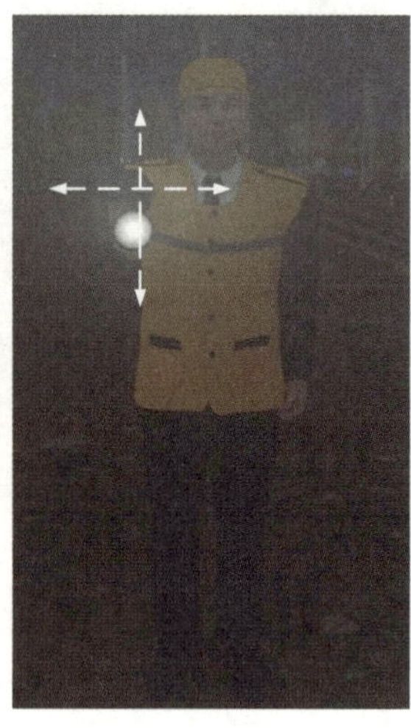

图 3.1.27

（11）十一至十九道，须先显示十道股道号码，再显示所要股道号码的个位数信号。

（12）二十道及其以上的股道号码，各站根据需要自行规定，并纳入《车站行车工作细则》（以下简称《站细》）。

6. 连挂用手信号

（1）连结信号：表示连挂作业。

昼间——两臂高举头上，使拢起的手信号旗杆成水平末端相接；夜间——红、绿色灯光（无绿色灯光的人员，用白色灯光）交互显示数次（见图3.1.28）。

图 3.1.28

（2）溜放信号：表示溜放作业。

昼间——拢起的手信号旗两臂高举头上交叉后，急向左右摇动数次；夜间——红色灯光做圆形转动（见图 3.1.29）。

图 3.1.29

（3）停留车位置信号：表示车辆停留地点。

夜间——白色灯光左右小摇动（见图 3.1.30）。

图 3.1.30

（4）十、五、三车距离信号：表示推进车辆的前端距被连挂车辆的距离。

昼间——展开的绿色信号旗单臂平伸，夜间——绿色灯光，在距离停留车十车（约 110 m）时连续下压 3 次，五车（约 55 m）时连续下压两次，三车（约 33 m）时下压 1 次（见图 3.1.31）。

图 3.1.31

（5）取消信号：通知将前发信号取消。

昼间——拢起的手信号旗，两臂于前下方交叉后，急向左右摇动数次；夜间——红色灯光做圆形转动后，上下摇动（见图 3.1.32）。

图 3.1.32

（6）要求再度显示信号：前发信号不明，要求重新显示。

昼间——拢起的手信号旗右臂向右方上下摇动；夜间——红色灯光上下摇动（见图 3.1.33）。

图 3.1.33

（7）告知显示错误的信号：告知对方信号显示错误。

昼间——拢起的手信号旗两臂左右平伸同时上下摇动数次；夜间——红色灯光左右摇动（见图 3.1.34）。

图 3.1.34

7. 试验列车自动制动机的手信号显示方式

为了保证列车制动机的作用良好，于列车达到或始发前，必须按规定的制动机性能试验项目和要求，进行列车制动机试验，因检车人员不具备手信号旗和信号灯，所以规定昼夜间使用检查锤，夜间使用白色灯光，作为制动机试验时的手信号显示。

（1）制动。

昼间——用检查锤高举头上；夜间——白色灯光高举（见图 3.1.35）。

图 3.1.35

（2）缓解。

昼间——用检查锤在下部左右摇动；夜间——白色灯光在下部左右摇动（见图 3.1.36）。

图 3.1.36

（3）试验结束。

昼间——用检查锤作圆形转动；夜间——白色灯光做圆形转动（见图 3.1.37）。

车站人员显示上述信号时，昼间可用拢起的信号旗代替。司机应注意瞭望试验信号，并按规定回答。

如列车制动主管未达到规定压力，试验人员要求司机继续充风时，按照缓解的信号同样显示。

图 3.1.37

8. 道岔表示器的显示方式

道岔表示器设在所属道岔的旁侧，用于表示所属道岔位置即开通方向，以便有关行车人员能随时确认行车进路。

（1）昼间无显示；夜间为紫色灯光——表示道岔位置开通直向（见图 3.1.38）。

图 3.1.38

（2）昼间为中央划有一条鱼尾形黑线的黄色鱼尾形牌；夜间为黄色灯光——表示道岔位置开通侧向（见图 3.1.39）。

图 3.1.39

（3）在调车区为集中联锁时，进行连续溜放作业的分歧道岔应有道岔表示器，平时无显示，当进行溜放作业时，其显示方式如下：

① 紫色灯光——表示道岔开通直向（见图 3.1.40）；

图 3.1.40

② 黄色灯光——表示道岔开通侧向（见图 3.1.41）。

图 3.1.41

9. 脱轨表示器的显示方式

脱轨表示器设在非集中的脱轨器和引向安全线、避难线的道岔旁，用以表示线路的开通或遮断状态。

（1）带白边的红色长方牌及红色灯光——表示线路在遮断状态（见图 3.1.42）。

图 3.1.42

（2）带白边的绿色圆牌及月白色灯光——表示线路在开通状态（见图 3.1.43）。

图 3.1.43

10. 调车表示器的显示方式

调车司机看不清调车指挥人的手信号时应设调车表示器，用以代替调车指挥人的手信号。调车表示器向前后两方向均能单独显示，一方向着调车区，一方向着牵出线。

（1）向调车区方向显示一个白色灯光——准许机车车辆自调车区向牵出线运行（见图 3.1.44）。

（2）向牵出线方向显示一个白色灯光——准许机车车辆自牵出线向调车区运行（见图 3.1.45）。

（3）向牵出线方向显示两个白色灯光——准许机车车辆自牵出线向调车区溜放（见图 3.1.46）。

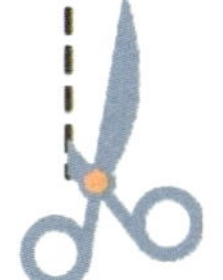

图 3.1.44

图 3.1.45

图 3.1.46

11．出段作业常见信号标志

（1）警冲标，设在两会合线路线间距离为 4 m 的中间（见图 3.1.47）。线间距离不足 4 m 时，设在两线路中心线最大间距的起点处。在线路曲线部分所设道岔附近的警冲标与线路中心线间的距离应按限界的加宽增加，用以指示机车车辆停车时不准向道岔方向或线路平面交叉处所越过的地点。

图 3.1.47

（2）站界标，设在双线区间列车运行方向左侧最外方顺向道岔（对向出站道岔的警冲标）外不少于 50 m 处，或邻线进站信号机相对处（见图 3.1.48），表示区间或车站的分界处。

图 3.1.48

12．听觉信号

听觉信号是以不同的音响符号，通过口笛、号角、机车及轨道车的鸣笛等发出声响而表示的一种信号。机车乘务员鸣示听觉信号时，应严格按照音节长短及间隔的规定标准进行，以防发生混淆。听觉信号，长声为 3 s，短声为 1 s，音响间隔为 1 s。重复鸣示时，须间隔 5 s 以上。

（1）机车、自轮运转特种设备作业中提示注意、相互联系等应使用通信设备方式。遇联系不通或危及行车人身安全时，应采用鸣笛方式。机车、自轮运转特种设备鸣笛鸣示方式见表 3.1.1。

表 3.1.1　机车、自轮运转特种设备鸣笛鸣示方式

名称	鸣示方式		使用时机
起动注意信号	一长声	—	1. 列车起动或机车车辆前进时（双机牵引或使用补机时，本务机车鸣笛后，补机应回答，本务机车再鸣笛一长声后起动）； 2. 接近鸣笛标、道口、桥梁、隧道、行人、施工地点或天气不良时； 3. 电力机车、自轮运转特种设备在检修及整备中，准备降下或升起受电弓时
退行信号	二长声	— —	列车、机车车辆、单机开始退行时
召集信号	三长声	— — —	要求防护人员撤回时
牵引信号	一长一短声	— ·	途中本务机车要求补机牵引运行时（补机应以同样信号回答）
惰行信号	一长二短声	— · ·	本务机车要求补机惰力推进或要求补机断开主断路器时（补机应以同样信号回答）
途中降弓信号	一短一长声	· —	1. 电力机车双机牵引中，本务机车司机要求补机降下受电弓时（补机须以同样信号回答）； 2. 电力机车司机在途中发现降弓手信号时，应鸣此信号回示
途中升弓信号	一短二长声	· — —	1. 电力机车双机牵引中，本务机车司机要求补机升起受电弓时（补机须以同样信号回答）； 2. 电力机车司机在途中发现升弓手信号时，应鸣此信号回示
呼唤信号	二短一长声	· · —	1. 机车要求出入段时； 2. 在车站要求显示信号时
警报信号	一长三短声	— · · ·	发现线路有危及行车安全的不良处所时
试验自动制动机及复示信号	一短声	·	1. 试验制动机开始减压时； 2. 接到试验制动结束的手信号，回答试风人员时； 3. 调车作业中，表示已接受调车长所发出的手信号时
缓解及溜放信号	二短声	· ·	1. 试验制动机缓解时； 2. 要求列车乘务组缓解人力制动机时； 3. 复示溜放调车信号时
拧紧人力制动机信号	三短声	· · ·	1. 要求列车乘务组拧紧人力制动机时； 2. 要求就地制动时
紧急停车信号	连续短声	· · · · · · · · ·	司机发现（或接到通知）邻线发生障碍，向邻线上运行的列车发出紧急停车信号时。邻线列车司机听到此种信号后，应紧急停车

（2）口笛、号角鸣示方式见表 3.1.2。

表 3.1.2　口笛、号角鸣示方式

用途及时机	鸣示方式	
发车、指示机车向显示人反方向移动	一长声	—
指示机车向显示人方向移动	一短一长声	· —
试验制动机减压	一短声	·
试验制动机缓解	二短声	· ·
试验制动机结束及安全信号	一短一长二短声	· — · ·
一道	一短声	·
二道	二短声	· ·
三道	三短声	· · ·
四道	四短声	· · · ·
五道	五短声	· · · · ·
六道	一长一短声	— ·
七道	一长二短声	— · ·
八道	一长三短声	— · · ·
九道	一长四短声	— · · · ·
十道	二长声	— —
二十道	二短二长声	· · — —
十、五、三车距离信号：十车	三短声	· · ·
十、五、三车距离信号：五车	二短声	· ·
十、五、三车距离信号：三车	一短声	·
连结及停留车位置	一长一短一长声	— · —
停车	连续短声	· · · · ·· ·
要求司机鸣笛	二长三短声	— — · · ·
试拉	一短声	·
减速	连续二短声	· · · ·
溜放	三长声	— — —
取消	二长一短声	— — ·
再显示	二长二短声	— — · ·
列车接近通报信号：上行	二长声	— —
列车接近通报信号：下行	一长声	—

二、时速 160 km 动力集中动车组机车乘务员确认呼唤（应答）要求（详见附件 1）

三、调车作业规定

调车作业要准确掌握速渡及安全距离，应遵守以下规定：

（1）在空线上牵引运行时，不准超过 40 km/h；推进运行时，不准超过 30 km/h。

（2）调动乘坐旅客或装载爆炸品、气体类危险货物、超限货物的车辆时，不准超过 15 km/h。

（3）接近被连挂的车辆时，速度不准超过 5 km/h。

（4）推上驼峰解散车辆时的速度和装有加、减速顶的线路上的调车速度，在《站细》内规定。经过道岔侧向运行的速度，由工务部门根据道岔具体条件规定，并纳入《站细》。

（5）在尽头线上调车时，距线路终端应有 10 m 的安全距离；遇特殊情况，必须近于 10 m 时，要严格控制速度。

（6）电力机车、动车组在有接触网终点的线路上调车时，应控制速度，距接触网终点标应有 10 m 的安全距离；遇特殊情况，必须近于 10 m 时，要严格控制速度。

（7）旅客未上下车完毕，除本务机车、补机摘挂作业外，不得进行旅客列车（车底）的连挂作业。

（8）遇天气不良等非正常情况，应适当降低速度。

任务二　始发站进站停车

任务描述

你作为一名机务段的机车司机和副司机小张已经完成出所，需操纵列车至甲站停车。

学习活动建议

学习活动	内　容	建议学时
自学资讯及相关知识点	1. 知道进正线和进侧线时 LKJ 不同的显示和操作； 2. 知道机列车停车对标的标准； 3. 知道停车后司机手账正确的记录位置	课前

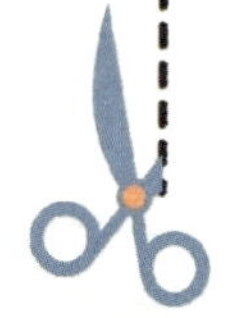

续表

学习活动	内　容	建议学时
计划	根据任务单上的任务情境，每位同学独立归纳总结始发站进站停车作业流程及注意事项，并正确完成始发站进站停车	课中（2 学时）
决策	通过小组讨论和组间交流后，做出指导教师指定任务情景下，所需始发站进站停车的任务决策	
实施	根据指导教师提供的资讯，完成指导教师指定情景下具体的始发站进站停车作业情景模拟任务	
	正确填写（执行过程检查）评估工作页，小组成员互检工作页的正确性，提交指导教师给予评估	
检查与评价	完成自我评估、小组评价以及教师评价	
完善与拓展	根据学习掌握深度要求，拓展完善始发站进站停车作业相关资讯	课后

任务引导

1. 简述各关键位置调速操作要领。

____

____

____

2. 简述停车后的防溜操作步骤。

____

____

____

任务分析

始发站进站停车，要严格控制速度，按照停车标 1 次稳、精准对标停车，根据列车长通知完成开门操作。

任务分工

班级		组号		指导教师	
小组成员	任务分工				

任务步骤

进站停车时，按列车方式运行的要求严格控制速度（具体操作详见项目六任务一），按调车方式运行的要求在阻挡信号机前严格执行“十、五、三车”距离和速度警惕呼唤，按照机车停车标位置或动车组停车标位置一次稳、准对标停车，停妥后使列车保持制动状态，并保持车门关闭。得到列车长“××次司机，我是××次列车长，请打开车门”的通知后，对照站台位置手比确认、呼唤站台位置，开启站台侧集控车门。

任务实施

序号	任务实施步骤	任务要点
1	进站前 LKJ 操作	
2	进站调速	
3	停车对标	
4	停车后操作	
5	工作内容记录	

任务评价

非常符合（90 分以上）；比较符合（80～89 分）；符合（70～79 分）；基本符合（60～69 分）；不符合（60 以下或存在失格项）					
考核要素	知识评价	技能评价	权重	评分标准	得分
进站前 LKJ 操作	知道进正线和进侧线时 LKJ 不同的显示和操作	根据车站要求完成进站前的 LKJ 操作	20%	列车进侧线司机未能及时输入侧线号扣 20 分	

续表

考核要素	知识评价	技能评价	权重	评分标准	得分
进站调速	熟知各关键位置调速操作要领	司机操纵列车调速进站，速度曲线平滑，无异常起伏和剧烈波动	20%	司机操纵机车进站调速曲线不够平滑，剧烈波动1次扣10分，满分20分扣完为止	
停车对标	知道机列车停车对标的标准	司机操纵列车停车对标，误差在合理范围内	20%	司机控制列车停车对标，正误误差大于1 m扣1分，满分20分扣完为止	
停车后操作	知道停车后的防溜操作步骤	司机将自动制动阀和单独制动阀置全制位，司控器至0位，拔出换向手柄	20%	1. 司机停车后没有将自动制动阀立即置于全制位扣5分； 2. 司机停车后没有将单独制动阀立即置于全制位扣5分； 3. 司机停车后没有立即将司控器至于0位扣5分； 4. 司机停车后没有立即取出换向手柄扣5分	
工作内容记录	知道司机手账正确的记录位置	列车停妥后，司机在司机手账上记录终到时分	10%	1. 停车后司机没有记录司机手账扣5分； 2. 记录错信息，错1处扣1分，满分5分扣完为止	
思政评价	任务完成后，能够依据任务实施过程，阐述出作业过程体现出的职业素养或思政元素，或者可以根据自身实训结果，反思自己在任务实施过程中有哪些违反职业素养的行为		10%	学员的阐述可以体现对职业素养的正确认识，或对该任务蕴含的思政元素有自己合理的见解即可	
合计			100%		

检查与评价	
一、学生自我评估	年　月　日
二、小组评价	年　月　日
三、指导教师评价	年　月　日

知识要点

机车/动车组停车位置标

机车/动车组停车位置标（见图 3.2.1）是用于指示列车进入站内停车时应停靠的位置，具体设置地点由车站决定。

超长列车可不按照机车停止位置标的指示停靠。

列车到站停车时，对准停车位置标，后续列车各车厢车门正好对准站台车厢指示牌。可最大程度提升旅客乘车体验。

图 3.2.1

项目四　途中作业

项目说明

途中作业是一次乘务作业中的重要环节，乘务员必须熟悉本担当区段的线路情况，结合担当不同的任务，路过不同区段、路况，综合制订操纵方法，使列车能够安全正点到达终点站，顺利完成一次乘务作业任务。

项目目标

1. 知识目标

（1）掌握起动列车的标准流程。

（2）掌握列车进出站、途中及过分相区等的操作方法。

（3）掌握列车运行途中的各类安全注意事项。

2. 能力目标

（1）能够正确确认发车前检查事项，安全起动列车。

（2）能够按时速 160 km 动力集中动车组途中运行相关规定，正确操纵列车完成途中运行。

（3）不得违反时速 160 km 动力集中动车组途中运行中的安全注意事项相关规定。

3. 思政目标

（1）践行动车组乘务员职业守则，使学生建立以人为本、安全第一、尊重生命的风险意识。

（2）培养学生平稳操纵、服务周到的工作意识。

任务一　发车准备

任务描述

发车准备是始发站发车前的最后一项工作，此时各行车安全装备已设置完毕。机班成员在司机室静待行车凭证开放并完成发车准备。

学习活动建议

学习活动	内　容	建议学时
自学资讯及相关知识点	1. 出站色灯信号机认知； 2. 发车手信号认知； 3. 进路表示器认知	课前
计划	根据任务单上的任务情境，每位同学独立归纳总结发车准备作业流程及注意事项，并正确完成发车准备	课中（2 学时）
决策	通过小组讨论和组间交流后，做出指导教师指定任务情景下，所需发车准备的任务决策	
实施	根据指导教师提供的资讯，完成指导教师指定情景下具体的发车准备作业情景模拟任务	
	正确填写（执行过程检查）评估工作页，小组成员互检工作页的正确性，提交指导教师给予评估	
检查与评价	完成自我评估、小组评价以及教师评价	
完善与拓展	根据学习掌握深度要求，拓展完善发车准备作业相关资讯	课后

任务引导

1. 简述动车前各行车安全装备正确的状态。

____

____

____

2. 简述动车前各手柄开关及仪表显示状态。

____

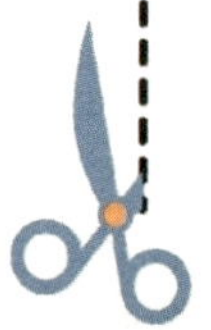

任务分析

学生首先要知道进入发车准备环节时，列车所处的状态。其次需要知道发车前各行车安全装备需要设置的正确状态，知道出站（进路）信号机各种色灯所代表的不同含义、进路表示器指向方向。能判断车站助理值班员所给的发车手信号的正确与否。信号开放后，还应及时与车站进行联控，知道司机、副司机需要掌握的联控标准用语。知道在起动列车前最后需要确认的手柄状态、设备状态和列尾风压查询、长鸣笛操作。

任务分工

班级		组号		指导教师	
小组成员	任务分工				

任务步骤

（1）在进入发车准备环节后，列车各项准备工作均已结束，此时列车处于待发车状态，列车需保持全列制动。此时司机和副司机应共同手比，呼唤确认行车安全装备设置状态：

① LKJ 设置：运行信息为列车运行信息。

② CIR 设置：设置当前运行区段、车次号、本/补、机车号。

③ 机车信号：根据当前地面信号显示的色灯信号，显示对应的机车信号，地面显示红灯，机车信号显示红黄灯。

④ 制动机显示屏：总风缸压力、列车管压力、制动缸压力、均衡风缸压力与机械双针气压表显示一致。

⑤ 自动制动阀：处于全制位（见图 4.1.1）。

⑥ 单独制动阀：处于全制位（见图 4.1.2）。

⑦ 司控器：处于 0 位（见图 4.1.3）。

图 4.1.1

图 4.1.2

图 4.1.3

⑧ 换向手柄：处于中立位。

⑨ 电钥匙：处于合位。

⑩ 受电弓扳键开关：处于升位（自复位型除外）。

⑪ 主断路器扳键开关：处于合位（自复位型除外）。

⑫ 空压机扳键开关：处于压缩机位。

⑬ 前照灯扳键开关：处于强位。

⑭ 副照灯扳键开关：处于前开位。

⑮ 标志灯扳键开关：处于后开位。

⑯ 网压：25 kV。

⑰ 控制电压：110 V。

（2）关门操作时，与列车长执行联控制度，司机听到本次列车列车长“××次司机，旅客上下完毕，请关闭车门”的呼叫后，使用无线对讲设备回复“××次旅客上下完毕，关闭车门，司机明白”并操作相应的控制开关关闭车门，并确认“门关闭”显示灯点亮。如集控开关门装置故障，司机通知列车长、随车机械师进行确认处理。

（3）出站信号开放后，地面信号显示绿灯，机车信号显示对应的色灯（侧线发车为双黄灯，正线发车为绿灯），与车站进行车机联控（高速铁路车站除外），起动列车前，必须两人及以上（单司机单班值乘除外）确认行车凭证（出站、进路信号或书面行车凭证）、机车信号显示正确，车门关闭，到达开车时分后记点，厉行手比确认呼唤（应答），呼唤用语为“××次出站（进路）凭证好了，车门关闭，到点开车。”

① 司机和副司机应手比呼唤，共同确认出站信号开放。

② 司机与车站联控，确认出站信号开放。

③ 车机联控，车站指示列车发车。

④ 使用手信号发车时，机班二人共同确认车站发车人员的发车手信号显示正确，确认方式：昼间为展开的绿色信号旗上弧线向列车方向作圆型转动；夜间为绿色灯光上弧线向列车方向作圆型转动 3 圈以上。

（4）各相关手柄开关动作及仪表显示：

① 缓解自动制动阀至运转位。

② 单独制动阀至运转位。

③ 换向手柄置向前位。

④ 制动机显示屏：总风缸压力为定压（900 kPa）、列车管压力为定压（600 kPa）、制动缸压力（为 0 kPa）、均衡风缸压力（为定压 600 kPa），与机械双针气压表显示一致；

⑤ 列尾风压：稳定后风压查询达到列车管定压（600 kPa）± 10 kPa。

⑥ 鸣笛：司机起立鸣笛，即将起车（限鸣区段除外）。

（5）起动列车前，缓解列车制动后，通过操纵台微机屏确认尾部制动主管压力应与前部制动主管压力基本一致。

任务实施

序号	任务实施步骤	任务要点
1	行车安全装备确认	
2	行车凭证确认	
3	车机联控确认	
4	机车各手柄及仪表确认	

任务评价

非常符合（90 分以上）；比较符合（80～89 分）；符合（70～79 分）；基本符合（60～69 分）；不符合（60 以下或存在失格项）					
考核要素	知识评价	技能评价	权重	评分标准	得分
行车安全装备确认	知道各行车安全装备正确的状态	确认行车安全装备设置状态	25%	未能正确确认行车安全装备设置状态，少 1 项扣 2 分，满分 25 分扣完为止	
行车凭证确认	知道出站信号显示含义和发车手信号的动作要求	确认出站信号和发车手信号	20%	1. 未能正确确认出站信号并手比呼唤扣 10 分； 2. 未能正确确认发车信号并手比呼唤扣 10 分	

续表

考核要素	知识评价	技能评价	权重	评分标准	得分
车机联控确认	知道车机联控的标准用语和联控时机	车机联控、呼唤应答用语标准	20%	与车站联控未能使用标准用语，1处不正确扣2分，满分20分扣完为止	
机车各手柄及仪表确认	知道动车前确认各手柄开关及仪表显示状态的标准	动车前确认各手柄开关及仪表显示	25%	未能正确确认各手柄和仪表显示，少1项扣5分，满分25分扣完为止	
思政评价	任务完成后，能够依据任务实施过程，阐述出作业过程体现出的职业素养或思政元素，或者可以根据自身实训结果，反思自己在任务实施过程中有哪些违反职业素养的行为		10%	学员的阐述可以体现对职业素养的正确认识，或对该任务蕴含的思政元素有自己合理的见解即可	
合计			100%		

检查与评价	
一、学生自我评估	年　月　日
二、小组评价	年　月　日
三、指导教师评价	年　月　日

知识要点

一、出站色灯信号机

1. 作用

出站信号机的作用是：作为列车占用区间的凭证，指示列车可否进入区间；与车站发车进路和敌对进路相联锁，信号开放后保证进路安全可靠；指示列车在站内停车的位置。所以，车站发车线（含救援列停留线、军用发车线）上均装设出站信号机。

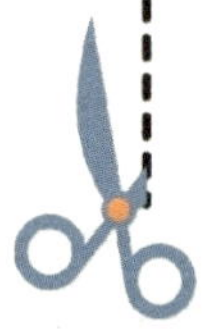

2．位置

每一发车线均单独装设出站信号机（线群出站信号机除外）。出站信号机设在每一发车线的警冲标内方（对向道岔为尖轨尖端）适当地点。

3．半自动闭塞或自动站间闭塞区段出站信号机

（1）一个绿色灯光——准许列车由车站出发（见图 4.1.4）。

（2）两个绿色灯光——准许列车由车站出发，开往次要线（见图 4.1.5）。

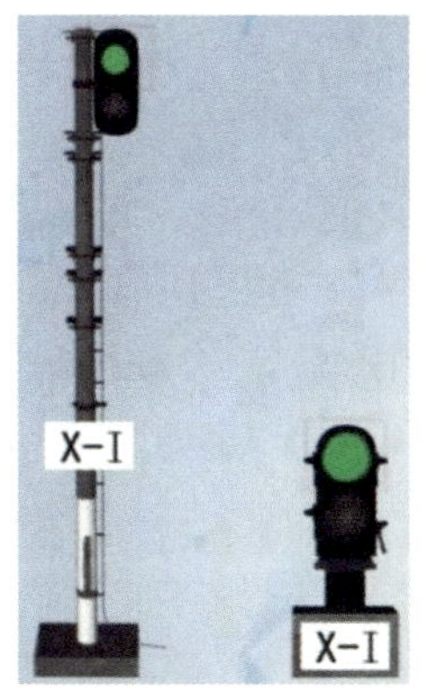

图 4.1.4

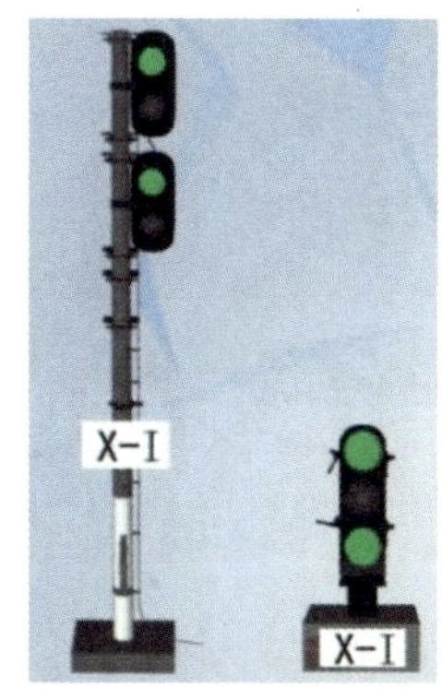

图 4.1.5

（3）一个红色灯光——不准列车越过该信号机（见图 4.1.6）。

（4）在兼作调车信号机时，一个月白色灯光——准许越过该信号机调车（见图 4.1.7）。

图 4.1.6

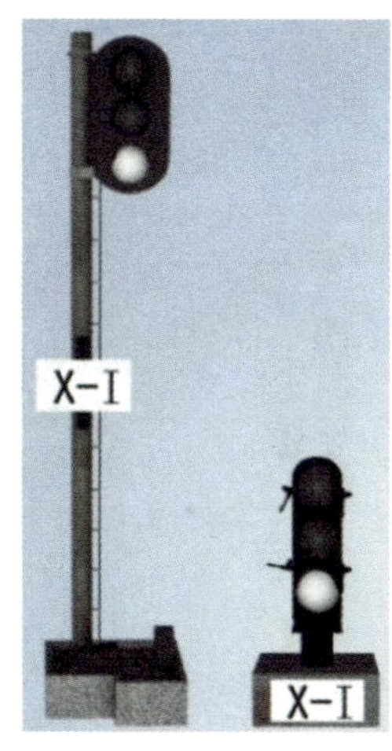

图 4.1.7

4．三显示自动闭塞区段出站信号机

（1）一个绿色灯光——准许列车由车站出发，表示运行前方至少有两个闭塞分区空闲（见图 4.1.8）。

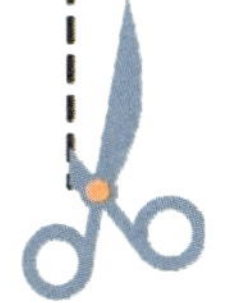

（2）一个黄色灯光——准许列车由车站出发，表示运行前方有一个闭塞分区空闲（见图 4.1.9）。

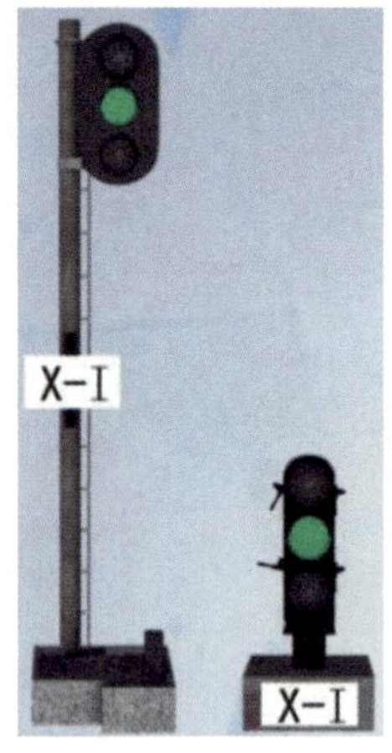

图 4.1.8

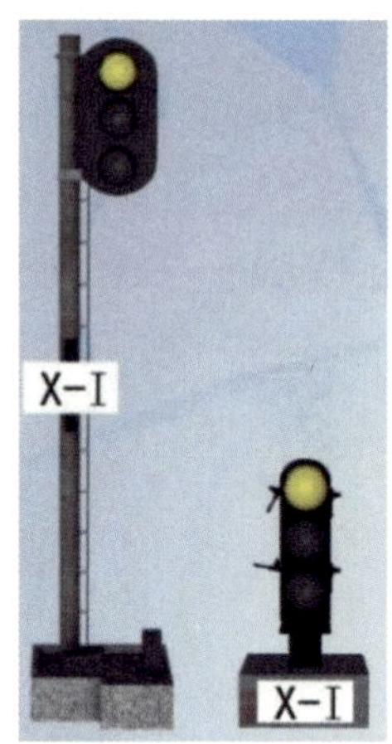

图 4.1.9

（3）两个绿色灯光——准许列车由车站出发，开往半自动闭塞或自动站间闭塞区间（见图 4.1.10）。

（4）一个红色灯光——不准列车越过该信号机（见图 4.1.11）。

（5）在兼作调车信号机时，一个月白灯光——准许越过该信号机调车（见图 4.1.12）。

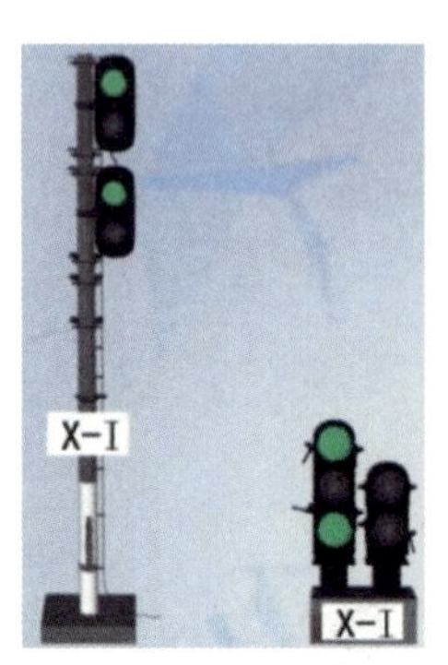

图 4.1.10

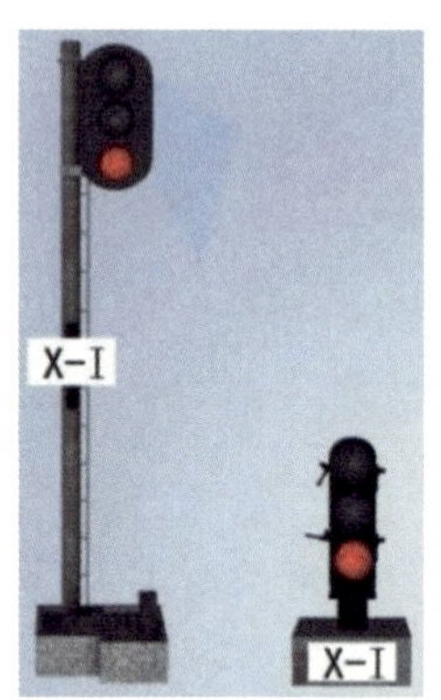

图 4.1.11

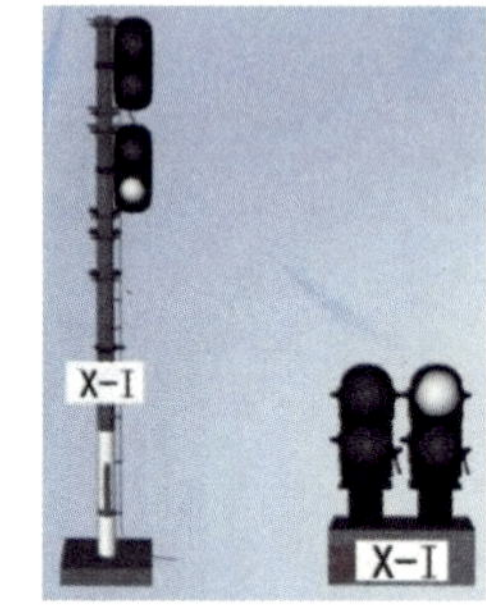

图 4.1.12

5．四显示自动闭塞区段

（1）一个绿色灯光——准许列车由车站出发，表示运行前方至少有 3 个闭塞分区空闲（见图 4.1.13）。

（2）一个绿色灯光和一个黄色灯光——准许列车由车站出发，表示运行前方有两个闭塞分区空闲（见图 4.1.14）。

（3）一个黄色灯光——准许列车由车站出发，表示运行前方有 1 个闭塞分区空闲（见图 4.1.15）。

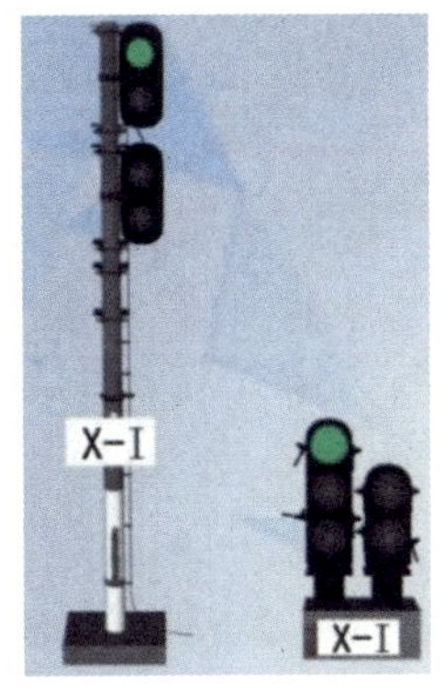

图 4.1.13

图 4.1.14

图 4.1.15

（4）两个绿色灯光——准许列车由车站出发，开往半自动闭塞或自动站间闭塞区间（见图 4.1.16）。

（5）一个红色灯光——不准列车越过该信号机（见图 4.1.17）。

（6）在兼作调车信号机时，一个月白色灯光——准许越过该信号机调车（见图 4.1.18）。

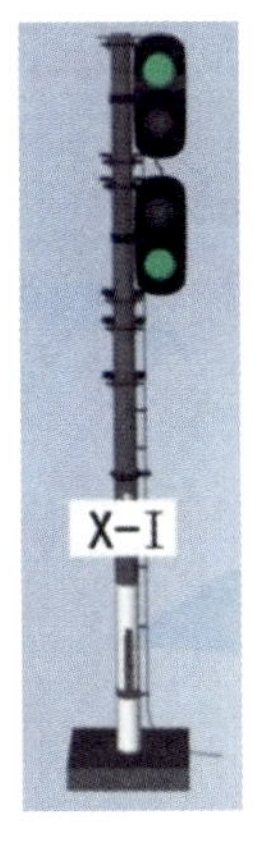

图 4.1.16

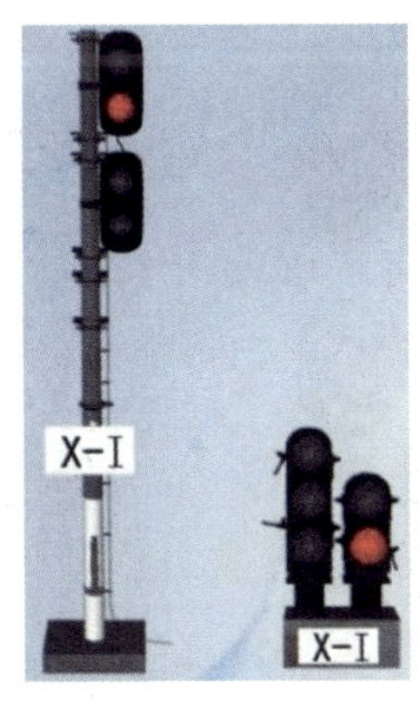

图 4.1.17

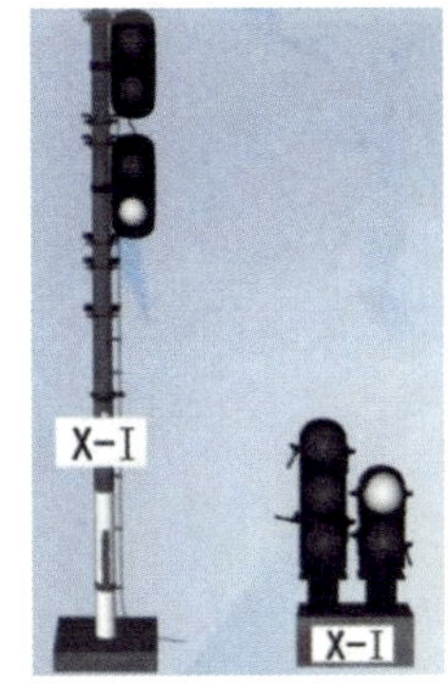

图 4.1.18

二、手信号

发车信号：要求司机发车。

昼间——展开的绿色信号旗上弧线向列车方面作圆形转动；夜间——绿色灯光上弧线向列车方面作圆形转动（见图 4.1.19）。

在设有发车表示器的车站，按发车表示器显示发车。

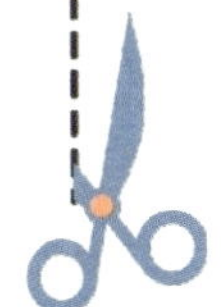

图 4.1.19

三、进路表示器

进路表示器在其主体信号机开放时点亮，用于区别进路开通方向或双线区段反方向发车，不能独立构成信号显示。

（1）两个发车方向，当信号机在开放的条件下，分别按左、右两个白色灯光，区别进路开通方向（见图 4.1.20）。

图 4.1.20

（2）3 个发车方向，其显示方式如下：

① 信号机在开放状态及表示器左方显示一个白色灯光［见图 4.1.21（a）］——表示进路开通，准许列车向左侧线路发车。

（2）信号机在开放状态及表示器中间显示一个白色灯光［见图 4.1.21（b）］——表示进路开通，准许列车向中间线路发车；

（3）信号机在开放状态及表示器右方显示一个白色灯光［见图 4.1.21（c）］——表示进路开通，准许列车向右侧线路发车。

（a）

（b）

（c）

图 4.1.21

（3）4 个及其以上发车方向，进路表示器按灯光排列表示。

4 个发车方向（A、B、C、D）显示方式如下：

① 信号机在开放状态及表示器左方横向显示两个白色灯光［见图 4.1.22（a）］——表示进路开通，准许列车向左侧 A 方向线路发车。

② 信号机在开放状态及表示器左方斜向显示两个白色灯光［见图 4.1.22（b）］——表示进路开通，准许列车向左侧 B 方向线路发车。

③ 信号机在开放状态及表示器右方斜向显示两个白色灯光［见图 4.1.22（c）］——表示进路开通，准许列车向右侧 C 方向线路发车。

④ 信号机在开放状态及表示器右方横向显示两个白色灯光［见图 4.1.22（d）］——表示进路开通，准许列车向右侧 D 方向线路发车。

（4）5 个发车方向（A、B、C、D、E 方向）显示方式如下：

① 同 4 个发车方向的第①项［见图 4.1.23（a）］——表示进路开通，准许列车向左侧 A 方向线路发车。

② 同 4 个发车方向的第②项［见图 4.1.23（b）］——表示进路开通，准许列车向左侧 B 方向线路发车。

（a）

（b）

（c）

（d）

图 4.1.22

③ 信号机在开放状态及表示器中间竖向显示两个白色灯光［见图 4.1.23（c）］——表示进路开通，准许列车向中间 C 方向线路发车。

④ 同 4 个发车方向的第③项［见图 4.1.23（d）］——表示进路开通，准许列车向右侧 D 方向线路发车。

⑤ 同 4 个发车方向的第④项［见图 4.1.23（e）］——表示进路开通，准许列车向右侧 E 方向线路发车。

（a）

（b）

（c）

（d）

（e）

图 4.1.23

（5）6 个发车方向（A、B、C、D、E、F）显示方式如下：

① 信号机在开放状态及表示器左方竖向显示两个白色灯光［见图 4.1.24（a）］——表示进路开通，准许列车向左侧 A 方向线路发车。

② 信号机在开放状态及表示器左方横向显示两个白色灯光［见图 4.1.24（b）］——表示进路开通，准许列车向左侧 B 方向线路发车。

③ 信号机在开放状态及表示器左方斜向显示两个白色灯光［见图 4.1.24（c）］——表示进路开通，准许列车向左侧 C 方向线路发车。

④ 信号机在开放状态及表示器右方斜向显示两个白色灯光［见图 4.1.24（d）］——表示进路开通，准许列车向右侧 D 方向线路发车。

⑤ 信号机在开放状态及表示器右方横向显示两个白色灯光［见图 4.1.24（e）］——表示进路开通，准许列车向右侧 E 方向线路发车。

⑥ 信号机在开放状态及表示器右方竖向显示两个白色灯光［见图 4.1.24（f）］——表示进路开通，准许列车向右侧 F 方向线路发车。

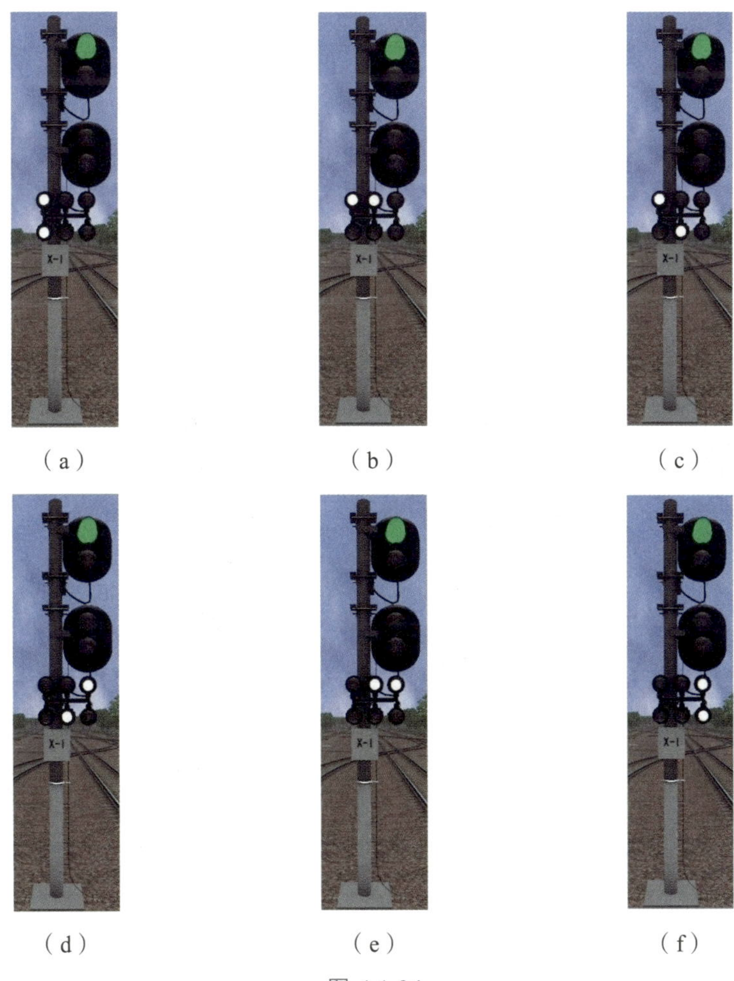

（a）　（b）　（c）

（d）　（e）　（f）

图 4.1.24

（6）7 个发车方向（A、B、C、D、E、F、G 方向）显示方式如下：

① 同 6 个发车方向的第①项［见图 4.1.25（a）］——表示进路开通，准许列车向左侧 A 方向线路发车。

② 同 6 个发车方向的第②项［见图 4.1.25（b）］——表示进路开通，准许列车向左侧 B 方向线路发车。

③ 同 6 个发车方向的第③项［见图 4.1.25（c）］——表示进路开通，准许列车向左侧 C 方向线路发车。

④ 信号机在开放状态及表示器中间竖向显示两个白色灯光［见图 4.1.25（d）］——表示进路开通，准许列车向中间 D 方向线路发车。

⑤ 同 6 个发车方向的第④项［见图 4.1.25（e）］——表示进路开通，准许列车向右侧 E 方向线路发车。

⑥ 同 6 个发车方向的第⑤项［见图 4.1.25（f）］——表示进路开通，准许列车向右侧 F 方向线路发车。

⑦ 同 6 个发车方向的第⑥项［见图 4.1.25（g）］——表示进路开通，准许列车向右侧 G 方向线路发车。

（a）

（b）

（c）

（d）

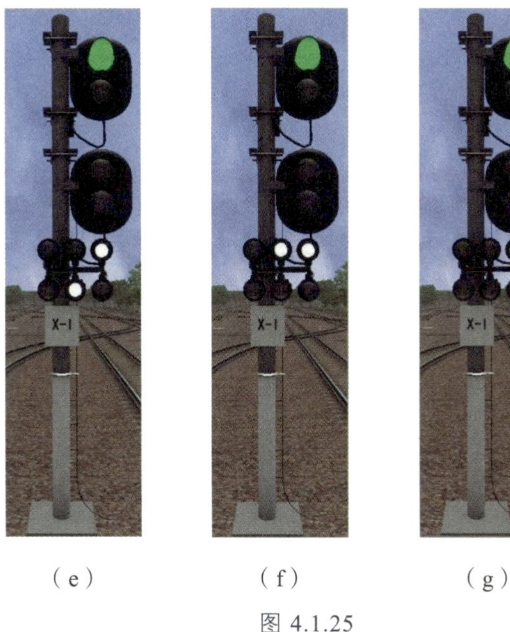

（e）　　（f）　　（g）

图 4.1.25

（7）在双线区段仅用于区分反方向发车时，其显示方式如下：

① 信号机在开放状态且表示器不点亮［见图 4.1.26（a）］——准许列车正方向发车）。

② 信号机在开放状态且表示器显示一个白色灯光［见图 4.1.26（b）］——准许列车反方向发车。

（a）

（b）

图 4.1.26

四、CR200J（时速 160 km）动力集中动车组发车准备相关规定

（1）机班根据发车时间，定位、定岗，厉行确认呼唤（应答），做好发车准备工作。重新输入 LKJ 参数（不更换车次时除外），根据线路股道发码情况，正确选择机车信号上、下行。

机车乘务组以外人员添（登）乘司机室时，除铁路机车运用管理规则指定人员外，其他人员均须凭登乘机车证登乘。登乘动车组须凭动车组司机登乘证，乘警（无乘警时由列车长、随车机械师或列车员等其他列车工作人员负责）在司机室门外验证审核后使用无线对讲设备通知司机开门，经司机确认、许可后方可进入司机室。进入司机室后司机要严格查验、登记添（登）乘人员证件，对不符合规定人员，一律拒绝添（登）乘司机室；添（登）乘人员要在司机手账上签名。添（登）乘司机室只准在始发站、换乘站办理，中途停车站不得受理。同一司机室添（登）乘人数原则上不得超过 2 名，添乘人员必须服从司机管理，不得干扰司机的正常工作。

因临时任务急需，相关人员可凭列车调度员发布的调度命令登乘司机室。专运任务需添乘时，可凭相关证明登乘司机室。

（2）始发前、换端后、更换司机时，司机通过车载信息监控装置确认受电弓状态。始发前、列车停留超过 20 min、改变司机室操纵、更换司机时，须在操纵端实施电空制动简略试 验，由司机通过司机室显示屏确认尾部动力车制动、缓解作用正常。简略试验按附件 2 执行。试风完毕后自动制动阀减压 100 kPa 以上进行保压。

（3）遇有以下情况时，根据随车机械师通知实施列车制动系统站折试验：

① 动车组外属终到后过夜时，在到达列车的操纵端实施，由下班司机负责。

② 在站进行短编重联或重联解编后，在出发列车操纵端实施，由接班司机负责。

实施列车制动系统站折试验时，由随车机械师通知司机，由司机通过司机室显示屏确认尾部动力车制动、缓解作用正常，试验完毕后将试验情况通知随车机械师。站折试验按附件 2 执行。

提示：站折试验在控制车操纵时，必须全程施加停放制动，且确认停放制动显示灯亮。

任务二　发　车

非正常行车（绿证发车）

任务描述

发车，指司机操纵司机控制器将列车从静止状态变为运行状态并离开车站进入区间的过程。

司机操纵司控器平稳起车后，应在机车头部越过出站信号机或规定的开车对标点按压 LKJ 上的开车键，LKJ 开始同步运行数据。

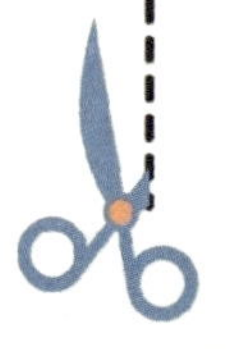

列车在越过出站信号机后，司机在不超速的前提下应逐级加速，确保列车平稳运行。

学习活动建议

学习活动	内　容	建议学时
自学资讯及相关知识点	1. 掌握旅客列车平稳启动的要点； 2. 掌握 LKJ 在发车时的操作要点	课前
计划	根据任务单上的任务情境，每位同学独立归纳总结发车作业流程及注意事项，并正确完成发车作业	课中（2学时）
决策	通过小组讨论和组间交流后，做出指导教师指定任务情景下，所需发车作业的任务决策	
实施	根据指导教师提供的资讯，完成指导教师指定情景下具体的发车作业情景模拟任务	
	正确填写（执行过程检查）评估工作页，小组成员互检工作页的正确性，提交指导教师给予评估	
检查与评价	完成自我评估、小组评价以及教师评价	
完善与拓展	根据学习掌握深度要求，拓展完善发车作业相关资讯	课后

任务引导

1. 简述不同情况下平稳起车的操作要点。

____

____

____

2. 简述列车起动列车后，司机需在司机手账上记录哪些内容。

____

____

____

任务分析

司机在起动列车前，应知晓当前车站的线路地形，针对不同的地形做好不同的起动列车方案，同时应知晓对机车的牵引特性，这样才能做到平稳起车。

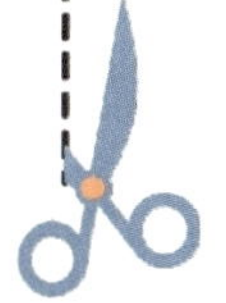

司机在按压 LKJ 开车键的时候，应做到按压准确，没有多余动作。列车起车后，司机应在司机手账上记录开车时分。

任务分工

班级		组号		指导教师	
小组成员	任务分工				

任务步骤

起动列车时，确认制动机手柄和各开关位置正确，各仪表、显示屏显示正常，做到起车稳、加速快、不空转，不过载，全列车起动后报点。

恶劣天气起动列车或起动列车冲动过大时，可在牵引手柄回零的情况下按压司机室操纵台“牵引模式”切换按钮，使动力车切换到“转矩”模式，起动列车后选择合适地点再将牵引手柄回零，按压“牵引模式”按钮切换到“速度”模式。

在列车头部越过出站信号机或规定的按压开车地点时，司机在 LKJ 上按压“开车键”。

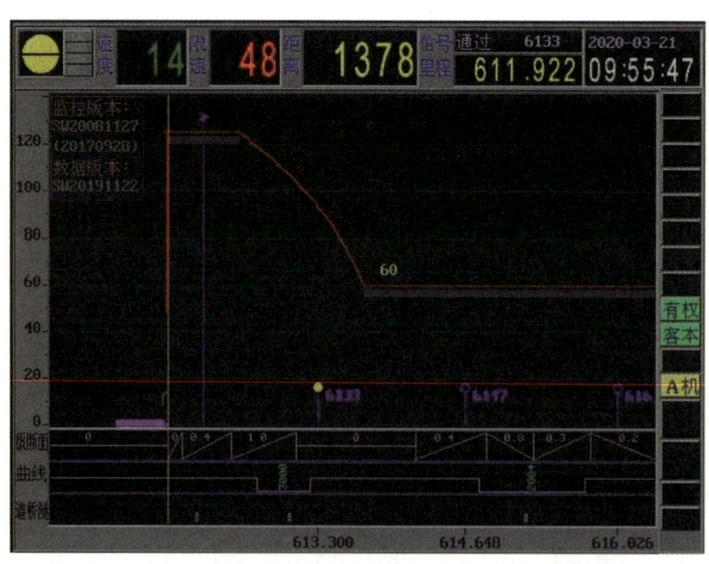

图 4.2.1

列车起车出站后，司机在司机手账上记录开车时分。

任务实施

序号	任务实施步骤	任务要点
1	起车平稳操纵	
2	LKJ 开车	
3	工作内容记录	

任务评价

非常符合（90 分以上）；比较符合（80～89 分）；符合（70～79 分）；基本符合（60～69 分）；不符合（60 以下或存在失格项）					
考核要素	知识评价	技能评价	权重	评分标准	得分
起车平稳操纵	知晓不同情况下平稳起车的操作要点	列车平稳起车，逐级加速	40%	1. 司机操纵列车起车手柄从 0 位没有在 1 位停留直接停在较高级位上，扣 25 分； 2. 列车启动后司控器手柄直接加了多个级位扣 15 分	
LKJ 开车	知道在 LKJ 上按压开车键及按压时机	司机在列车越过出站信号机时在 LKJ 上按压开车键	25%	1. 司机按压开车键时机不合适扣 10 分； 2. 司机忘记按压开车键扣 15 分	
工作内容记录	知道司机手账正确的记录位置	列车起车后，司机在司机手账上记录开车时分	25%	1. 司机没有记录开车时分扣 15 分； 2. 司机记录开车时分错误扣 10 分	
思政评价	任务完成后，能够依据任务实施过程，阐述出作业过程体现出的职业素养或思政元素，或者可以根据自身实训结果，反思自己在任务实施过程中有哪些违反职业素养的行为		10%	学员的阐述可以体现对职业素养的正确认识，或对该任务蕴含的思政元素有自己合理的见解即可	
合计			100%		

检查与评价	
一、学生自我评估	年　月　日
二、小组评价	年　月　日
三、指导教师评价	年　月　日

知识要点

一、旅客列车的平稳起动

列车起动平稳操纵包括手柄的使用和制动机的使用。

为使列车起车平稳，须做好起车准备工作。

1. 平直道起动列车的方法

在平直道上起动列车时，可以采用“边缓边提”的操纵方法。司机在缓解单独制动阀（控制车操纵时除外）的同时，提主手柄至“1”位，待列车走行 5 m 后再逐步提高调速手柄的级位，这时在起动列车的瞬间，制动力会抵消一部分牵引力，使列车在起动时牵引力逐渐缓慢增大，减少列车的冲动。

2. 上坡道起动列车的方法

在上坡道起动列车时，考虑列车车钩已呈或趋向于伸张状态，可采用“先提后缓”或“提、缓同时”的操纵方法。在上坡道车站起动列车的关键是防溜，在起动列车时，司机提主手柄至“1”位，待列车前行 3 m 后，再逐步增加主手柄的级位，使牵引电流逐步上升，列车始终呈牵引状态。

3. 下坡道起动列车的方法

在下坡道起动列车时，应采用“先缓后提”的操纵方法。先将单独制动阀置于运转位，机车制动缸压力缓解到零，待列车已有运行趋势或略有前移后再提主手柄至“1”位。制动缸压力缓解到零可以使机车和车辆的车钩缓冲装置处在自由压缩、伸张状态，起动时车钩缓冲装置可以很好地吸收机车和车辆之间产生的作用力。

二、LKJ 开车

司机在 LKJ 上按压开车键后，监控认为司机完成了开车对标操作，LKJ 进入通常工作状态，按输入的交路号、车站号顺序调用预置的线路数据。

任务三　途中运行

任务描述

途中运行，是指司机操纵列车从发车离开车站进入区间到终点站停车的一段行程。司机在途中运行阶段，应做到能根据信号显示的要求控制列车运行，在进站前规定距离执行车机联控，在列车运行实际位置和 LKJ 显示位置有误差时调整 LKJ 车位，在限制速度变化点使用 LKJ 定标键打点。途中运行全程，司机和副司机要完成标准的手比呼唤。

学习活动建议

<table>
<tr><th>学习活动</th><th>内　容</th><th>建议学时</th></tr>
<tr><td>自学资讯及相关知识点</td><td>1. 认知通过色灯信号机、容许信号机、遮断信号机、预告信号机、通过手信号
2. 掌握 CR200J（时速 160 km）动力集中动车组途中运行相关规定
3. 掌握 CR200J（时速 160 km）动力集中动车组途中运行中的安全注意事项</td><td>课前</td></tr>
<tr><td>计划</td><td>根据任务单上的任务情境，每位同学独立归纳总结途中运行作业流程及注意事项，并正确完成途中运行</td><td rowspan="6">课中
（3 学时）</td></tr>
<tr><td>决策</td><td>通过小组讨论和组间交流后，做出指导教师指定任务情景下，所需途中运行的任务决策</td></tr>
<tr><td rowspan="2">实施</td><td>根据指导教师提供的资讯，完成指导教师指定情景下具体的途中运行作业情景模拟任务</td></tr>
<tr><td>正确填写（执行过程检查）评估工作页，小组成员互检工作页的正确性，提交指导教师给予评估</td></tr>
<tr><td>检查与评价</td><td>完成自我评估、小组评价以及教师评价</td></tr>
<tr><td>完善与拓展</td><td>根据学习掌握深度要求，拓展完善途中运行作业相关资讯</td><td>课后</td></tr>
</table>

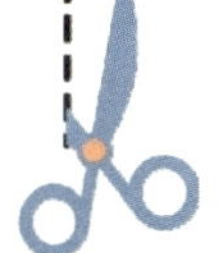

任务引导

1. 简述过分相的操作方法。

2. 简述 LKJ 车位校正的操作方法。

3. 简述 LKJ 打点操作的操作方法。

任务分析

要完成途中运行操作，司机需知晓区间信号显示的含义，知道车机联控的含义和标准用语，知道 LKJ 车位调整的两种方式和操作方法，知道定标打点操作的方式。

任务分工

<table>
<tr><td>班级</td><td></td><td>组号</td><td></td><td>指导教师</td><td></td></tr>
<tr><td>小组成员</td><td colspan="5">任务分工</td></tr>
<tr><td></td><td colspan="5"></td></tr>
<tr><td></td><td colspan="5"></td></tr>
</table>

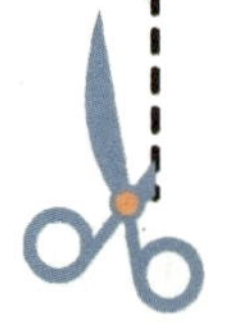

任务步骤

一、列车进、出站

（1）列车进站前，按规定进行车机联控或确认 CIR 进路预告信息，确认进站信号机显示，严格按信号显示要求控制列车运行速度。

（2）列车运行至停车站进站（接车进路）信号机处，司机应确认 LKJ 显示的信号机位置、距离与实际一致。

（3）副司机执行站内立岗瞭望制度。执行时机为自进站信号机起至反向进站信号机或站界标止（线路所以站界为准）。

（4）列车通过站中心（停站列车起动后），司机报点；出站后确认呼唤网压、控制电压值及微机屏显示的非操纵端动力车制动主管压力值，行车安全装备运转状态。司机确认早晚点时分，有副司机的由副司机记点；站停列车，应记录列车停、开时分。

（5）进站停车作业。

① 列车进站前，按规定执行车机联控，及时确认、签收 CIR 进路预告信息，按照信号显示控制列车运行速度。在车机联控或收到进路预告信息后，副司机对照司机手账办客站站台预想呼唤提醒，司机复诵确认（单司机为司机 1 人呼唤确认）。

② 站外调速时，应根据实际运行速度采用适当的制动级位，进站（进路）信号机前将速度控制至目标值。

③ 取得所进股道号后，与司机手账上记录的“三固定”进行核对；站外输入 LKJ 侧线股道，对照司机手账记录进行输入操作，机班共同确认。列车进入接车股道时，机班共同核对输入股道号与进入股道一致，并按压 LKJ【定标】键打点，发现错误立即修正。

④ 未得到（确认）列车进入股道的通知或接到的股道通知与“三固定”不一致时，严禁盲目进行股道号输入操作，司机应严格控制列车进站运行速度，在确认列车所进股道后，方可进行输入操作。

⑤ 进站停车时，应进行车位确认，发现 LKJ 显示的信号机距离与实际不一致时及时校正，并按规定输入侧线股道号。

⑥ 列车在车站停车时，应停于接车线警冲标内方。列车进入接车股道站台头部，司机提前确认停车位置，在设有出站（进路）信号机的线路，列车头部不得越过出站（进路）信号机。办客站应按机车停车位置标或动车组停车位置标，一次稳、准停妥。列车停稳后，机班手比呼唤确认站台位置、集控车门开关位置，再开启车门，并确认“车门关闭”显示灯熄灭。如遇自动开关门装置故障，司机通知列车长、随车机械师进行确认处理。进站停车原则上使用空气制动停车，进站后如使用动力制动配合空气制动调速，在停车前解除动力制动。在解除动力制动后采用空气制动停车，做到稳准对标停车。停车后自阀减压 100 kPa 以上，保持列车处于制动状态。

⑦ 中间站停车必须坚守岗位，不得擅自离开操纵端动力车，等会列车时应按规定显示列车标志，并将头灯灯亮熄灭或减弱，换向手柄置中立位，不得关闭空气压缩机。不得降弓、断“主断”及关闭变流装置。

（6）列车侧向通过车站时，进入接车股道后应根据股道载频确认或转换机车信号上下行开关，认真确认地面信号机及机车信号显示。

二、列车运行中

（1）根据列车速度，选择适当的手柄位置，牵引电机电压、电流不得超过额定值。

（2）正常情况下，列车在同一运行方向，使用同一（组）受电弓；运行途中及站停时，禁止关闭或隔离牵引通风机；发生机车车顶设备闪络，在未判明原因前，禁止盲目二次升弓。

（3）解除牵引力时，牵引手柄要在接近“0”位前稍做停留再退回“0”位。

（4）应熟练掌握担当区段电力机车禁停区的分布和“禁停标”位置情况，遇在禁停区域等信号时，掌握列车受电弓所处位置，避免停车时受电弓在禁停区。动力集中动车组被迫停车以及遇恶劣天气、行车设备故障等突发情况造成停车后，某一受电弓处于禁停区域内时，应立即降下受电弓，按规定汇报。将处于禁停区域的受电弓隔离后，使用禁停区外另一台动力车受电弓驶出禁停区，短编组时请求救援。

（5）运行中遇升、降受电弓标或升、降弓手信号时，须及时降下或升起受电弓。运行中发现在非分相区主断路器断开时，应确认网压显示，接触网网压为零或自动降弓时，需立即断电降弓、停车，将发生弓网故障的时间、地点报告列车调度员（车站值班员）。发现本线挂有异物时，如异物情况不影响行车，按正常行车方式通过，按照LKJ显示的对应里程，并结合地面实际公里标，接触网支柱号向列车调度员（车站值班员）报告。本线降弓可以通过时，应立即断开主断、降下受电弓，按降弓方式通过该地点。不能降弓通过时应立即停车，并报告列车调度员。异物在本线危及行车安全的或接触网异常（含网压）等情况时，应立即断电降弓、停车，并向列车调度员（车站值班员）报告停车原因、停车位置以及相关情况，通知随车机械师后，按相关单位规定检查处理。处理完毕后，司机向列车调度员报告处理情况，并询问接触网供电状态，在得到列车调度员准许升弓的口头指示，与随车机械师确认具备升弓条件后，按规定升弓、开车。

（6）动力集中动车组动力车被迫停在两端口锚断关节式电分相或器件式接触网电分相关系区时，应立即断电、降弓，保持列车制动；并按规定向两端站车站值班员（列车调度员）报告停车地点（汇报内容应包括前端动力车对应LKJ公里数及处于分相区的动力车受电弓所处的两个接触网支柱号）和原因，并通知随车机械师，按列车调度员指示办理。

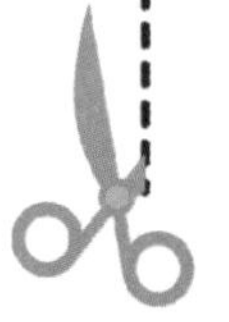

三、过分相

（1）熟悉所担当区段内接触网电分相位置，严禁一台动力车同时升起前、后两架受电弓通过接触网电分相。

（2）除特殊情况外不得在牵引电机带负荷的情况下断开主断路器。过分相前应将牵引手柄退回“0”位。

（3）运行中应使用自动过分相功能。在经过乘务区段第一个分相区时，加强自动过分相功能的确认，做好手动防护，做好随时手动过分相的准备。

（4）列车不能实现自动过分相时，应采取手动过分相的方式。列车运行至电分相前，及时解除牵引力，严格按“断”电标提前断开主断路器，确认全列车通过分相区后闭合主断路器。

（5）列车通过接触网电分相后，确认各显示屏和仪表显示状态。

（6）因等信号或其他非正常情况造成列车速度无法满足通过接触网电分相要求时，立即汇报列车调度员或就近车站值班员，同时主动停车，防止掉入接触网分相区。

（7）运行中遇“主断”无法断开时，须降弓通过接触网电分相；降弓前，应迅速将手柄退回“0”位，切除各辅助供电，并确认网压表显示情况。升弓后，应确认网压表显示，再闭合各辅助供电开关。

四、列车施加常用制动

施行常用制动时，应根据目标速度（距离）、列车实际速度、线路纵断面、列车编组等条件，准确掌握制动时机和减压量，保持列车均匀减速，防止列车冲动。制动机使用并遵守以下规定：

（1）初次减压量不得少于 50 kPa，长大下坡道初次减压量不得少于 70 kPa。追加减压量一般不超过 2 次；一次追加减压量不得超过初次减压量，累计减压量不应超过最大有效减压量。

（2）减压时，自动制动阀排风未止不应追加、停车或缓解列车制动。单独制动阀缓解量，每次不得超过 30 kPa。

（3）严禁使用单独制动阀制动调速或停车。

（4）列车停车后须保持制动状态，减压量不少于 100 kPa；站停超过 20 min 时，在出站（进路）信号机开放或得到试风的通知后方可进行列车制动机的简略试验。

五、施行紧急制动时

施行紧急制动时，迅速将自动制动阀手柄推向紧急制动位，并立即解除机车牵引力。列车未停稳，严禁移动单、自动制动阀手柄（投入动力制动时，单独制动阀除外）。

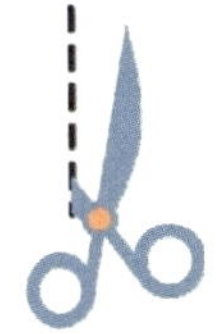

六、列车调速时

列车调速时，要采用动力制动为主、空气制动为辅、相互配合使用的方法，并应做到：

（1）动力制动与空气制动配合使用时，应将机车制动缸压力及时缓解为 0（设有自动控制装置的机车除外）。

（2）需要缓解时，应先缓解空气制动，再解除动力制动。

（3）在使用动力制动调速过程中发生紧急制动或需紧急制动时，司机应保持机车动力制动，同时立即用单独制动阀缓解机车制动缸压力至 150 kPa 以下（设有自动控制装置的机车可不进行单阀缓解操作）

七、动力集中动车组列车运行中施行动力制动时

动力集中动车组列车运行中施行动力制动时，应遵守以下规定：

（1）正常情况下可使用动力制动调速，使列车平稳降速，制动或缓解时主控手柄应在制动“1”位稍做停留，避免列车冲动。 危及行车安全时，迅速将自阀手柄置于“紧急制动”位。

（2）使用动力制动前，应先将牵引手柄回“0”位，确认牵引电机无牵引电流再投入动力制动。在动力车产生初步制动力后再逐步增加制动功率。避免频繁往复操作主控手柄，保持均匀减速。

八、遇下列情况，司机应第一时间向车站值班员或列车调度员报告，并及时报告机务段机车调度室

（1）运行途中遇临时改变列车运行方式、行车凭证、列车径路、事故救援等非正常行车时，应做到：一停车确认，二查阅核对，三远程指导。

（2）遇信号不明、进路不清，司机发现晃车、碰撞、异声以及危及行车、人身安全等异常情况，须立即采取减速或停车措施，严禁臆测行车，盲目求快。

（3）运行中司机发现列车（道口、守机）防护报警、车站或邻线列车呼叫停车等危及列车运行安全时，应果断采取停车措施。

（4）司机得到发生车辆热轴故障的通知时，按随车机械师的要求采取常用制动措施使列车停车或维持运行。

（5）列车运行中司机发现运行揭示（调度命令）、关系车站核对信息、LKJ 控制信息与地面慢行地点或限速值不一致时，须立即按照最低速度、最长距离的原则控制列车运行。

（6）司机在运行途中接到临时限速调度命令，进入核对站前，发现与核对站车站

值班员核对的限速运行内容不一致时，应在进入限速运行地点前的车站停车，并向车站值班员（列车调度员）报告，经列车调度员核实、重新发布调度命令后，按调度命令要求运行。

（7）列车发生紧急制动停车后，随车机械师联系检查列车时，根据随车机械师列车检查完毕的通知开车。开车前，司机必须检查试验列车制动主管的贯通状态，确认列车完整，具备开车条件后，方可起动列车。

任务实施

序号	任务实施步骤	任务要点
1	过分相	
2	车机联控操作	
3	LKJ 位置校正	
4	LKJ 打点操作	
5	LKJ 紧急制动情况下的处置	
6	LKJ 常用制动情况下的处理	
7	机车采用紧急制动方式停车情况下的处置	

任务评价

非常符合（90 分以上）；比较符合（80～89 分）；符合（70～79 分）；基本符合（60～69 分）；不符合（60 以下或存在失格项）

考核要素	知识评价	技能评价	权重	评分标准	得分
区间信号显示认知	知晓区间通过信号机的类型和含义	能够严格按信号显示行车	20%	1. 未能了解区间通过信号机显示信号的含义扣 15 分； 2. 途中未能手比呼唤确认信号机，少 1 次扣 1 分，满分 5 分扣完为止	
过分相	知道过分相的操作方法	能够正确完成过分相操作	20%	1. 过分相操作不规范扣 20 分； 2. 因过分相操作失误，造成列车掉入分相区，失格	
车机联控操作	知道区间运行时车机联控的标准用语	能够进行车机联控、呼唤应答	10%	1. 区间运行时没有主动与前方站联控扣 5 分； 2. 联控用语不正确扣 5 分	

续表

考核要素	知识评价	技能评价	权重	评分标准	得分
LKJ 位置校正	知道 LKJ 车位校正的操作方法	能够进行 LKJ 车位调整操作	10%	1. LKJ 出现距离误差时未进行 LKJ 车位校准扣 5 分； 2. LKJ 车位校准操作不正确扣 5 分	
LKJ 打点操作	知道 LKJ 打点操作的操作方法	能够进行报点、记点操作	10%	区间运行时未记点操作，少 1 次扣 5 分，满分 10 分扣完为止	
列车途中运行的各项规范操作	知道列车运行途中的操作规范	能够按规定规范操纵列车	20%	违反列车运行途中“【任务步骤】”部分所述各类操作规范，每次扣 2 分	
思政评价	任务完成后，能够依据任务实施过程，阐述出作业过程体现出的职业素养或思政元素，或者可以根据自身实训结果，反思自己在任务实施过程中有哪些违反职业素养的行为		10%	学员的阐述可以体现对职业素养的正确认识，或对该任务蕴含的思政元素有自己合理的见解即可	
合计			100%		

检查与评价	
一、学生自我评估	年　月　日
二、小组评价	年　月　日
三、指导教师评价	年　月　日

知识要点

一、通过色灯信号机

通过色灯信号机显示下列信号：

1）半自动闭塞及自动站间闭塞区段

（1）一个绿色灯光——准许列车按规定速度运行［见图 4.3.1（a）］。

（2）一个红色灯光——不准列车越过该信号机［见图 4.3.1（b）］。

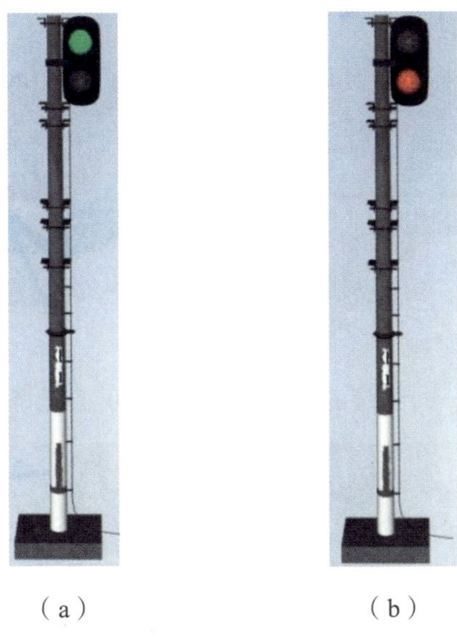

（a）　　　　（b）

图 4.3.1

2）三显示自动闭塞区段

（1）一个绿色灯光——准许列车按规定速度运行，表示运行前方至少有两个闭塞分区空闲［见图 4.3.2（a）］。

（2）一个黄色灯光——要求列车注意运行，表示运行前方有一个闭塞分区空闲［见图 4.3.2（b）］。

（3）一个红色灯光——列车应在该信号机前停车［见图 4.3.2（c）］。

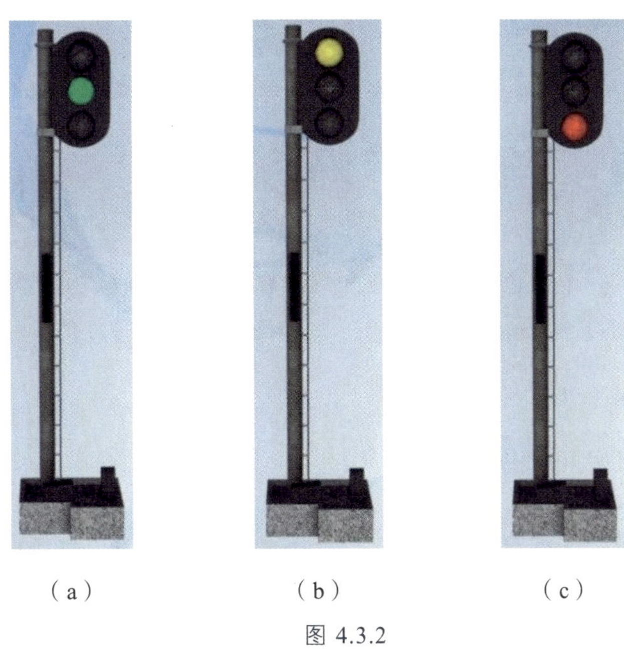

（a）　　　　（b）　　　　（c）

图 4.3.2

3）四显示自动闭塞区段

（1）一个绿色灯光——准许列车按规定速度运行，表示运行前方至少有三个闭塞分区空闲［见图 4.3.3（a）］。

（2）一个绿色灯光和一个黄色灯光——准许列车按规定速度运行，要求注意准备减速，表示运行前方有两个闭塞分区空闲［见图 4.3.3（b）］。

（3）一个黄色灯光——要求列车减速运行，按规定限速要求越过该信号机，表示运行前方有一个闭塞分区空闲［见图 4.3.3（c）］。

（4）一个红色灯光——列车应在该信号机前停车［见图 4.3.3（d）］。

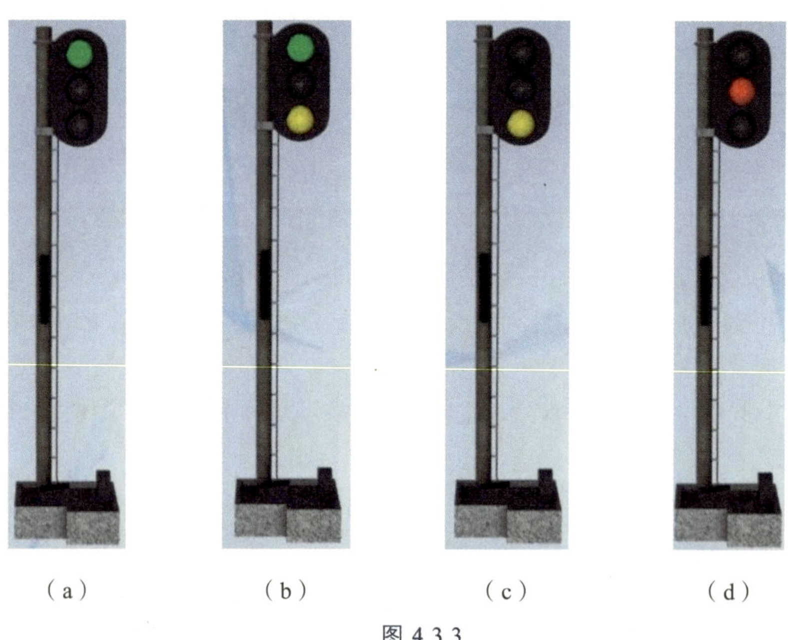

（a）（b）（c）（d）

图 4.3.3

二、容许信号机

容许信号显示一个蓝色灯光——准许列车在通过色灯信号机显示红色灯光的情况下不停车，以不超过 20 km/h 的速度通过，运行到次一架通过信号机，并随时准备停车（见图 4.3.4）。

三、遮断信号机

遮断色灯信号机显示一个红色灯光——不准列车越过该信号机；不点灯时，不起信号作用（见图 4.3.5）。

四、预告信号机

遮断信号机的预告信号机显示一个黄色灯光——表示遮断信号机显示红色灯光；不点灯时，不起信号作用（见图 4.3.6）。

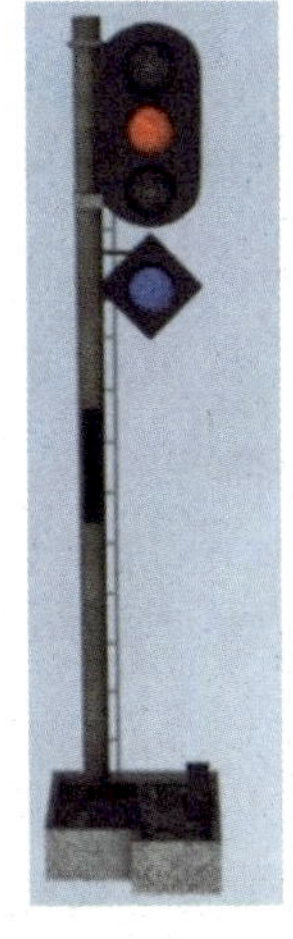

图 4.3.4

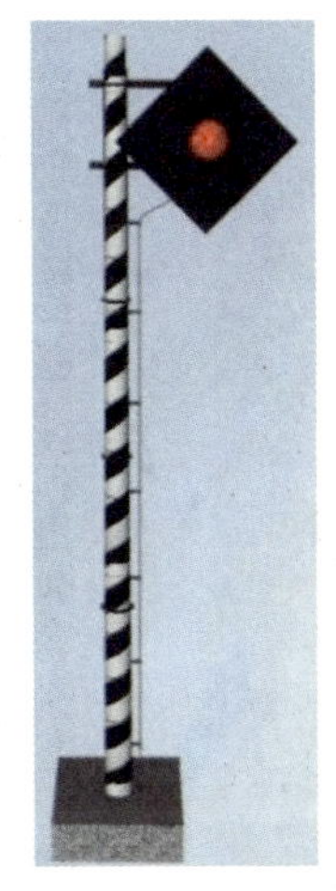

图 4.3.5

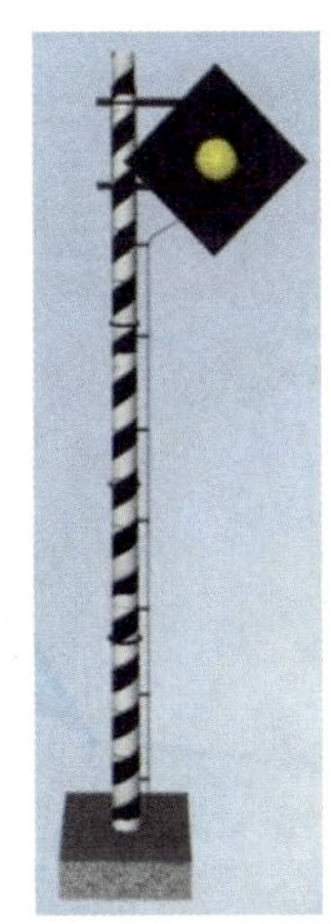

图 4.3.6

其他预告色灯信号机显示下列信号：

（1）一个绿色灯光——表示主体信号机在开放状态［见图 4.3.7（a）］；

（2）一个黄色灯光——表示主体信号机在关闭状态［见图 4.3.7（b）］。

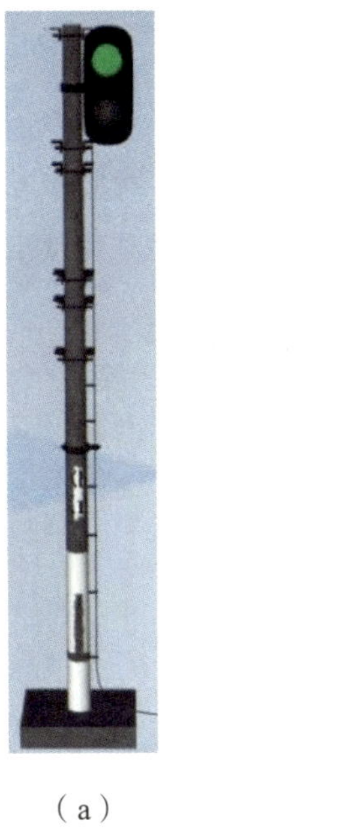

（a）

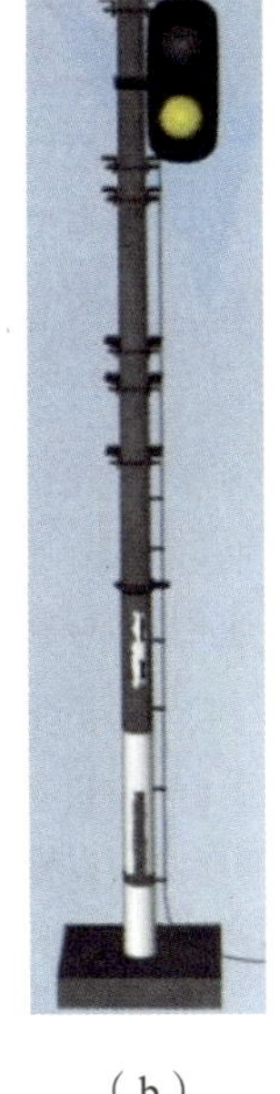

（b）

图 4.3.7

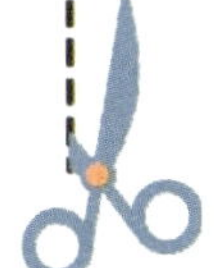

五、通过手信号

通过手信号：准许列车由车站（场）通过。

昼间——展开的绿色信号旗［见图 4.3.8（a）］；夜间——绿色灯光［见图 4.3.8（b）］。

（a）

（b）

图 4.3.8

六、LKJ 车位调整

信号机间的距离数据存储在装置中，列车运行中，装置依次调用存储的信号机距离数据与列车实际位置相比较，以递减的方式计算列车距前方信号机的距离。由于各种原因，列车实际走行距离与装置存储的信号机距离发生误差，列车通过信号机时，装置瞬间计算的两距离误差称过机误差。过机误差对装置准确控制列车的安全运行危害很大，应及时进行修正。

按列车实际走行距离与装置存储距离相比较，过机误差分为“滞后误差”和“超前误差”。

（1）滞后误差：列车通过信号机时，装置计算列车距前方信号机仍有余量，过信号机一段距离后才递减到“0”。此种递减显示到“0”的时机出现在信号机实际位置之后的误差称为过机滞后误差。

（2）超前误差：机车实际位置距信号机还有一段距离，但装置计算距前方信号机距离已为“0”。此种递减显示到“0”的时机出现在信号机实际位置之前的误差称为过机超前误差。

在自动闭塞区段，当装置计算列车距前方信号机距离不大于 50 m 时，机车信号由黄灯变为红黄灯、白灯或由双黄灯变为红黄灯、白灯时，装置自动解除对当前信号

机的停车控制功能，并将计算的剩余距离消除，按次一信号机的距离作为监控列车运行的条件。

无论在自动闭塞还是半自动闭塞区间，当过机误差值较大时，须采用人工校正的方法解决。

（1）【自动校正】键调整：当超前误差或滞后误差距离 < 300 m 时，在机车通过信号机的瞬间，按压【自动校正】键，不论是滞后还是超前误差，装置进行自动校正。

（2）【车位】键调整：对于滞后误差，先按压【车位】键，在过信号机瞬间按压【向前】键；对于超前误差，先按压【车位】键，在过信号机瞬间按压【向后】键。

（3）进行人工校正过机误差时，两次按键间隔时间不得超过 5 s。超前误差最大调整距离为 300 m。停车信号前、站内侧线停车、显示屏出现临时限速窗口等情况时，人工校正无效。

七、报点、记点

列车运行中，按压【定标】键，装置记录此刻的公里标及时间，此操作产生的记录仅作为运行数据处理的查找标记。

八、LKJ 部分操作

（1）LKJ 紧急制动情况下的处置（见表 4.3.1）。

表 4.3.1

序号	触发类型	操作步骤	配图
1	超速引发的紧急制动	（1）LKJ 控制列车停车； （2）司机在听到 LKJ 语音提示“允许缓解”时，按压【缓解】键； （3）LKJ 提示“缓解成功”自动缓解； （4）将自动制动阀推至【紧急制动】保持 60 s 后，再放至【抑制位】1 s，观察制动屏“动力切除”字样消失，回到【运转位】； （5）将主断路器开关推至“合”后自复位至“0”位； （6）可继续操作。 （7）LKJ 动作造成的惩罚制动，必须先解除 LKJ 的控车功能后，方可接触制动机的惩罚制动功能，顺序不得混乱	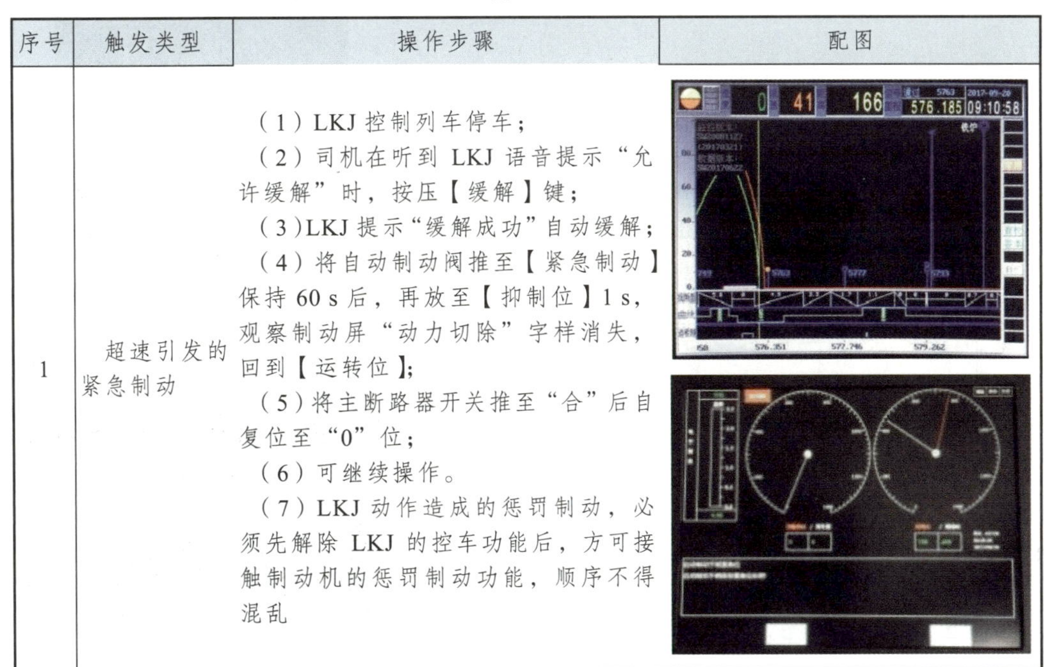

续表

序号	触发类型	操作步骤	配图
2	手柄防溜	（1）按压【警惕】键，LKJ 语音提示“缓解成功”； （2）将自动制动阀推至【紧急制动】保持 60 s 后，再放至【抑制位】1 s，观察制动屏“动力切除”字样消失，回到【运转位】； （3）将主断路器开关推至【合】后自复位至“0”位； （4）可继续操作	
3	管压防溜	参见表 4.3.3. LKJ 语音提示“管压防溜”情况下的处置	

（2）LKJ 常用制动情况下的处理（见表 4.3.2）。

表 4.3.2

序号	触发类型	操作步骤	配图
1	列车运行速度等于常用固定模式限速值（LKJ 显示屏上的红线数值）时触发常用制动	（1）将自动制动阀手柄置于【抑制位】，控制速度降到低于固定模式限速值限速值（LKJ 显示屏上红线下方的光带）以下 5 km/h 或听到 LKJ 语音提示“允许缓解”； （2）按压【缓解】键，解除常用制动	

续表

序号	触发类型	操作步骤	配图
2	未及时按压【定标】键触发常用制动	（1）LKJ 实施卸载和常用制动控制，减压 80 kPa，装置发出卸载和常用制动指令； （2）列车停车后，将自动制动阀置于【抑制位】； （3）按压【缓解】键，LKJ 语音提示“缓解成功”，解除卸载和常用制动指令； （4）可继续操作	

（3）LKJ 提示“管压防溜”情况下的处置（见表 4.3.3）。

表 4.3.3

序号	情况分类	操作步骤	配图
1	LKJ 语音提示“注意管压防溜”并在监控界面上显示“管压防溜倒计时”	（1）在倒计时时间内按压【警惕】键； （2）或将手柄置于【全制动】位，追加减压使列车管累计减压量达到 80 kPa 以上	
2	倒计时时间内未及时按压【警惕】键，	（1）LKJ 语音提示“管压防溜动作”并输出紧急制动，同时断开主断路器； （2）按压【警惕】键，LKJ 语音提示“缓解成功”并解除管压防溜动作； （3）将自动制动阀置于【紧急制动】60 s 后再置于【运转位】； （4）将主断路器开关推至【合】后自复位至“0”位； （5）可继续操作	
3	列车缓解后 60 s 内不开车，LKJ 将再次启动防溜控制，并持续语音提示“注意管压防溜”90 s，LKJ 监控界面上显示“缓解防溜倒计时”	（1）如果在倒计时时间内按压【警惕】键，装置缓解成功； （2）如果倒计时时间内未及时按压【警惕】键，LKJ 语音提示“管压防溜动作”并输出紧急制动，同时断开主断路器； （3）按压【警惕】键，LKJ 解除管压防溜动作； （4）将自动制动阀置于【紧急制动】60 s 后再置于【运转位】； （5）将主断路器开关推至“合”后自复位至“0”位； （6）可继续操作	

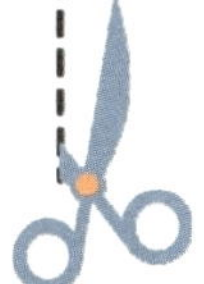

（4）LKJ 提示“警惕”情况下的处理（见表 4.3.4）。

表 4.3.4

序号	情况类型	操作步骤	配图
1	LKJ 提示“警惕”	以下任意一种操作均可关闭警惕提醒： （1）按压司机操纵端【无人警惕】按钮或踩踏【无人警惕】开关； （2）列车管减压 50 kPa 及以上； （3）机车制动缸压力≥50 kPa； （4）机车手柄发生卸载或加载的变化； （5）按压 LKJ【定标】键	
2	未及时操作触发常用制动	（1）LKJ 实施卸载和常用制动控制，列车管减压 80 kPa，装置发出卸载和制动指令； （2）列车停车后，将自动制动阀置于【抑制位】； （3）按压【缓解】键，LKJ 语音提示“缓解成功”，解除卸载和常用制动指令； （4）可继续操作	

（5）机车采用紧急制动方式停车情况下的处置（见表 4.3.5）。

表 4.3.5

序号	情况分类	操作步骤	配图
1	司机按压紧急制动按钮停车	（1）按按钮箭头所指的方向旋转“紧急制动”按钮至弹起状态； （2）将自动制动阀置于【紧急制动】60 s 后再置于【运转位】； （3）等制动缸压力为 0 后，将主断路器开关推至“合”后自复位至“0”位； （4）可继续操作	

（6）CIR 电台的基本操作（见表 4.3.6）。

表 4.3.6

序号	情况分类	操作步骤	配图
1	风压查询	发车前需查看非控制车风压，通过 DDU 显示屏确认非控制车风压	
2	车机联控	（1)列车运行过程中 LKJ 语音提示“车机联控”时，学员主动摘起 CIR 电台话机； （2）按压话机侧面的“按键Ⅰ或Ⅱ”，CIR 电台主动呼叫车站调度员； （3）听取调度员的讲话，之后重复调度员的讲话内容，再强调“司机明白”； （4）挂机	

续表

序号	情况分类	操作步骤	配图
3	调令签收	（1）运行过程中 CIR 电台收到车站下发的调度命令，调度命令内容显示在液晶显示屏上； （2）按压【确认签收】键进行确认签收操作	
4	发车前及行车中接调度员通知	（1）发车前作业结束后电台铃声响起，接调度员通知“×××次，××道出站信号准备好了”，司机回复“×××次，×道出站信号准备好了，司机明白”，挂机； （2）电台铃声再次响起，接调度员通知“×××次司机，×××站×道发车”，司机回复“×××次，×××站×道发车，司机明白”，挂机。	

八、CR200J（时速 160 km）动力集中动车组途中运行相关规定

（1）机车乘务员在运行中必须严格执行“彻底瞭望、确认信号、准确呼唤、手比眼看”的“十六字令”，坐姿端正，动作规范。依照本办法及机务段编制的列车操纵示意图、列车操纵提示卡正确操纵列车，并规范执行确认呼唤（应答）制度。

（2）司机必须在运行方向前端操纵，正常运行途中，不得打开动力车侧门及司机室气密窗。

（3）按压【开车】键开车后，根据地面第一架可进行 LKJ 数据校核的信号机、进站信号机前一架通过（接近）信号机和进站（线路所通过）信号机位置及时核对、校正 LKJ 距离，运行中发现距离误差及时校正。遇地面（机车）信号变化，应及时呼唤确认，顺序降级显示时应在 5 s 内按压 LKJ【定标】键打点；遇在规定的时机无法确认地面信号时，应及时呼唤确认机车信号显示，运行至能确认地面信号显示地点，应及时呼唤确认。

（4）严格遵守列车运行图规定的运行时刻和各项允许及限制速度（列车限制速度，线路、桥隧、信号容许速度，动力集中动车组最高运行速度，道岔、曲线及各种临时限制速度，LKJ 速度控制模式设定的限制速度），严格按信号显示要求行车，确保列车安全正点。

（5）接近鸣笛标、道口、桥梁、隧道、行人、作业标、施工地点或天气不良时，须按规定鸣笛。限制鸣笛区段，遇鸣笛标时，司机应开启灯显示警设备，遇线路行人、影响行车安 全等情况，应及时鸣笛并果断采取措施，并做好记录。运行中，发现封闭区段内有闲杂人员应及时用列车无线调度通信设备报告车站，并做好记录。

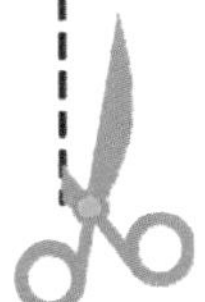

（6）认真执行车机、道机、机守（守机）联控制度。遇道机联控、机守联控呼叫 3 次无应答时，应及时降速至在瞭望距离内能随时停车的速度运行，最高不得超过 20 km/h，并报告就近车站值班员或列车调度员，发现异常情况应立即采取停车措施。

（7）运行途中使用无线传送系统接收下达的调度命令时，司机除对命令内容确认外，还需重点对接收的调度命令发令时间（年、月、日、时、分）进行确认，确认无误后方可签收，并及时打印进行再复核。如对发令时间、车次、内容等有疑问时，须立即向列车调度员（车站值班员）询问。

（8）不得盲目切除各安全保护装置。运行中，注意 CIR 车次转换，遇自动切换不成功时，采用手动切换或重新注册（含 GSM-R 手持终端），并报告列车调度员（车站值班员）。

（9）变更径路运行时，司机必须取得列车调度员发布变更列车径路的调度命令，在停车状态下，根据担当车型局别和 LKJ 数据版本，查定并正确设置 LKJ 交路号和车站号，开车后，在规定的对标地点及时、准确按压 LKJ 的【开车】键，确认 LKJ 调用数据正确并处于通常工作状态。

（10）反方向运行时，应按规定正确进行 LKJ 参数设定或转入“随时停车工作状态”运行。

（11）在列车接近临时限速关系站（线路所）前，应提前两个车站（线路所）出站（线路所）后，确认前方运行揭示内容（如为停车站时，在停车时间内确认），做到心中有数。在列车接近临时限速地段减速地点起始位置 6 ~ 4 km 按压 LKJ【定标】键打点确认，LKJ 显示屏出现临时限速信息时，司机须呼唤“前方限速 × × 公里，当前运行速度 × × 公里”，副司机复诵，确认限速地段目标速度应与运行揭示或调度命令一致。确认地面限速牌限速值后，再次按压 LKJ【定标】键打点确认。

（12）在列车接近临时限速地段减速地点起始位置前，确认 LKJ 显示的限速地段目标速度应与运行揭示（调度命令）限速要求一致；设有地面限速牌的确认地面限速牌限速值与运行揭示（调度命令）限速要求一致，列车越过临时限速地段后，在交付揭示命令号上打“×”划销（单司机时在首个停车站划销）。发现限速值信息不一致时，立即按照最低速度、最长距离的原则控制列车运行，并立即报告列车调度员（车站值班员）。

（13）一次出乘作业时间内担当同一个区段两个及以上往复交路时，列车越过临时限速地段后，在交付揭示标注的列车车次上划“×”销号，标注的最后一趟列车车次销号后，在相应的交付揭示命令号上打“×”划销。遇列车车次发生变化或列车运行晚点等情况时，须在相关运行揭示段末标注列车车次，并按规定进行划销。

（14）运行途中接到临时限速的调度命令或口头指示时，须确认列车当前位置与限速始点里程，采取制动减速措施。按照口头指示的临时限速，在提示标签上注明限制速度，粘贴在 LKJ 左侧中部；使用调度命令无线传送系统传输调度命令时，应将打印的调度命令放置在 LKJ 左下方。

九、CR200J（时速 160 km）动力集中动车组途中运行中的安全注意事项：

（1）不得超越限界进行作业，严禁攀登列车顶部，途中停车需检查时，身体不得侵入临线限界。

（2）严禁向车外部抛撒火种，司机室及机械间严禁吸烟。

（3）需要登动力车顶部检查弓网状态或处理故障时，应断开主断路器，降下受电弓，必须向车站值班员或列车调度员申请办理登顶作业，接到列车调度员发布接触网停电准许登顶作业的调度命令后，验电、接地并采取安全防护措施后方准作业。

（4）列车遇下列 3 种情况之一时应使用列车防护报警装置进行防护：

① 线路塌方、道床冲空等危及行车安全的突发情况时。

② 被迫停车可能妨碍邻线时。

③ 在区间被迫停车后不能继续运行需要防护时（动力车故障常用制动停车时除外）。司机应立即使用列车无线调度通信设备通知两端站、列车调度员及随车机械师，报告停车原因和停车位置，首先使用列车防护报警装置进行防护。单司机单班值乘，遇列车在区间被迫停车因防护等需离开机车时，须报告车站值班员或列车调度员，通知随车机械师，并按规定对列车采取防溜措施、锁闭司机室门窗后，携带无线对讲设备或 GSM-R 手持终端，方可下车作业。

司机接到车站值班员（列车调度员）解除列车防护报警的通知后，方可解除列车防护报警；发出防护报警信息以及报警信息解除后，司机均应及时向列车调度员（车站值班员）报告情况。

如已设置响墩，待停车原因消除后可不撤除（运行动车组列车的区段除外）。

（5）运行中列车收到列车防护报警信息时：

① 司机应认真查看 CIR 操作显示终端上显示的报警信息，按【确认】键确认收到信息，关断（自动）报警语音提示。

② 报警线路和地点与本列车运行线路相关、可能影响本列车运行安全时，司机应采取降速运行或紧急停车等必要的安全的措施，防止发生事故。采取降速运行措施时，列车应以遇到阻碍能随时停车的速度运行，最高不超过 20 km/h。

③ 报警线路和地点与本列车运行线路无关时，列车可按正常速度运行。遇报警信息内容不完整或有疑问时，应及时联系本线列车调度员（车站值班员）确认，情况不明时，可直接采取降速运行等安全措施。

④ 列车通过报警地点或收到防护报警解除信息时，司机应恢复本列车的正常运行，并向列车调度员或车站值班员报告。

（6）动力集中动车组故障处置时间在区间超过 20 min、站内超过 30 min，仍无法判明故障原因或虽判明故障原因但无法处置时，前端动力车（控制车机务设备）故障由司机请求救援，拖车、后端动力车（控制车）故障由随车机械师经司机请求救援。

请求救援后，取消救援时，由司机或随车机械师经司机，向列车调度员或车站值班员报告。

（7）遇天气不良、动力车牵引力不足等原因，列车在困难区段可能发生坡停或严重运缓时，司机应提前使用列车无线调度通信设备通知两端站或列车调度员。

（8）遇降雾、暴风雨雪等恶劣天气，以地面信号作为行车凭证且显示距离不足200 m时，报告列车调度员，凭列车调度员发布的改按天气恶劣难以辨认信号的调度命令行车。机车信号良好时，按机车信号显示运行，当接近地面信号机时，司机应确认地面信号，遇地面信号与机车信号显示不一致时，立即采取减速或停车措施，并向列车调度员报告。天气转好时，及时报告列车调度员发布调度命令，恢复正常行车。

运行途中突发疾病时，要立即报告车站值班员或列车调度员并通知随车机械师，不能维持驾驶操纵的要立即采取停车措施，请求救护（必要时联系列车长广播寻医救护）。

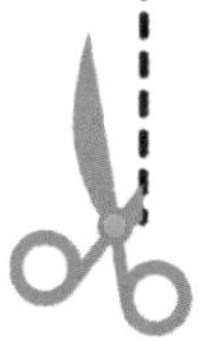

项目五　继乘作业

项目说明

本项目分为同向继乘和换端继乘两种情况进行继乘作业的介绍和实训。

项目目标

1. 知识目标

（1）掌握办理交接的要求和内容。

（2）掌握继乘站作业的检查范围和内容。

（3）掌握行车安全装备参数输入的要求和内容。

2. 能力目标

（1）交班司机和接班司机能够正确办理交接。

（2）能够正确完成继乘站司机室检查作业。

（3）能够正确完成行车安全装备参数输入，完成开车前准备工作。

3. 思政目标

（1）践行动车组乘务员职业守则，使学生树立严谨细致的工作态度。

（2）培养学生专注负责的岗位精神。

任务一　同向继乘作业

任务描述

你作为一名机务段的机车司机，和副司机小张，将担当D×××次列车丙站至戊站的运行任务。D×××次列车需完成继乘站顺向接车，目前你已到丙站，该任务要求你完成同向继乘作业。

学习活动建议

学习活动	内　　容	建议学时
自学资讯及相关知识点	1. 掌握同向继乘办理交接的规定； 2. 掌握同向继乘行车安全装备参数输入方法	课前
计划	根据任务单上的任务情境，每位同学独立归纳总结同向继乘作业流程及注意事项，并正确完成同向继乘	课中（2学时）
决策	通过小组讨论和组间交流后，做出指导教师指定任务情景下所需同向继乘的任务决策	
实施	根据指导教师提供的资讯，完成指导教师指定情景下具体的同向继乘作业情景模拟任务	
	正确填写（执行过程检查）评估工作页，小组成员互检工作页的正确性，提交指导教师给予评估	
检查与评价	完成自我评估、小组评价以及教师评价	
完善与拓展	根据学习掌握深度要求，拓展完善同向继乘作业相关资讯	课后

任务引导

1. 简述插入6A转储卡的操作方法。

____

____

____

2. 简述同向继乘继乘站司机室检查作业流程。

____

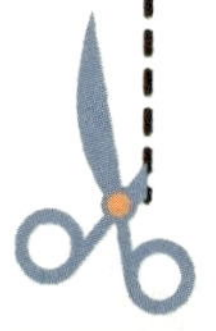

任务分析

机班需办理交接，完成司机室检查及行车安全装备参数输入，完成开车前准备工作。

任务分工

班级		组号		指导教师	
小组成员	任务分工				

任务步骤

一、交班机班作业

（1）保持列车制动状态。

（2）及时进行 LKJ 数据转储。

（3）确认接班机班后及时打开动力车侧门和司机室门。

（4）填写《运行日志》、电务车载设备检测合格证，交接临时调度命令、列车技术状态 6A 车载设备可见状态、钥匙、司机室清洁文明状态等。认真做好对口交接（调度命令、电量、工具箱铅封及随车钥匙、质量情况、电务车载设备检测合格证等），将交接事项填写在司机手账上，交、接班司机相互签认。

（5）拔出 6A 转储卡，离开司机室，关闭司机室门（由动力车侧门下车时还需关闭动力车侧门）。

（6）在站台安全标线内方、列车到达方向机车停车位置标（或动车组停车标）处

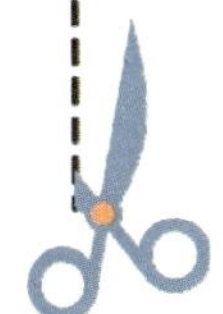

立岗送车，面向列车呈立正姿势（所带箱包置于身体侧，不侵入“安全标线”外方），待列车起动后（交接完毕后，超过 10 min 未开车的，交班机班不再立岗送车），按规定走行线路到退勤地点办理退勤或间休室间休，关闭无线对讲设备。

二、接班机班作业

（1）确认接车车次正确，进入司机室。

（2）将 6A 转储卡插入数据转储装置，确认转储卡指示灯亮。与交班机班办理交接，对交接内容进行检查签认。

（3）机班核对粘贴在 LKJ 显示器上的数据“版本标签”和 LKJ 显示的数据版本号一致，并将 LKJ 数据版本号等记录在司机手账上。将 IC 卡内 LKJ 临时数据文件导入 LKJ，拔出 IC 卡后对载入的 LKJ 临时数据文件条数和命令号进行查询、核对。根据担当车型局别和 LKJ 数据版本，逐项输入（选择）乘务员代号、交路号、车站号、车次、列车种类、车速等级等数据参数，确认 LKJ“开车”灯亮，输入数据时做到边输入、边呼唤、边确认，确保数据完整正确。

（4）确认或修改 CIR 车次功能号和区段，确认显示与实际的列车车次相符，线路名称与运行区段相符（需使用 GSM-R 手持终端时还需注册 GSM-R 手持终端车次功能号）。

（5）机班按继乘站检查作业范围（见附件 3）进行检查。确认动力车侧门和司机室门锁闭，将司机手账、列车运行时刻表、交付揭示等行车资料和备品按规定位置摆放，做好开车准备工作。

任务实施

序号	任务实施步骤	任务要点
1	确认车次号	
2	插入 6A 转储卡	
3	办理交接	
4	行车安全装备参数输入	
5	继乘站检查作业	

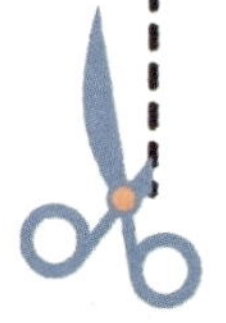

任务评价

非常符合（90 分以上）；比较符合（80～89 分）；符合（70～79 分）；基本符合（60～69 分）；不符合（60 以下或存在失格项）					
考核要素	知识评价	技能评价	权重	评分标准	得分
确认车次号	知道继乘站接车需确认车次号	能够正确确认车次号	10%	未能确认车次号，扣 10 分	
插入 6A 转储卡	知道插入 6A 转储卡的操作方法	能够正确插入转储卡	10%	未能正确插入转储卡，扣 10 分	
办理交接	知道办理交接的规定	能够正确完成交接办理	20%	需交接事项，遗漏一项扣 5 分，满分 20，扣完为止	
行车安全装备参数输入	知道行车安全装备参数输入方法	能够正确完成行车安全装备参数输入	40%	1. LKJ 参数输入，操作错误一项，扣 5 分，满分 30，扣完为止； 2. CIR 车次号注册，操作错误，扣 10 分	
继乘站检查作业	知道继乘站司机室检查作业流程	能够按流程完成司机室检查	10%	需检查事项，遗漏一项扣 3 分，满分 10，扣完为止	
思政评价	任务完成后，能够依据任务实施过程，阐述出作业过程体现出的职业素养或思政元素，或者可以根据自身实训结果，反思自己在任务实施过程中有哪些违反职业素养的行为		10%	学员的阐述可以体现对职业素养的正确认识，或对该任务蕴含的思政元素有自己合理的见解即可	
合计			100%		

检查与评价	
一、学生自我评估	年　月　日
二、小组评价	年　月　日
三、指导教师评价	年　月　日

知识要点

（1）同向继乘，机班出勤作业按照本办法项目一出勤有关规定执行。

（2）接车时在站台安全标线外立岗。同向继乘时按继乘列车开车时间，提前 10 min 至到达端停车位置标处。确认无线对讲设备打开并置于规定频道，在列车进站过程中，继乘司机与列车长进行无线对讲设备频道核对和通话试验。

（3）立岗接车，当列车进入站台时，面向来车方向站立在站台“安全标线”内方（所带箱包置于身体侧，不侵入“安全标线”外方）呈立正姿势，将所带箱包置于身体右侧，列车接近接车位置 30 m 时，机班转体面向接车线路直至列车停妥。

任务二　换端继乘作业

任务描述

你作为一名机务段的机车司机，和副司机小张，将担当 D× × ×次列车丙站至戊站的运行任务。D× × ×次列车需完成换端继乘作业，目前你已到丙站，该任务要求你完成同向继乘作业。

学习活动建议

学习活动	内　容	建议学时
自学资讯及相关知识点	1. 掌握同向继乘办理交接的规定； 2. 掌握同向继乘行车安全装备参数输入方法； 3. 知道制动机简略试验的试验方法	课前
计划	根据任务单上的任务情境，每位同学独立归纳总结换端继乘作业流程及注意事项，并正确完成换端继乘	课中（2 学时）
决策	通过小组讨论和组间交流后，做出指导教师指定任务情景下所需换端继乘的任务决策	
实施	根据指导教师提供的资讯，完成指导教师指定情景下具体的换端继乘作业情景模拟任务	
	正确填写（执行过程检查）评估工作页，小组成员互检工作页的正确性，提交指导教师给予评估	
检查与评价	完成自我评估、小组评价以及教师评价	
完善与拓展	根据学习掌握深度要求，拓展完善换端继乘作业相关资讯	课后

任务引导

1. 简述换端继乘继乘站司机室检查作业流程。

____

____

____

2. 简述制动机简略试验的试验方法。

____

____

____

任务分析

机班需办理交接，完成司机室检查及行车安全装备参数输入，并按规定进行制动机简略试验，完成开车前准备工作。

任务分工

班级		组号		指导教师	
小组成员	任务分工				

任务步骤

一、交班机班作业

（1）到达停车后保持列车制动状态，并施加停放制动。

（2）转储 LKJ 运行数据。

（3）注销 CIR 车次功能号或关闭 CIR 设备电源。

（4）将自阀置重联位（插上锁闭插销）、单阀全制位，按压自动换端按钮，确认换端操作指示灯点亮，断开电钥匙退出主控占用，确认操纵台各手柄、开关、旋钮位置正确，拔出 6A 转储卡。

（5）填写《运行日志》、电务车载设备检测合格证。

（6）换端时需携带并妥善保管电钥匙、换向手柄、司机室门钥匙，离开司机室关闭司机室门（由动力车侧门下车时还应锁闭动力车侧门）。

（7）在出发端司机室与接班司机交接《运行日志》、临时调度命令、列车技术状态、钥匙、电务车载设备检测合格证等。

（8）待列车起动后（交接完毕后，超过 10 min 未开车的，交班机班不再立岗送车），按规定走行线路到退勤地点办理退勤或间休室间休，关闭无线对讲设备。

二、接班司机作业

（1）与交班司机办理交接，对交接内容进行确认，妥善保管行车用品和钥匙。将 6A 转储卡插入数据转储装置，确认转储卡指示灯亮。

（2）打开电钥匙、CIR 电源，确认主控占用，完成换端作业。机班核对粘贴在 LKJ 显示器上的数据“版本标签”和 LKJ 显示的数据版本号一致，并将 LKJ 数据版本号等记录在司机手账上。将 IC 卡内 LKJ 临时数据文件导入 LKJ，拔出 IC 卡后对载入的 LKJ 临时数据文件条数和命令号进行查询、核对。根据担当车型局别和 LKJ 数据版本，逐项输入（选择）乘务员代号、交路号、车站号、车次、列车种类、车速等级等数据参数，确认 LKJ“开车”灯亮，输入数据时做到边输入、边呼唤、边确认，确保数据完整正确。进行 CIR 车次功能号注册。

（3）进行操纵端动力车检查作业（按附件 3 规定执行），将司机手账、列车运行时刻表、交付揭示等行车资料和备品按规定位置摆放，确认动力车侧门和司机室门锁闭，确认列车在制动状态后缓解停放制动。

（4）遇由乘务员负责列车自动制动机简略试验时，应及时实施单阀全制动，控制车操纵时，必须施加停放制动，确认停放制动红灯亮，缓解列车制动，按规定进行制动机简略试验。

任务实施

序号	任务实施步骤	任务要点
1	确认车次号	
2	插入 6A 转储卡	
3	办理交接	
4	行车安全装备参数输入	
5	继乘站检查作业	
6	制动机简略试验	

任务评价

<table>
<tr><td colspan="6">非常符合（90 分以上）；比较符合（80～89 分）；符合（70～79 分）；基本符合（60～69 分）；不符合（60 以下或存在失格项）</td></tr>
<tr><th>考核要素</th><th>知识评价</th><th>技能评价</th><th>权重</th><th>评分标准</th><th>得分</th></tr>
<tr><td>确认车次号</td><td>知道继乘站接车需确认车次号</td><td>能够正确确认车次号</td><td>5%</td><td>未能确认车次号，扣 5 分</td><td></td></tr>
<tr><td>插入 6A 转储卡</td><td>知道插入 6A 转储卡的操作方法</td><td>能够正确插入转储卡</td><td>5%</td><td>未能正确插入转储卡，扣 5 分</td><td></td></tr>
<tr><td>办理交接</td><td>知道办理交接的规定</td><td>能够正确完成交接办理</td><td>10%</td><td>需交接事项，遗漏 1 项扣 3 分，满分 10，扣完为止</td><td></td></tr>
<tr><td>行车安全装备参数输入</td><td>知道行车安全装备参数输入方法</td><td>能够正确完成行车安全装备参数输入</td><td>30%</td><td>1. LKJ 参数输入，操作错误 1 项，扣 5 分，满分 20，扣完为止；
2. CIR 车次号注册，操作错误，扣 10 分</td><td></td></tr>
<tr><td>继乘站检查作业</td><td>知道继乘站司机室检查作业流程</td><td>能够按流程完成司机室检查</td><td>20%</td><td>需检查事项，遗漏 1 项扣 5 分，满分 20，扣完为止</td><td></td></tr>
<tr><td>制动机简略试验</td><td>知道制动机简略试验的试验方法</td><td>能够正确完成制动机简略试验</td><td>20%</td><td>因操作错误，造成试验失败或未完成试验，扣 20 分</td><td></td></tr>
<tr><td>思政评价</td><td colspan="2">任务完成后，能够依据任务实施过程，阐述出作业过程体现出的职业素养或思政元素，或者可以根据自身实训结果，反思自己在任务实施过程中有哪些违反职业素养的行为</td><td>10%</td><td>学员的阐述可以体现对职业素养的正确认识，或对该任务蕴含的思政元素有自己合理的见解即可</td><td></td></tr>
<tr><td colspan="3">合计</td><td>100%</td><td></td><td></td></tr>
</table>

<table>
<tr><th colspan="2">检查与评价</th></tr>
<tr><td>一、学生自我评估</td><td>年 月 日</td></tr>
<tr><td>二、小组评价</td><td>年 月 日</td></tr>
<tr><td>三、指导教师评价</td><td>年 月 日</td></tr>
</table>

知识要点

（1）换端继乘，机班出勤作业按照本办法项目一出勤有关规定执行。

（2）接车时在站台安全标线外立岗。换端继乘时按继乘列车开车时间，提前 20 min 至继乘列车开车端处。确认无线对讲设备打开并置于规定频道，在列车进站过程中，继乘司机与列车长进行无线对讲设备频道核对和通话试验。

（3）立岗接车，当列车进入站台时，面向来车方向站立在站台“安全标线”内方（所带箱包置于身体侧，不侵入“安全标线”外方）呈立正姿势，将所带箱包置于身体右侧，并用手抓牢，列车接近接车位置 30 m 时，机班转体面向接车线路直至列车停妥。

项目六　终到站、到达入所及退勤作业

项目说明

本项目包含终到站作业，到达入所作业和退勤作业 3 个实训任务。列车停妥后，司机需完成后续的相关作业后方可离车。乘务人员在携带好自身出勤物品后，到交接室办理交车手续，之后方可退勤。

项目目标

1. 知识目标

（1）掌握终到站进站停车的标准操作流程。

（2）掌握入所的相关规定、联控内容及 LKJ 数据转储操作方法。

（3）掌握退勤登记流程、规范。

2. 能力目标

（1）能够按标准操作流程，完成终到站进站停车。

（2）能够按标准操作流程，完成入所及入所后的相关操作。

（3）能够按标准操作流程，完成退勤。

3. 思政目标

（1）践行动车组乘务员职业守则，培养学生坚守岗位的奉献意识。

（2）树牢求真务实的工作态度。

任务一　终到站作业

任务描述

列车经过途中运行后，最终需要在终到站进站停车。列车越过进站信号机前，司机按照在区间运行时与接车站联控收到的通知，做好进正线或侧线停车的准备，控制列车按照规定速度、在规定地点施加规定的制动力，控制列车平稳缓慢降速，最终将机车头部停在站台上“机车停车标位置”或“动车组停车标位置”平齐的地方，完成终到站进站停车的任务。

学习活动建议

学习活动	内　容	建议学时
自学资讯及相关知识点	1. 认知进站色灯信号机； 2. 认知通过手信号； 3. 知道进正线和进侧线时 LKJ 不同的显示和操作； 4. 知道机列车停车对标的标准	课前
计划	根据任务单上的任务情境，每位同学独立归纳总结终到站作业流程及注意事项，并正确完成终到站作业	课中（2 学时）
决策	通过小组讨论和组间交流后，做出指导教师指定任务情景下所需终到站作业的任务决策	
实施	根据指导教师提供的资讯，完成指导教师指定情景下具体的终到站作业情景模拟任务	
	正确填写（执行过程检查）评估工作页，小组成员互检工作页的正确性，提交指导教师给予评估	
检查与评价	完成自我评估、小组评价以及教师评价	
完善与拓展	根据学习掌握深度要求，拓展完善终到站作业相关资讯	课后

任务引导

1. 简述各关键位置调速操作要领。

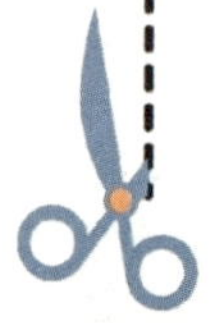

2. 简述终到站停车后的防溜操作步骤。

____

____

____

任务分析

要完成进站停车，前提条件是必须知道前方站本次列车的停留股道是正线还是侧线，此环节应在“项目四 途中作业”中已经完成。列车越过进站信号机前的最后一个区间信号机后，接收到前方进站信号机传来的电码，表明车站已按事先通知的内容开通正确的道岔和信号。司机需知道列车分别进正线和进侧线时地面信号显示的色灯类型、机车信号显示的色灯类型、LKJ 上的对应操作。

进站工作准备完毕后，司机应能根据本次值乘列车的总重、换长等信息，结合当前列车速度、线路坡道等信息，综合判断该在规定的地点施加多大的制动力，等速度降至多少后再缓解制动，进站后应该在规定的地点施加多大制动力，等速度降至多少后再缓解制动，能确保列车“一把闸”停稳在“机车停车位置”牌前。综合考察司机对机车牵引特性、列车制动特性、机车制动机充排风时间计算的认知程度和制动机使用的熟练程度。

任务分工

班级		组号		指导教师	
小组成员	任务分工				

任务步骤

一、正线进站停车

列车越过进站信号机前的最后一架信号机：

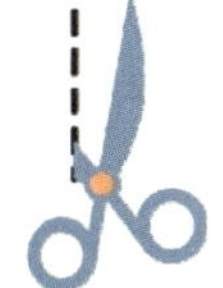

（1）机车信号：机车接到进站信号机显示的黄灯灯码，LKJ 显示黄灯（见图 6.1.1）。

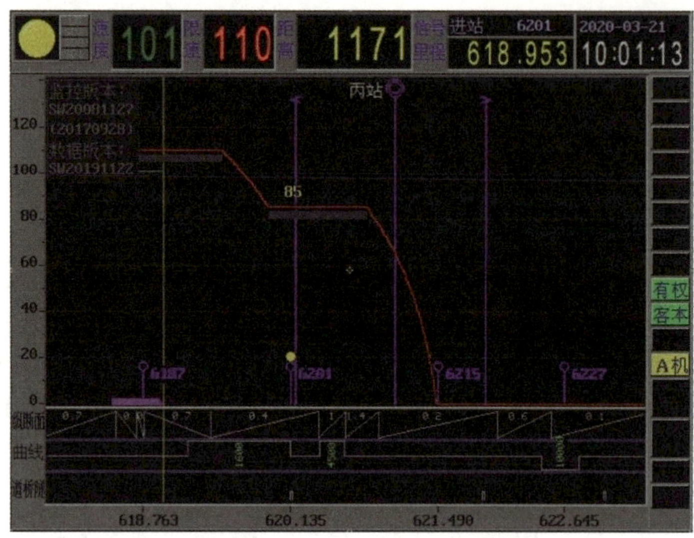

图 6.1.1

（2）LKJ 设置：LKJ 上无须进行任何设置，正常运行。限速曲线在出站信号机前降为 0。

（3）司机控制器：结合线路坡度信息适当调整牵引力。

（4）制动机操作：随着列车逐渐接近限制速度变化点，司机应做好施加制动的准备。

（5）接近限制速度变化点：司机将司机控制器置于 0 位，按照规定的数值施加制动力。

（6）待列车速度下降到目标值后，缓解列车制动，列车越过进站信号机，进入车站正线股道。

（7）进入正线的限速值较高，司机应提早做好列车制动的准备。

（8）列车进入站内后，司机在列车运行到规定地点后再次施加制动，控制列车一次平稳停妥。

（9）如列车制动过早或制动力施加过大，列车停车后距机车停车位置标还有距离，则在获得车站值班员允许前严禁再次动车。

（10）如列车制动过晚或制动力施加过小，列车停车后越过机车停车位置标，则就地停车。

（11）停车后，司机应将自动制动阀置于全制动位（见图 6.1.2），单独制动阀置于全制动位（见图 6.1.3）。

（12）司机控制器置于 0 位，拔出换向手柄（见图 6.1.4）。

图 6.1.2

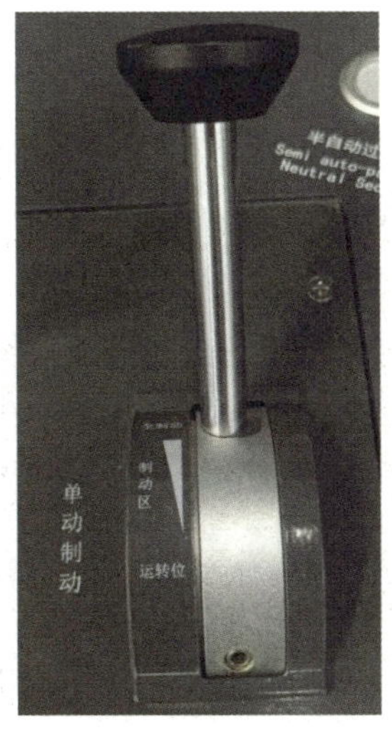

图 6.1.3

图 6.1.4

（13）司机在司机手账上记录到站时间。

二、侧线进站停车

列车越过进站信号机前的最后一架信号机：

（1）机车信号：机车接到进站信号机显示的双黄灯灯码，LKJ 显示双黄灯；显示屏默认显示侧线号 127（见图 6.1.5）。

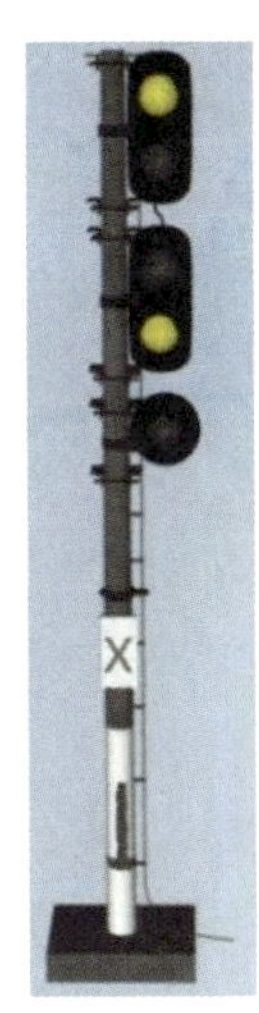

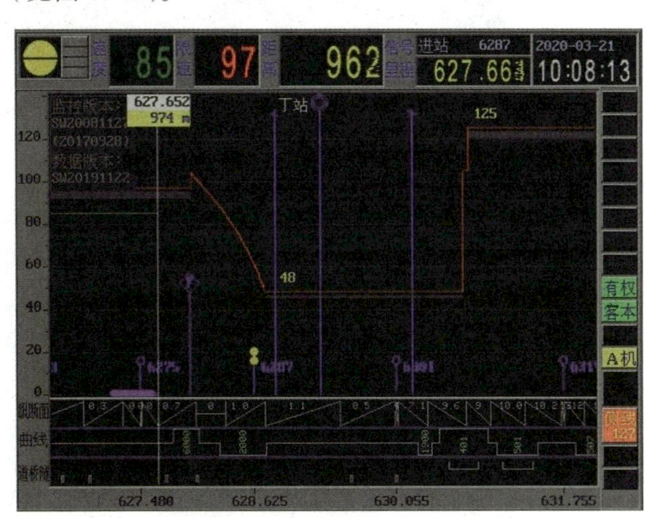

图 6.1.5

（2）LKJ 设置：片刻之后，LKJ 显示屏上会弹出进路号输出窗口，提示输入侧线号（见图 6.1.6）。直接按数字键 3（见图 6.1.7），输入侧线号 3，之后按压【确认】键，

设定 3 道进站。LKJ 上显示的进站道岔和出站道岔的位置也随之调整为 3 道的位置；部分站的侧线恒速区起点也会有调整（见图 6.1.8）。

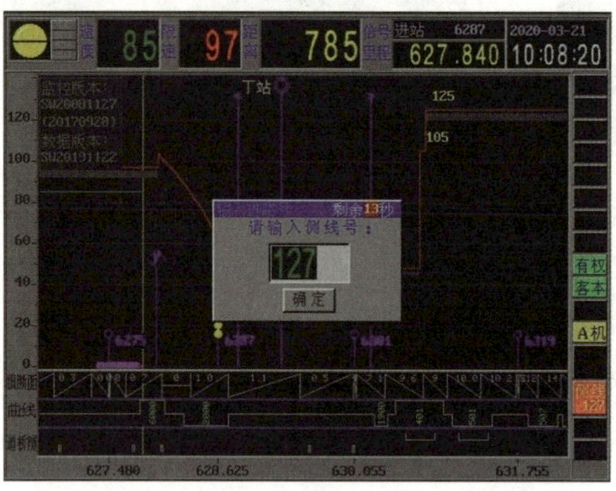

图 6.1.6

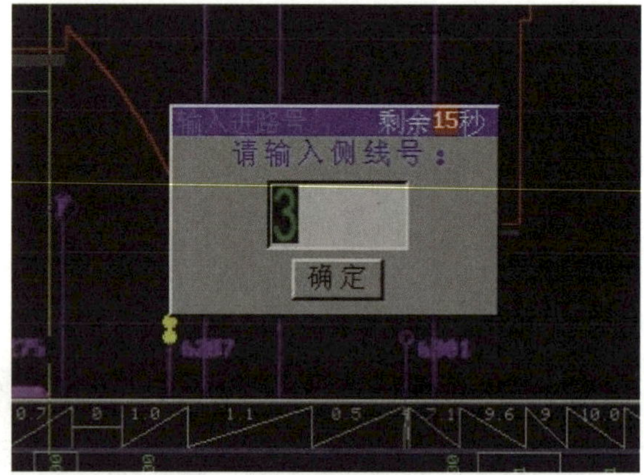

图 6.1.7

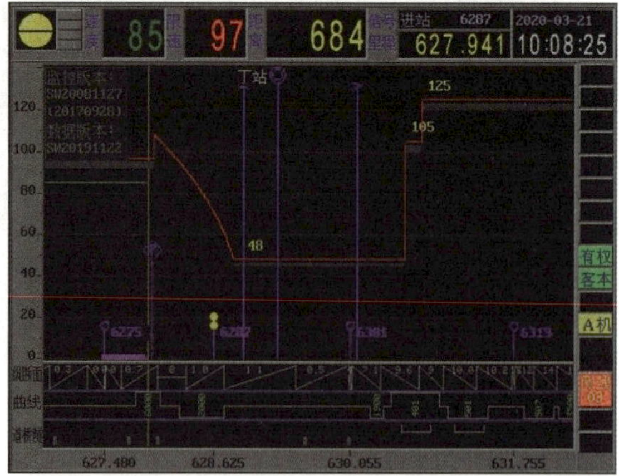

图 6.1.8

（3）司机控制器：结合线路坡度信息适当调整牵引力。

（4）制动机操作：随着列车逐渐接近限制速度变化点，司机应做好施加制动的准备。

（5）接近限制速度变化点：司机将司机控制器置于 0 位，按照规定的数值施加制动力。

（6）待列车速度下降到目标值后，缓解列车制动，列车越过进站信号机，进入车站侧线股道。

（7）进入侧线的限速值较高，司机应提早做好列车制动的准备。

（8）列车进入站内后，司机在列车运行到规定地点后再次施加制动，控制列车一次平稳停妥。

（9）如列车制动过早或制动力施加过大，列车停车后距机车停车位置标还有距离，则在获得车站值班员允许前严禁再次动车。

（10）如列车制动过晚或制动力施加过小，列车停车后越过机车停车位置标，则就地停车。

（11）停车后，司机应将自动制动阀置于全制位，单独制动阀置于全制位。

（12）司机控制器置于 0 位。

（13）司机在司机手账上记录到站时间。

任务实施

序号	任务实施步骤	任务要点
1	进站前 LKJ 操作	
2	进站调速	
3	停车对标	
4	停车后操作	
5	工作内容记录	

任务评价

非常符合（90 分以上）；比较符合（80～89 分）；符合（70～79 分）；基本符合（60～69 分）；不符合（60 以下或存在失格项）					
考核要素	知识评价	技能评价	权重	评分标准	得分
进站前 LKJ 操作	知道进正线和进侧线时 LKJ 不同的显示和操作	根据车站要求完成进站前的 LKJ 操作	10%	列车进侧线司机未能及时输入侧线号扣 10 分	

续表

考核要素	知识评价	技能评价	权重	评分标准	得分
进站调速	熟知各关键位置调速操作要领	司机操纵列车调速进站，速度曲线平滑，无异常起伏和剧烈波动	20%	司机操纵机车进站调速曲线不够平滑，剧烈波动一次扣10分，满分20分，扣完为止	
停车对标	知道机列车停车对标的标准	司机操纵列车停车对标，误差在合理范围内	20%	司机控制列车停车对标，正负误差大于1 m扣1分，满分20分，扣完为止	
停车后操作	知道停车后的防溜操作步骤	司机将自阀和单阀置全制位，司控器至0位，拔出换向手柄。	20%	1. 司机停车后没有将自阀立即置于全制位扣5分； 2. 司机停车后没有将单阀立即置于全制位扣5分； 3. 司机停车后没有立即将司控器至于“0”位扣5分； 4. 司机停车后没有立即取出换向手柄扣5分	
工作内容记录	知道司机手账正确的记录位置	列车停妥后，司机在司机手账上记录终到时分	20%	1. 停车后司机没有记录司机手账扣10分； 2. 记录错信息，错一处扣2分，满分10分，扣完为止	
思政评价	任务完成后，能够依据任务实施过程，阐述出作业过程体现出的职业素养或思政元素，或者可以根据自身实训结果，反思自己在任务实施过程中有哪些违反职业素养的行为		10%	学员的阐述可以体现对职业素养的正确认识，或对该任务蕴含的思政元素有自己合理的见解即可	
合计			100%		

检查与评价	
一、学生自我评估	年　月　日
二、小组评价	年　月　日
三、指导教师评价	年　月　日

知识要点

一、进站色灯信号机

1. 作用

进站信号机的作用是：防护车站；指示进站列车的运行条件；完成联锁任务，保证进路安全可靠。所以车站在列车的入口处，都必须装设进站信号。

2. 位置

为满足调车作业的需要，即一台机车挂一节或两节车辆由一股道转向另一股道不致越出进站信号机，所以规定进站信号机应设于距进站道岔尖轨尖端（顺向为警冲标）不少于 50 m 的地点。经常利用正线进行调车作业的车站，可适当延长进站信号机与进站道岔岔尖或进站道岔警冲标之间的距离，以便进行调车作业时，车列不致越出进站信号机，减少办理越出站界调车的手续。

3. 三显示自动闭塞、半自动闭塞、自动站间闭塞区段进站色灯信号机

（1）一个绿色灯光——准许列车按规定速度经正线通过车站，表示出站及进路信号机在开放状态，进路上的道岔均开通直向位置（见图 6.1.9）。

（2）一个绿色灯光和一个黄色灯光——准许列车经道岔直向位置，进入站内越过次一架已经开放的信号机准备停车（见图 6.1.10）。

图 6.1.9

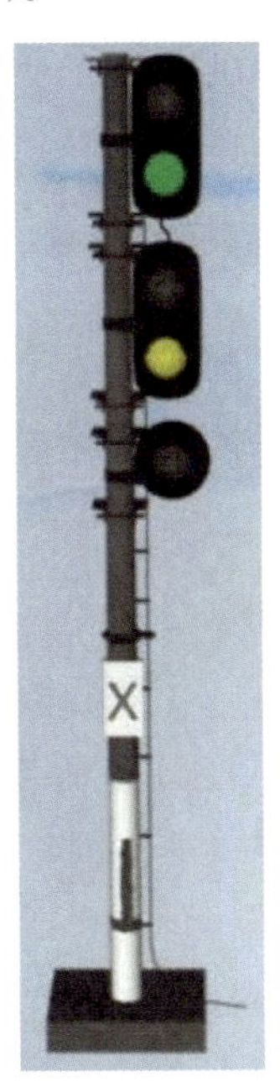

图 6.1.10

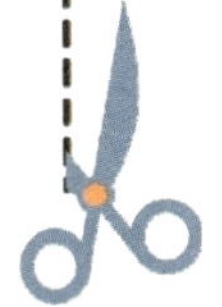

（3）一个黄色灯光——准许列车经道岔直向位置，进入站内正线准备停车（见图 6.1.11）。

（4）一个黄色闪光和一个黄色灯光——准许列车经 18 号及以上道岔侧向位置，进入站内越过次一架已经开放的信号机且该信号机防护的进路经道岔直向位置或 18 号及以上道岔侧向位置（见图 6.1.12）。

（5）两个黄色灯光——准许列车经道岔侧向位置［但不满足上述第（4）项条件］进入站内准备停车（见图 6.1.13）。

（6）一个红色灯光——不准列车越过该信号机（见图 6.1.14）。

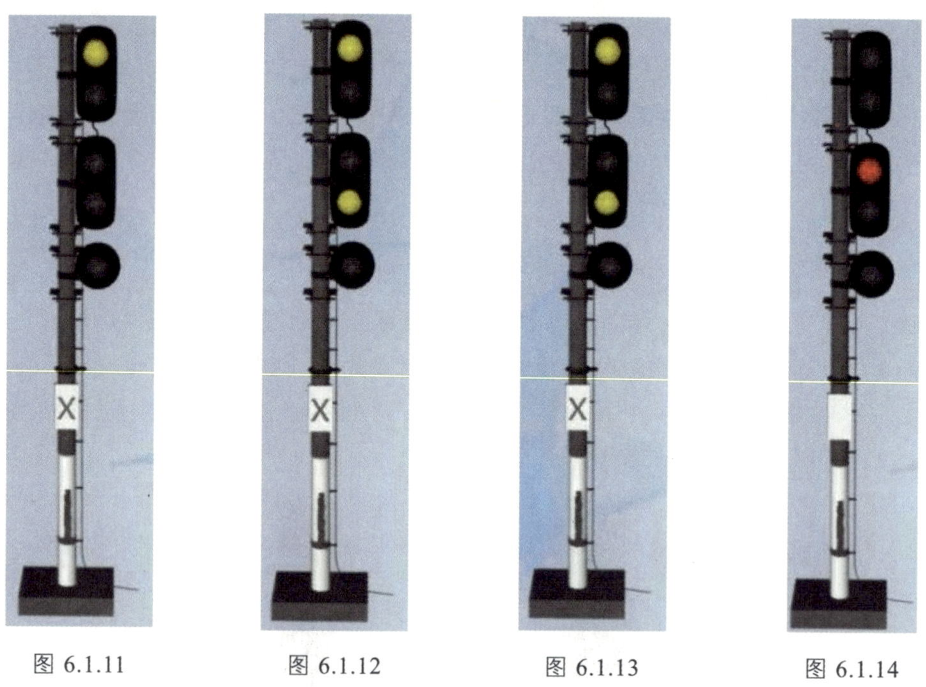

图 6.1.11　　图 6.1.12　　图 6.1.13　　图 6.1.14

4．四显示自动闭塞区段进站色灯信号机

（1）一个绿色灯光——准许列车按规定速度经道岔直向位置进入或通过车站，表示运行前方至少有 3 个闭塞分区空闲（见图 6.1.15）。

（2）一个绿色灯光和一个黄色灯光——准许列车按规定速度经道岔直向位置进入站内，表示次一架信号机经道岔直向位置开放一个黄灯（见图 6.1.16）。

（3）一个黄色灯光——准许列车按限速要求经道岔直向位置进入站内正线准备停车（见图 6.1.17）。

（4）一个黄色闪光和一个黄色灯光——准许列车经 18 号及以上道岔侧向位置，进入站内越过次一架已经开放的信号机且该信号机防护的进路经道岔直向位置或 18 号及以上道岔侧向位置（见图 6.1.18）。

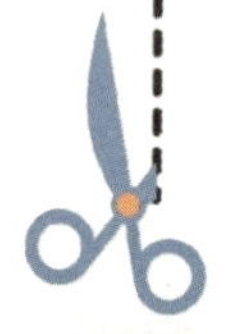

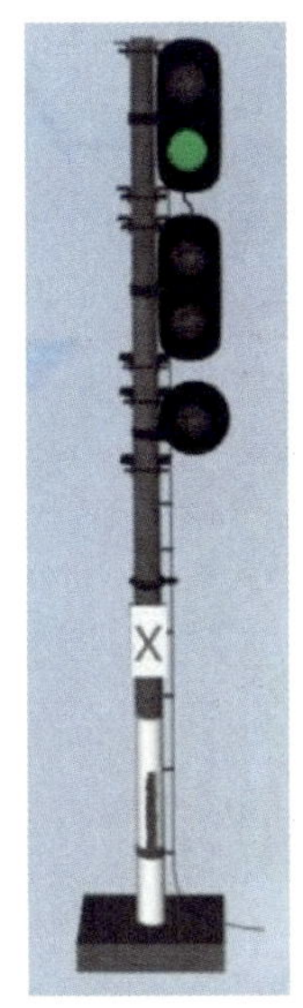

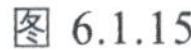

图 6.1.15

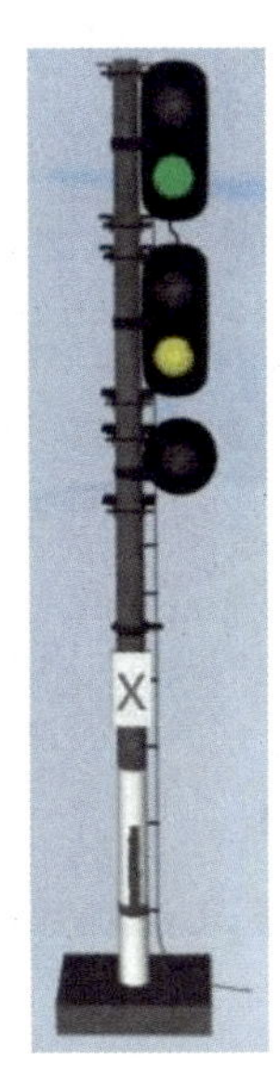

图 6.1.16

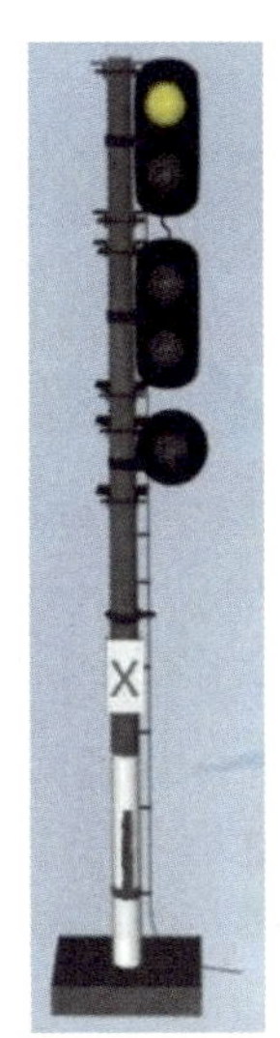

图 6.1.17

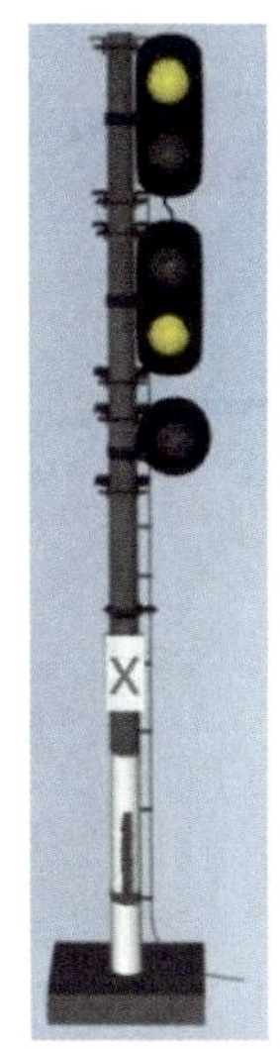

图 6.1.18

两个黄色灯光——准许列车按限速要求越过该信号机，经道岔侧向位置［但不满足上述第（4）项条件］进入站内准备停车（见图 6.1.19）。

（6）一个红色灯光——不准列车越过该信号机（见图 6.1.20）。

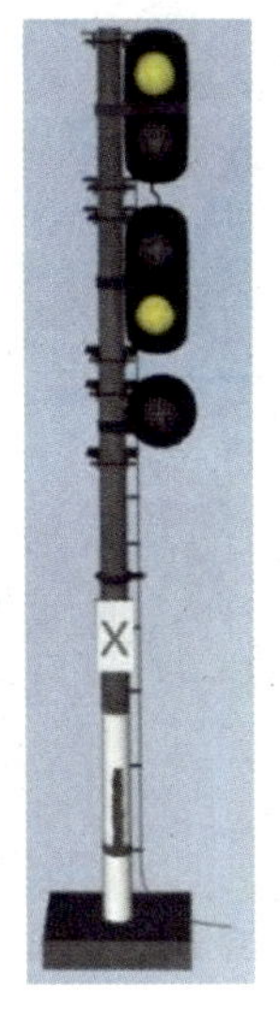

图 6.1.19

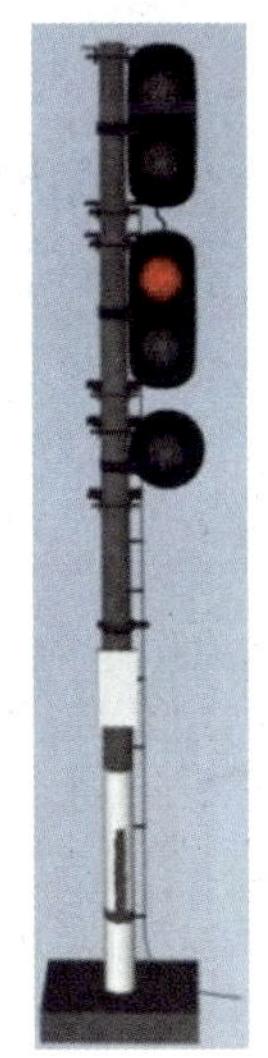

图 6.1.20

二、手信号

通过手信号：准许列车由车站（场）通过。

昼间——展开的绿色信号旗；夜间——绿色灯光（见图 6.1.21）。

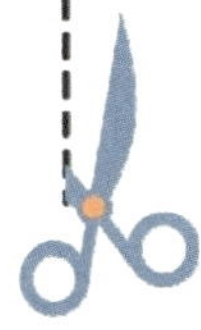

图 6.1.21

三、列车进正线 LKJ 显示

列车进正线停车时，进站信号机显示单黄灯，正线进站限速 80 km/h(见图 6.1.22)。

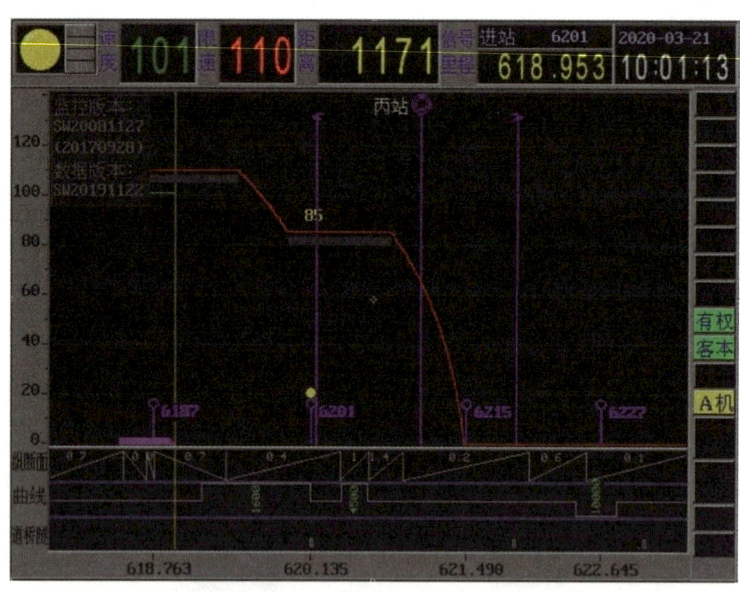

图 6.1.22

四、列车进侧线 LKJ 显示

列车进侧线停车时，进站信号机显示双黄灯，侧线股道限速通常为 45 km/h。
注意：机车刚接到进站信号机发的双黄灯码时，LKJ 上显示默认侧线号为 127(见

图 6.1.23），此时 LKJ 上显示的进站道岔和出站道岔为默认股道的道岔位置。当输入要进的侧线号后，LKJ 上显示的进站道岔和出站道岔位置自动切换为输入的股道位置（见图 6.1.24）。

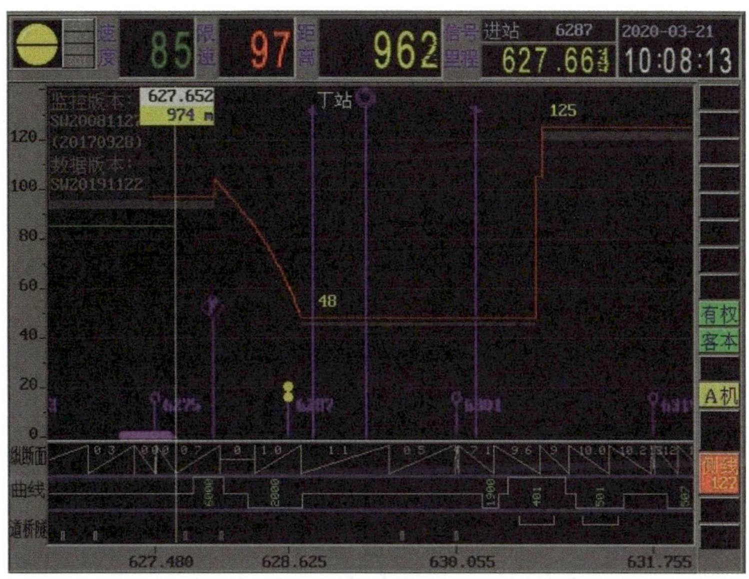

图 6.1.23

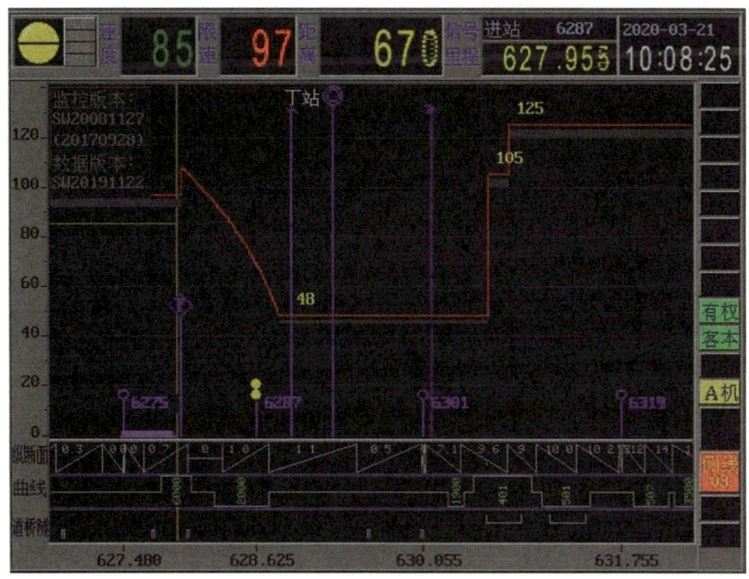

图 6.1.24

五、车站助理值班员立岗接车

助理值班员接车时“三个面向”，即列车刚进来时先面向来车、列车到跟前时转身

面向列车、列车最后一节车厢通过后转身面向远去的列车直至列车驶出出站信号机（见图 6.1.25）。

图 6.1.25

任务二　到达入所作业

任务描述

入所作业主要包括操纵列车从车站到所内停车和交接办理两部分。

学习活动建议

学习活动	内　容	建议学时
自学资讯及相关知识点	1. 掌握联控入所的呼唤内容和操作要求； 2. 掌握列车进整备线的注意事项	课前
计划	根据任务单上的任务情境，每位同学独立归纳总结到达入所作业流程及注意事项，并正确完成入所作业。	课中（2 学时）
决策	通过小组讨论和组间交流后，做出指导教师指定任务情景下所需到达入所的任务决策	
实施	根据指导教师提供的资讯，完成指导教师指定情景下具体的到达入所作业情景模拟任务	
	正确填写（执行过程检查）评估工作页，小组成员互检工作页的正确性，提交指导教师给予评估	
检查与评价	完成自我评估、小组评价以及教师评价	
完善与拓展	根据学习掌握深度要求，拓展完善到达入所作业相关资讯	课后

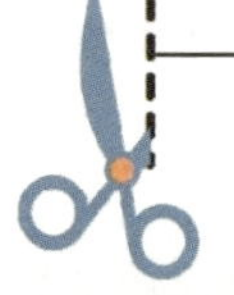

任务引导

1. 简述 LKJ 数据转储的操作。

____

____

____

2. 简述运行日志正确的记录标准。

____

____

____

任务分析

要完成入所操作，司机需知晓出站信号机兼调车信号机时显示方式。

司机应能控制列车移动至距离出站信号机 50 m 范围内。

司机在车站联控时，应能准确报出当班车次和联控目的。司机知道 LKJ 转调车的时机及操作方法。

列车在运行至站段分界点和进整备线前需停车联控，知道 LKJ 转入段的时机及操作方法。

机车停妥后，司机应知道全车检查的流程和内容。应知道值乘机车防溜铁鞋的放置规则。

应知道机车运行日志的填记要求并按要求填记完整。

任务分工

班级		组号		指导教师	
小组成员	任务分工				

任务步骤

（1）终到站停车后，保持列车制动状态，按规定开启车门，接到列车长关门通知后，关闭车门。

（2）列车终到作业完毕后不得立即将 LKJ 转入调车工作状态。控制列车前行至距离前方信号机 50 m 内，执行“问路式”调车规定，机班共同手比确认调车信号显示正确后，方可转入调车工作状态。

（3）按列车方式入所时，按规定输入 LKJ 参数，确认行车凭证，按规定与车站执行车机联控，在规定地点对标开车。

（4）以调车方式入所时，按规定请求进路，了解入所径路。所内走行要严格控制速度，严格按信号显示要求运行。

司机与车站联控，请求机车入所（段）走行径路的许可。收到入所（段）走行径路许可后，再与车站联控确认走行径路开通。在“探头瞭望，手比呼唤”确认调车信号显示白灯后，按压 LKJ 按键【调车/2】，将 LKJ 转入调车状态，此时限速 41 km/h。

司机严格按照调车限速控制机车，沿开通的径路运行到站段分界点时，控制机车一度停车（见图 6.2.1）。

图 6.2.1

司机按压 LKJ 按键【出入库/9】，将 LKJ 转入“入库”模式，此时限速 16 km/h，之后司机与整备调度室联系，确认机车停留股道号及列位，之后再请求开放入所（段）进路。在“探头瞭望，手比呼唤”确认入所（段）调车信号显示白灯后，方可继续操作机车入所（段）。

机车进整备线，在隔离区防护信号前停车，确认隔离区防护信号开放，安全作业区空闲后再动车（见图 6.2.2）。

图 6.2.2

（5）下电作业：

① 入所后应停放在指定地点，在指定位置停车后，自阀置重联位并插上重联穿销、单阀置全制位；

② 转储 LKJ 文件（具体操作见（6）LKJ 数据转储操作），总风 900 kPa，双手柄零位；

③ 断电降弓，施加停放制动，联控车站或客整所一体化调度室列车已断电降弓，停放制动已施加；

④ 切除 CIR 电源，断开主控电钥匙，通知机械师已断电降弓，进行下电作业；

⑤ 控制电源开关置“断电位”；

⑥ 短编动车组依次断开动力车和控制车蓄电池开关（FXD3 为 QA86，FXD1 为 32-Q82）；

⑦ 重联动车组依次断开两组动车组动力车和控制车蓄电池开关（FXD3 为 QA86，FXD1 为 32-Q82）；

⑧ 取出 U 盘，携带所有钥匙、行车备品，下车前锁闭司机室门窗。

（6）LKJ 数据转储操作。

退勤前，需用 IC 卡转储 LKJ 运行记录文件，正确填写司机报单，对本次列车的安全正点情况进行分析、记录，利用 IC 卡转储装置记录的运行数据文件时，可分为选择转储、全部转储、转储所有未转储文件 3 种方式，操作方法如下：

① 选择转储。

a. 机车速度为“0”时，按压【转储】键，显示屏显示“文件转储”窗口，光标首先在“选择文件”位置，按压【确认】键后，装置进入选择转储状态；运行数据文件列表如图 6.2.3 所示。

文件转储－主机文件

文件	车次	司机	大小	生成时间
0	K1	12321	364912	08-09 11:25
1	X11111	12321	5888	08-04 17:45
2	1	12321	131968	07-26 09:59
3	K7959	12345	4688	07-26 09:42
4	K7959	12345	50192	07-15 14:18
5	K7959	12345	8080	07-15 13:55
6	Z7959	12345	45408	07-12 14:35
7	K1	12345	622864	06-30 14:08
8	1	5243008	34128	06-30 09:20
9	K1	5243008	72768	06-29 15:58
10	K1	9491	102144	06-28 17:01
11	1	9491	4032	06-28 16:47
12	K1	9491	150640	06-08 10:44
13	K1	12321	25616	06-02 08:45
14	K333	12321	8240	06-01 11:03

文件	车次	司机	大小	生成时间

2选择未转　3全部选择　4撤销选择

6开始转储　7无线转储　8卡上文件　0返　回

图 6.2.3

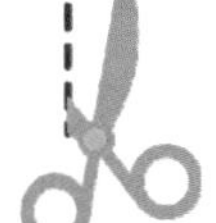

b. 用【↑】、【↓】键移动光标至需要转储的文件，按压【确认】键选中此文件，该文件名背景变为蓝色，重复上述操作，可选择多个文件。若取消已经选中的文件，只需将光标移至该文件名，按压[确认]键，使文件名背景变为白色，即取消对该文件的选择；

c. 文件选择完毕，按压【←】方向键，光标自动移至“开始转储”按钮，按压【确认】键，即开始将所选文件从装置转储到 IC 卡，同时显示屏弹出“正在转储”窗口；运行文件转储界面如图 6.2.4 所示。

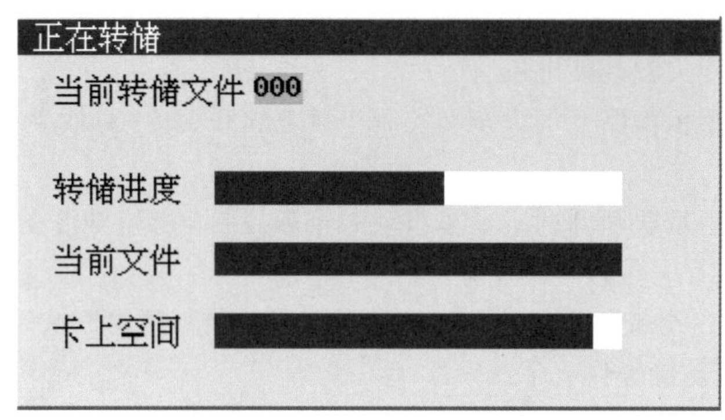

图 6.2.4

d.“正在转储”窗口显示当前转储文件名、转储进度、IC 卡空间。转储完毕后显示屏提示“转储成功”，按压【确认】键，光标移至“卡上文件”，按压【确认】键，显示屏显示 IC 卡已转储的文件列表信息，内容包括“文件序号、车次、司机、文件大小、生成日期”，光标移至“返回”位置，按压【确认】键，退出“文件转储”窗口。

② 全部转储。

a. 机车速度为“0”时，按压【转储】键，进入“文件转储”窗口，用【↑】、【↓】方向键将光标移至“选择全部”位置，按压【确认】键，所有文件名背景均变成蓝色；

b. 选择文件后，光标自动移至“开始转储”位置，按压【确认】键，文件开始从装置转储到 IC 卡，同时显示屏弹出“正在转储”窗口，显示文件转储过程信息。转储完毕后显示屏显示“转储成功”信息，按压【确认】键，光标自动移至“卡上文件”，按压【确认】键，显示 IC 卡上已转储文件的列表信息。移动光标至“返回”位置，按压【确认】键，退出“文件转储”窗口。

③ 转储“未转文件”。

a. 机车速度为“0”时，按压【转储】键，进入“文件转储”窗口后，再次按压【转储】键，装置将直接转储没有被转储过的文件，也可以按照下面的方法分部转储：

b. 机车速度为“0”，按压【转储】键进入“文件转储”窗口；

c. 将光标移至“选择未转”位置，按压【确认】键，所有未转储文件被选中，背景变为蓝色；

d. 选择文件后，光标自动移至“开始转储”位置，按压【确认】键，文件开始从装置

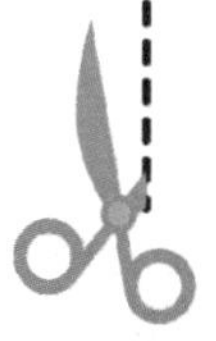

转储到 IC 卡，弹出“正在转储”窗口，并显示文件转储进度，转储完毕后提示“转储成功”，按压【确认】键，光标自动移至“卡上文件”位置，按压【确认】键，显示 IC 卡上已转储的文件列表，移动光标至“返回”位置，按压【确认】键，退出“文件转储”窗口。

文件选中后，将光标移至“撤消选择”位置，按压【确认】键，所有已选中的文件被撤消，将光标移至“选择文件”位置，可重新选择。

转储操作结束后，如果转储不成功，显示屏提示“写卡失败”，按压【确认】键，可重新进行转储操作。若显示屏提示“卡已满”，可另换一张 IC 卡重新进行转储操作。

任务实施

序号	任务实施步骤	任务要点
1	入所前动车	
2	联控入所	
3	检查入整备线	
4	下电作业	
5	LKJ 数据转储	
6	工作内容记录	
7	办理交接手续	

任务评价

<table>
<tr><td colspan="6">非常符合（90 分以上）；比较符合（80～89 分）；符合（70～79 分）；基本符合（60～69 分）；不符合（60 以下或存在失格项）</td></tr>
<tr><th>考核要素</th><th>知识评价</th><th>技能评价</th><th>权重</th><th>评分标准</th><th>得分</th></tr>
<tr><td>入所前动车</td><td>入所前动车距离</td><td>司机操纵列车移动机车至距出站信号机 50 m 范围内</td><td>20%</td><td>司机未能 1 次成功地移动机车至出站信号机 50 m 范围内，失败 1 次扣 5 分，满分 10 分，扣完为止</td><td></td></tr>
<tr><td rowspan="2">联控入所</td><td>了解联控入所的呼唤内容和操作要求</td><td>司机与车站联控入所，操纵列车进入调车模式，进入站段分界点</td><td>10%</td><td>1. 司机未与车站联控就动车扣 10 分；
2. 司机未切换 LKJ 模式就动车扣 10 分</td><td></td></tr>
<tr><td>了解机车入所的呼唤内容和操作要求</td><td>司机与整调室联控入所，操纵列车进入入所模式，进入整备线一度停车点</td><td>10%</td><td>1. 司机未与整调室联控就进入所（段）内扣 10 分；
2. 司机未切换 LKJ 模式就动车扣 10 分</td><td></td></tr>
</table>

续表

考核要素	知识评价	技能评价	权重	评分标准	得分
检查入整备线	了解列车进整备线的注意事项	司机操纵列车，进入整备线停车	10%	司机未确认整备线信号和空闲就进入整备线停车扣 10 分	
下电作业	知道下电作业流程	按下电作业流程，完成下电作业	10%	下电作业流程中，未完成 1 项或操作错误 1 项扣 2 分，满分 10 分，扣完为止	
LKJ 数据转储	熟练掌握 LKJ 数据转储的操作	能正确转储 LKJ 数据	15%	未能成功转储 LKJ 数据，扣 15 分	
工作内容记录	知道运行日志正确的记录标准	列车停妥后，司机在运行日志上记录运行情况。	5%	司机未记录运行日志扣 5 分	
办理交接手续	了解交接手续办理流程和需携带的物品	携带好所有物品，到地勤交接室办理交接手续。	10%	司机未携带好所有物品就办理交接手续扣 10 分	
思政评价	任务完成后，能够依据任务实施过程，阐述出作业过程体现出的职业素养或思政元素，或者可以根据自身实训结果，反思自己在任务实施过程中有哪些违反职业素养的行为		10%	学员的阐述可以体现对职业素养的正确认识，或对该任务蕴含的思政元素有自己合理的见解即可	
合计			100%		

检查与评价	
一、学生自我评估	年　月　日
二、小组评价	年　月　日
三、指导教师评价	年　月　日

知识要点

一、LKJ 调车界面

LKJ 调车界面如图 6.2.5 所示。

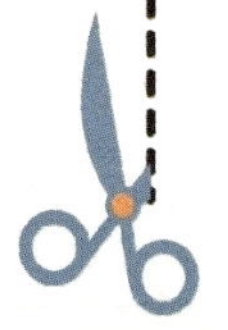

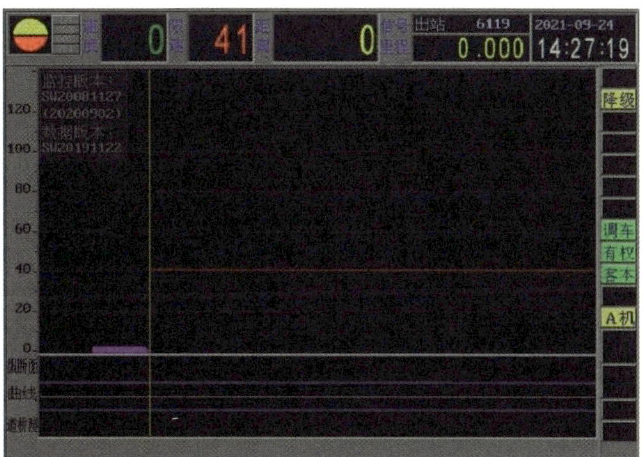

图 6.2.5

二、LKJ 入所界面

LKJ 入所界面如图 6.2.6 所示。

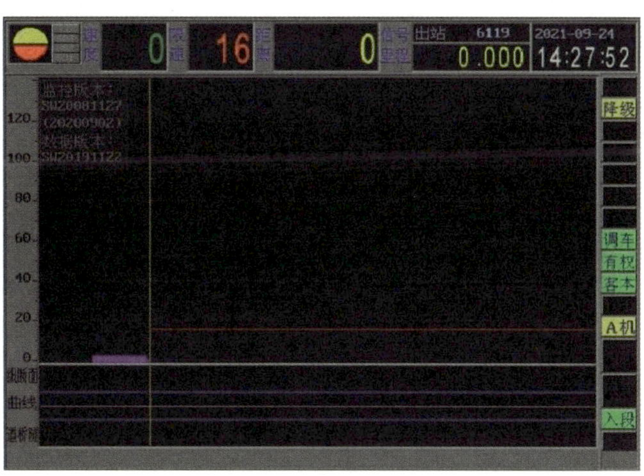

图 6.2.6

任务三　退勤作业

机车乘务退勤报到是机车乘务员一次乘务作业的终点，退勤时，对照出乘保证条件和本次列车运行情况，完成任务情况进行总结，并做好记录，检查司机报单填写是否正确、清晰完整，开好退勤总结小组会。

任务描述

作为机务段的客运车间的一个机班的乘务员，与小张共同完成了 D××××次列车自甲站至丁站的旅客列车运输任务，已将机车运行至机务段整备车间完成了入所交班作业，目前需到机务段派班室进行退勤作业。

学习活动建议

学习活动	内　容	建议学时
自学资讯及相关知识点	1. 掌握退勤作业司机报单填写方法； 2. 掌握退勤作业流程	课前
计划	根据任务单上的任务情境，每位同学独立归纳总结退勤作业流程及注意事项，并正确完成退勤作业	课中 （1 学时）
决策	通过小组讨论和组间交流后，做出指导教师指定任务情景下所需退勤作业的任务决策	
实施	根据指导教师提供的资讯，完成指导教师指定情景下具体的退勤作业情景模拟任务	
	正确填写（执行过程检查）评估工作页，小组成员互检工作页的正确性，提交指导教师给予评估	
检查与评价	完成自我评估、小组评价以及教师评价	
完善与拓展	根据学习掌握深度要求，拓展完善退勤作业相关资讯	课后

任务引导

1. 简述退勤作业流程。

____

____

____

2. 简述司机报单填写注意事项。

____

____

____

任务分析

了解退勤作业流程，掌握行车安全装备数据转储要求，能够正确填写司机报单，对完成任务情况进行总结，并做好记录。检查司机报单填写是否正确、清晰完整，开好退勤总结小组会，在乘务一体机上完成自助办理退勤登记、酒精含量检测。

任务分工

班级		组号		指导教师	
小组成员	任务分工				

任务步骤

一、退勤登记

机班到达退勤窗口前按规定着装，使用乘务一体机进行退勤登记，点击【退勤登记】按钮，靠近虹膜测酒仪，两眼注视虹膜检测装置内的小红点，进行退勤身份登记确认，记录退勤时间（见图 6.3.1）。

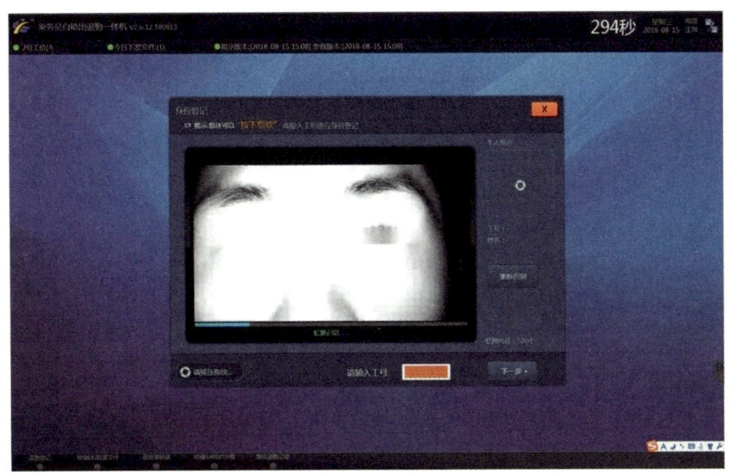

图 6.3.1

二、酒精检测

身份识别成功后系统语音提示“请测酒”，听到语音提示后开始吹气完成测酒。吹气过程系统实时监测虹膜，应避免闭眼或向下看引起测酒失败（见图 6.3.2）。

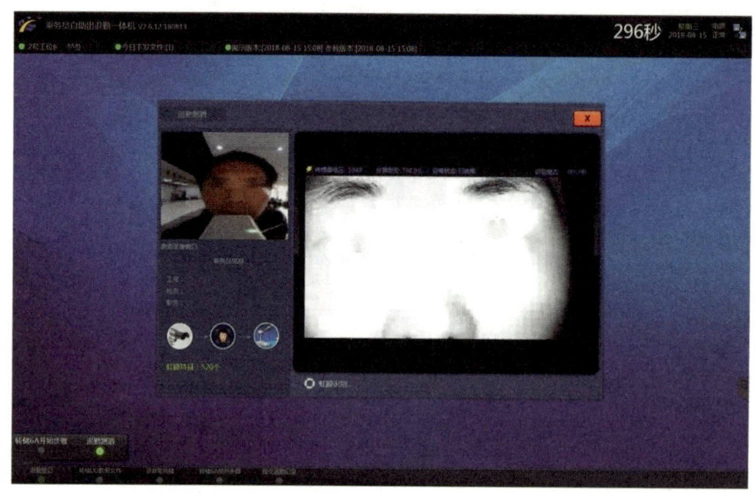

图 6.3.2

有多个乘务员办理出勤，需要点击【继续登记】按钮进行第二个人的饮酒检测，等机组所有乘务员测酒完成后，点击【下一步】按钮。

三、IC 卡数据上传

完成酒精检测之后，提示插入 IC 卡，确认插入 IC 卡之后，将 IC 卡中转储的运行记录文件上传至服务器。

四、退勤作业单上传及退勤确认

对需上交的调度命令、调车通知单进行高清拍照，形成电子查询文档，并进行电子签名（见图 6.3.3）。本次乘务作业发生非正常、运行途中接到临时调度命令等情况时，必须填写“机调-18”。

五、退勤请求确认

确认所有作业单据上传完成后，点击【提交派班室审核】按钮（见图 6.3.4），提交值班员审核，审核同意后，将 IC 卡、司机报单、司机手账、“车机联控信息单”交给退勤值班员，值班员向乘务员呼唤“同志们辛苦，退勤”，退勤工作完成。

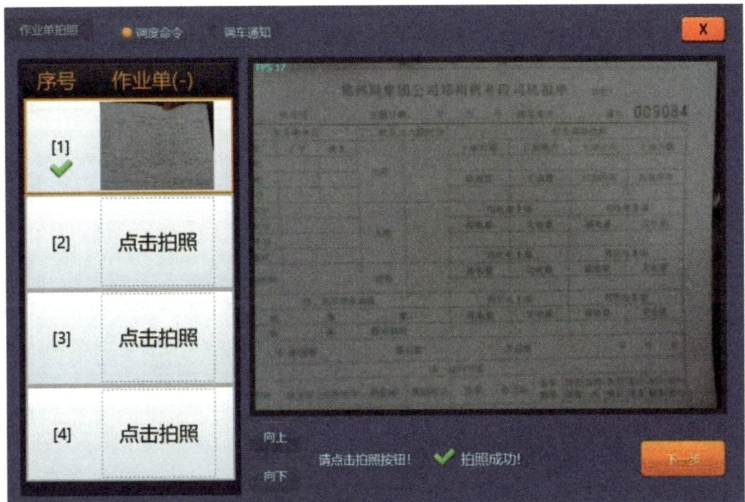

图 6.3.3

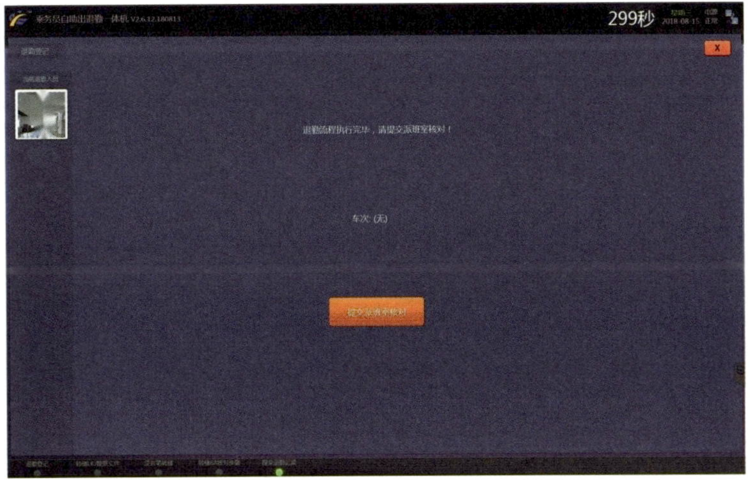

图 6.3.4

任务实施

序号	任务实施步骤	任务要点
1	司机报单填写	
2	退勤登记	
3	作业单据和 IC 卡数据上传	
4	退勤审核	

任务评价

非常符合（90 分以上）；比较符合（80 ~ 89 分）；符合（70 ~ 79 分）；基本符合（60 ~ 69 分）；不符合（60 以下或存在失格项）

考核要素	知识评价	技能评价	权重	评分标准	得分
司机报单填写	掌握司机报单填写方法	司机报单内容填写正确	30%	司机报单内容填写错误 1 处扣 5 分，满分 30 分扣完为止	
退勤登记	掌握退勤登记流程、规范	能够使用乘务一体机进行退勤登记、饮酒检测操作； 能够使用乘务一体机进行作业单据和 IC 卡数据上传操作	40%	1. 未能成功使用乘务一体机进行退勤登记、饮酒检测扣 20 分； 2. 未能使用乘务一体机进行作业单据上传扣 10 分； 3. 未能使用乘务一体机进行 IC 卡数据上传扣 10 分	
退勤审核	掌握退勤审核作业流程	能够汇报本班作业情况，能够对 LKJ 使用存在的问题及其他情况做出说明	20%	未能完整汇报本班作业情况，少 1 项内容扣 5 分，满分 20 分，扣完为止	
思政评价	任务完成后，能够依据任务实施过程，阐述出作业过程体现出的职业素养或思政元素，或者可以根据自身实训结果，反思自己在任务实施过程中有哪些违反职业素养的行为		10%	学员的阐述可以体现对职业素养的正确认识，或对该任务蕴含的思政元素有自己合理的见解即可	
合计			100%		

检查与评价	
一、学生自我评估	年　月　日
二、小组评价	年　月　日
三、指导教师评价	年　月　日

知识要点

机班同到派班室退勤，司机应规范填记、复核司机报单，总结本次乘务工作、分析安全正点情况，并做好记录。

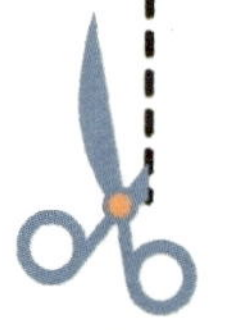

附件 1　CR200J（时速 160 km）动力集中动车组机车乘务员确认呼唤（应答）要求

一、确认呼唤（应答）基本要求

（1）一次乘务作业全过程必须认真执行确认呼唤（应答）制度。

（2）确认呼唤（应答）必须执行“彻底瞭望、确认信号、准确呼唤、手比眼看”，并掌握“清晰短促、提示确认、全呼全比、手势正确”的作业要领。

（3）列车运行中必须对所有地面主体信号显示全部进行确认呼唤（应答），自动闭塞区段分区通过信号显示绿灯，只手比不呼唤（带有三斜杠标志预告功能的分区通过信号机除外）。

（4）遇有显示须经侧向径路运行的信号时，在呼唤信号显示的同时，必须呼唤侧向限速值。

二、信号确认呼唤时机和手比姿势

1. 信号确认呼唤时机

应遵循“信号好了不早呼、信号未好提前呼”的原则，瞭望条件良好时，进站（进路）信号不少于 800 m；出站、通过、接近、预告信号不少于 600 m；信号表示器不少于 100 m。

2. 手比规范

（1）信号显示要求通过（显示绿灯、绿黄灯）时：右手伸出食指和中指并拢，拳心向左，指向确认对象。

（2）信号显示要求正向径路准备停车（显示黄灯）时：右手拢拳伸拇指直立，拳心向左。

（3）信号显示要求侧向径路运行（显示双黄灯、黄闪黄）时：右手拢拳伸拇指和小指，拳心向左。

（4）信号显示要求停车（显示红灯，包括固定和临时）时：右臂拢拳，举拳与眉齐，拳心向左，小臂上下摇动 3 次。

（5）注意警惕运行时：右臂拢拳，大小臂成 90°，举拳与眉齐，拳心向左。

（6）确认仪表显示时：右手伸出食指和中指并拢，拳心向左，指向相关确认设备。

（7）确认非集中操纵道岔、各类手信号、防护信号（脱轨器）时：右手伸出食指和中指并拢，拳心向左，指向确认的非集中操纵道岔、各类手信号、防护信号（脱轨器）。

（8）列车运行中，LKJ 提示前方列车运行限制速度有变化时，司机必须在变速点前，对变化的速度值及时进行确认呼唤；确认呼唤时，右手伸出食指和中指并拢，拳心向左，指向 LKJ 显示部位。

（9）手比以注意警惕姿势开始和收回，手比动作稍做停顿。

三、确认呼唤（应答）标准用语

1．单岗值乘确认呼唤标准用语

（1）出段（所）至发车（见附表 1.1）。

附表 1.1

序号	呼唤时机	呼唤项目	确认呼唤标准用语
1	具备升弓条件后	升弓作业	升弓注意，升弓好了
2	升弓后	受电弓升起位置、网压	后（前）弓升起好了，网压正常
3	防溜确认	防溜措施确认	防溜设置好了
4	防溜撤除	防溜措施撤除确认	防溜撤除好了
5	整备完毕，人员就岗	出段（所）准备作业	出段（所）准备好了
6	检修库门禁信号前	检修库门禁信号显示	门禁信号，白灯 门禁信号红灯，停车
7	出段（所）前	还道信号及出段手信号显示（非集中操纵道岔）	××道，手信号好了
		出所信号显示（含出段简易信号）	出所信号，白（绿）灯 出所信号，蓝（红）灯停车
8	经过非集中操纵道岔前	道岔开通位置	道岔开通正确
9	经过其他要道还道地点前	还道信号及道岔开通手信号显示	一度停车 ××道，手信号好了
10	行至站段（所）分界点	站段分界点（或一度停车牌）	一度停车
11	首架调车信号机前	首架调车信号机一度停车	一度停车
12	调车信号前	调车信号显示	调车信号，白灯 调车信号，蓝（红）灯停车
13	调车复示信号前	调车复示信号	复示信号，白灯 复示信号，注意
14	尽头线走行	距尽头线车挡距离	十辆，五辆，三辆，停车

续附表

序号	呼唤时机	呼唤项目	确认呼唤标准用语
15	换端作业时	制动防溜	注意防溜
16	列车制动机试验时	列车制动机试验作业	制动、缓解 试风好了
17	始发列车开车前2 min（含站接继乘时）	司机室门、窗锁闭状态，行车安全装备、通信装置设置确认，前方办客站区间运行揭示调度命令	司机室门、窗锁闭、行车安全装备设置正确 前方办客站××站，固定进××道，左（右侧站台，区间运行揭示××）
18	发车前	行车安全装备设置作业	LKJ设置，设置好了；CIR（或通信装置）设置，设置好了；机车信号确认，确认好了
19		出站（发车进路）信号显示一个绿灯	绿灯，出站（发车进路）好了
20		出站（发车进路）信号显示两个绿灯	双绿灯，××（线、站）方向出站好了
21		出站（发车进路）信号显示一个绿灯 一个黄灯	绿黄灯，出站（发车进路）好了
22		出站（发车进路）信号显示一个黄灯	黄灯，出站（发车进路）好了
23		非正常行车确认行车凭证时	确认行车凭证，路票正确 确认行车凭证，绿色许可证正确 确认行车凭证,半自动闭塞发车进路通知书正确 确认行车凭证，红色许可证正确 确认行车凭证，调度命令正确
24		进路表示器显示	进路表示器，××（线、站）方向好了 进路表示器，正、反方向好了
25		车机联控 出发联动	车机联控、出站凭证好了，车门关闭，到点开车
26		微机屏非操纵端动力车制动主管压力显示	尾部风压，××千帕
27	起动列车后	确认开车时刻	正点（或晚点××分）开车
28		LKJ 对标点及道岔限速	对标好了，道岔限速××公里
29	出站后	操纵台各仪表、指示灯、微机工况屏显示	总风压力，××千帕 制动主管压力，××千帕 控制电压，××伏 尾部风压，××千帕 各仪表（网压）显示正常

（2）途中运行（见附表 1.2）。

附表 1.2

序号	呼唤时机	呼唤项目	确认呼唤标准用语
1	接近慢行地段限速标	慢行标识及限速值	慢行限速××公里
2	慢行减速地点（始端）标	慢行减速地点（始端）标位置	慢行开始
3	慢行减速地点（终端）标	慢行减速地点（终端）标位置	严守速度
4	越过减速防护地段终端信号标	减速防护地段终端信号标位置	慢行结束
5	接近分相前	分相位置	过分相注意
		手柄位置、风压数值	总风压力，××千帕 制动主管压力，××千帕 主手柄“0”位
6	禁止双弓标前	禁止双弓标	单弓好了
7	断电标前	断电标（T 断标）	前、后端断电好了
8	越过合电标后	合电标	前端闭合好了 后端闭合好了
9	通过分相后	风仪表数值	总风压力，××千帕 制动主管压力，××千帕 网压，××伏 各仪表，显示正常
10	准备降弓标	准备降弓标	准备降弓
11	降弓标前	降弓标	降弓好了
12	越过升弓标后	升弓标	升弓好了
13	遮断信号	遮断信号显示	遮断信号，红灯停车、无显示
14	按压【开车】键开车后，地面第一架可进行 LKJ 数据校核的信号机、进站信号机前一架通过（接近）信号机和进站（线路所通过）信号机	LKJ 距离与地面信号机实际距离核对	确认车位，车位正确 确认车位，校正好了
15	进站、接车进路复示信号	复示信号显示	复示信号，直向、侧向 复示信号，注意信号
16	出站、发车进路复示信号	复示信号显示	复示信号，好了复示信号，注意信号

续附表

序号	呼唤时机	呼唤项目	确认呼唤标准用语
17	出站后	操纵台各仪表、指示灯、机车微机工况屏显示	总风压力，××千帕 制动主管压力，××千帕 控制电压，××伏 尾部风压，××千帕 各仪表（网压）显示正常
18	通过手信号	通过手信号显示	通过手信号，好了（站内停车）
19	防护信号前	防护信号	防护信号，红灯（红旗）停车、火炬停车、撤除好了
20	预告信号前	预告信号显示	预告信号，好了、注意信号
21	CIR接收接车进路预告信息时	进路预告信息内容	××站（线路所）××道通过（停车）、机外停车
22	接收临时调度命令时	调度命令号及内容	确认调度命令，确认好了
23	通信模式转换时	模式转换	通信转换注意，转换好了
24	机车信号转换时	机车信号转换	机车信号转换，转换好了
25	接近信号前	接近信号显示	绿灯 绿黄灯 黄灯减速
26	进站（接车进路）信号前	进站（进路）信号机显示一个绿灯	绿灯，正线通过
27		进站（进路）信号机显示一个绿灯一个黄灯	绿黄灯，正线通过，注意运行
28		进站（进路）信号机显示一个黄灯	黄灯，正线停车
29		进站（进路）信号机显示两个黄灯	双黄灯，侧线，限速××公里
30		进站（进路）信号机显示黄闪黄	黄闪黄，侧线，限速××公里
31		进站（进路）信号机显示红灯	红灯，机外停车
32		非正常行车确认行车凭证时	一红一白，引导信号好了 黄旗、黄灯，引导手信号好了 绿旗、绿灯，特定引导手信号好了 机外停车
33	出站（发车进路）信号前	出站（发车进路）信号显示一个绿灯	绿灯，出站（发车进路）好了
34		出站（发车进路）信号显示两个绿灯	双绿灯，××（线、站）方向出站好了
35		出站（发车进路）信号显示一个绿灯一个黄灯	绿黄灯，出站（发车进路）好了
36		出站（发车进路）信号显示一个黄灯	黄灯，出站（发车进路）好了

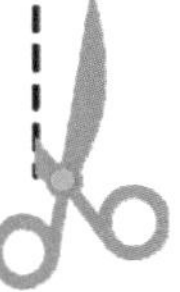

续附表

序号	呼唤时机	呼唤项目	确认呼唤标准用语
37	出站（发车进路）信号前	出站（发车进路）信号显示一个红灯	红灯，站内停车
38		非正常行车确认行车凭证时	确认行车凭证，路票正确 确认行车凭证，绿色许可证正确 确认行车凭证，半自动闭塞发车进路通知书正确 确认行车凭证，红色许可证正确 确认行车凭证，调度命令正确
39	进路表示器前	进路表示器显示	进路表示器，××（线、站）方向好了 进路表示器，正、反方向好了
40	自动闭塞区段闭塞分区通过信号前	闭塞分区通过信号显示	绿灯 绿黄灯 黄灯减速 红灯停车
41	线路所通过信号机前	线路所通过信号显示	通过信号， 绿灯，（××方向好了） 绿黄灯，（××方向好了） 黄灯减速，（××方向好了） 侧线限速××公里、××方向好了 机外停车
42		非正常行车确认行车凭证时	确认行车凭证，凭证正确
43	列车运行限制速度变速点前(由高速变低速)	变速点低速值	前方限速××公里，注意控速
44	输入侧线股道号	侧线股道号输入	××道，输入好了
45	进入侧线	确认 LKJ 输入	××道，输入正确，××侧站台
46	接近限制鸣笛标前	限制鸣笛标	进入限鸣区段
47	办客站停车后开门前	开启站台侧集控车门	停车位置正确，左（右）侧站台，开左（右门
48	接近防洪地点标前	防洪地点标	防洪地点，注意运行
49	接近道口前	道口位置	道口注意
50	列车客运停点、开点、终到	报点	×点×分停，正点（晚点或早点××分）到达 （通过、×点×分开车）
51	列车信号机显示距离不到规定时	机车信号	绿灯 绿黄灯，控制速度 黄灯，控制速度 黄 2 灯，控制速度 双黄闪灯，控制速度 双黄灯，控制速度 红黄灯，停车 白灯，注意运行
52	电力机车禁停区	电力机车禁停标确认	禁停标注意

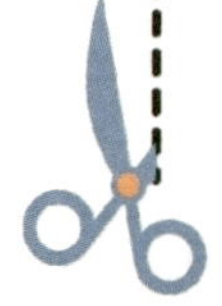

（3）到达至入段（所）（见附表 1.3）。

附表 1.3

序号	呼唤时机	呼唤项目	确认呼唤标准用语
1	列车终到后	行车安全装备设置	LKJ 设置，设置好了；CIR（或通信装置）设置，设置好了
2	调车转线作业	调车信号显示	调车信号，白灯 调车信号，蓝（红）灯停车
3	调车复示信号前	调车复示信号	复示信号，白灯 复示信号，注意
4	行至站段（所）分界点	站段（所）分界点（或一度停车牌）	一度停车
5	入段（所）前	还道信号及入段手信号显示（非集中 操纵道岔）	××道，入段（所）手信号好了
6		入段（所）信号显示（含简易信号显 示）	入段（所）信号，白（绿）灯 入段（所）信号，蓝（红）灯停车
7	经过非集中操纵道岔前	道岔位置	道岔开通正确
8	经过其他要道还道地点前	还道信号及道岔开通手信号	一度停车 ××道，手信号好了
9	换端作业时	制动防溜	注意防溜
10	进入段（所）内尽头线或有车线	确认停车距离	十车，五车，三车，停车
11	检修库门禁信号前	检修库门禁信号显示	门禁信号，白灯 门禁信号红灯，停车
12	防护信号前	防护信号显示	防护信号，撤除好了 防护信号，（红灯、蓝灯、红旗、红牌）停车
13	防溜设置	入段（所）需设置防溜时	防溜设置
14		确认防溜设置后	防溜设置好了

2．双岗值乘确认呼唤（应答）标准用语

（1）出段（所）至发车（见附表 1.4）。

附表 1.4

序号	呼唤时机	呼唤		应答		复诵	
		呼唤者	标准用语	应答者	标准用语	复诵者	标准用语
1	具备升弓条件后	操纵司机	升弓	副司机 非操纵司机	升弓注意	操纵司机	升弓好了
2	升弓后	操纵司机	后（前）弓升起好了，网压正常	副司机 非操纵司机	好了		

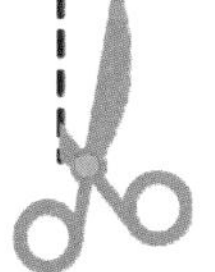

续附表

序号	呼唤时机	呼唤		应答		复诵	
		呼唤者	标准用语	应答者	标准用语	复诵者	标准用语
3	防溜确认	副司机 非操纵司机	注意防溜	司机	防溜设置好了	副司机 非操纵司机	好了
4	防溜撤除	副司机 非操纵司机	撤除防溜	司机	防溜撤除好了	副司机 非操纵司机	好了
5	整备完毕，人员就岗	副司机 非操纵司机	出段（所）准备作业	司机	出段（所）准备好了	副司机 非操纵司机	好了
6	检修库门禁信号前	副司机 非操纵司机	门禁信号	司机	白灯红灯，停车	副司机 非操纵司机	白灯 红灯，停车
7	出段（所）前	副司机 非操纵司机	还道信号 出段（所）信号（非集中操纵道岔呼唤内容）	操纵司机	××道 出段手信号好了	副司机 非操纵司机	××道 出段手信号好了
8		副司机 非操纵司机	出段（所）信号	操纵司机	白（绿）灯 蓝（红）灯 停车	副司机 非操纵司机	白（绿）灯 蓝（红）灯 停车
9	经过非集中操纵道岔前	副司机 非操纵司机	道岔注意	操纵司机	道岔开通正确	副司机 非操纵司机	道岔开通正确
10	经过其他要道还道地点前	副司机 非操纵司机	一度停车还道信号道岔开通信号	操纵司机	一度停车 ××道 手信号好了	副司机 非操纵司机	××道 手信号好了
11	行至站段（所）分界点（或一度停车牌）	副司机 非操纵司机	一度停车	操纵司机	一度停车		
12	调车信号前	副司机 非操纵司机	调车信号	操纵司机	白灯、蓝（红）灯停车	副司机 非操纵司机	白灯、蓝（红）灯停车
13	调车复示信号前	副司机 非操纵司机	复示信号	操纵司机	白灯 注意信号	副司机 非操纵司机	白灯 注意信号
14	换端作业时	副司机 非操纵司机	注意防溜	操纵司机	注意防溜		
15	尽头线走行	副司机 非操纵司机	尽头线注意	操纵司机	注意		
16	列车制动机试验时	副司机 非操纵司机	制动、缓解试风好了	操纵司机	制动、缓解试风好了		

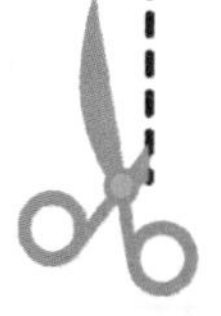

续附表

序号	呼唤时机	呼唤		应答		复诵	
		呼唤者	标准用语	应答者	标准用语	复诵者	标准用语
17	始发列车开车前 2 min（含站接继乘时）	副司机 非操纵司机	司机室门、窗锁闭前方办客站××站，固定进××道，左（右）侧站台，区间运行揭示××	司机	司机室门、窗锁闭 前方办客站××站 固定进××道，左（右）侧站台，区间运行揭示××		
18	发车前	副司机 非操纵司机	确认行车安全装 备	操纵司机	LKJ 设置好了 CIR（或通信装置）设置好了 机车信号确认好了	副司机 非操纵司机	LKJ 设置好了 CIR（或通信装置）设置好了 机车信号确认好了
19		副司机 非操纵司机	出站（发车）进路信号	操纵司机	绿灯，出站（发车进路）好了 双绿灯，××（线、站）方向出站好了 绿黄灯，出站（发车进路）好了。 黄灯，出站（发车进路）好了	副司机 非操纵司机	绿灯，出站（发车进路）好了 双绿灯，××（线、站）方向出站好了 绿黄灯，出站（发车进路）好了 黄灯，出站（发车进路）好了
20		副司机 非操纵司机	确认路票 确认绿色许可证 确认半自动闭塞 发车进路通知书 确认红色许可证 确认调度命令	操纵司机	路票正确 绿色许可证正确 半自动闭塞 发车进路通知书正确 红色许可证正确 调度命令正确	副司机 非操纵司机	路票正确 绿色许可证正确 半自动闭塞 发车进路通知书正确 红色许可证正确 调度命令正确

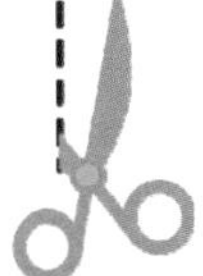

续附表

序号	呼唤时机	呼唤		应答		复诵	
		呼唤者	标准用语	应答者	标准用语	复诵者	标准用语
21	发车前	副司机 非操纵司机	出发联动	操纵司机	车机联控、出站凭证好了，车门关闭，到点开车	副司机 非操纵司机	车机联控、出站凭证好了，车门关闭，到点开车
22		副司机 非操纵司机	进路表示器	操纵司机	××（线、站）方向好了 正、反方向好了	副司机 非操纵司机	××（线、站）方向好了 正、反方向好了
23	起动列车后	副司机 非操纵司机	确认开车时刻	操纵司机	正点（或晚点××分）开车	副司机 非操纵司机	好了
24		副司机 非操纵司机	注意对标	操纵司机	对标好了 道岔限速××公里	副司机 非操纵司机	好了 道岔限速××公里
25	出站后	副司机 非操纵司机	仪表注意	操纵司机	总风压力，××千帕 制动主管压力，××千帕 控制电压，××伏 尾部风压，××千帕 各仪表（网压）显示正常		

（2）途中运行（见附表 1.5）

附表 1.5

序号	呼唤时机	呼唤		应答		复诵	
		呼唤者	标准用语	应答者	标准用语	复诵者	标准用语
1	接近慢行地段限速标	副司机 非操纵司机	慢行注意	操纵司机	限速××公里	副司机 非操纵司机	限速××公里
2	慢行减速地点（始端）标	副司机 非操纵司机	慢行开始	操纵司机	慢行开始		

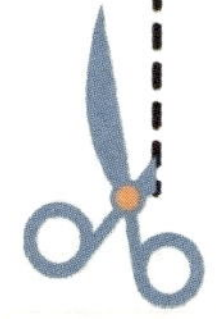

续附表

序号	呼唤时机	呼唤		应答		复诵	
		呼唤者	标准用语	应答者	标准用语	复诵者	标准用语
3	慢行减速地点（终端）标	副司机 非操纵司机	严守速度	操纵司机	严守速度		
4	越过减速防护地段终端信号标	副司机 非操纵司机	慢行结束	操纵司机	慢行结束		
5	接近分相前	副司机 非操纵司机	过分相注意	操纵司机	注意 总风压力，××千帕 制动主管压力，××千帕，主手柄“0”位	副司机 非操纵司机	注意
6	禁止双弓标前	副司机 非操纵司机	禁止双弓	操纵司机	单弓好了	副司机 非操纵司机	好了
7	断电标（T断标前	副司机 非操纵司机	断电	操纵司机	前、后端断电好了	副司机 非操纵司机	好了
8	越过合电标后	副司机 非操纵司机	闭合	操纵司机	前端闭合好了 后端闭合好了	副司机 非操纵司机	前端闭合好了，注意后端闭合好了
9	通过分相后	副司机 非操纵司机	仪表确认	操纵司机	总风压力，××千帕 制动主管压力，××千帕 网压，××伏 各仪表（网压），显示正常		
10	准备降弓标前	副司机 非操纵司机	准备降弓	操纵司机	准备降弓		
11	降弓标前	副司机 非操纵司机	降弓	操纵司机	降弓好了	副司机 非操纵司机	好了
12	越过升弓标后	副司机 非操纵司机	升弓	操纵司机	升弓好了	副司机 非操纵司机	好了
13	遮断信号前	副司机 非操纵司机	遮断信号	操纵司机	红灯停车，无显示	副司机 非操纵司机	红灯停车，无显示

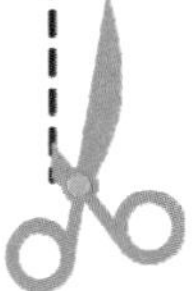

续附表

序号	呼唤时机	呼唤		应答		复诵	
		呼唤者	标准用语	应答者	标准用语	复诵者	标准用语
14	按压【开车】键开车后，地面第一架可进行 LKJ 数据校核的信号机、进站信号机前一架通过（接近）信号机和进站（线路所通过）信号机	副司机 非操纵司机	确认车位	操纵司机	车位正确 校正好了	副司机 非操纵司机	车位正确 好了
15	进站、接车进路复示信号前	副司机 非操纵司机	复示信号	操纵司机	直向、侧向或注意信号	副司机 非操纵司机	直向、侧向或注意信号
16	出站、发车进路复示信号前	副司机 非操纵司机	复示信号	操纵司机	复示好了、注意信号	副司机 非操纵司机	复示好了、注意信号
17	通过手信号	副司机 非操纵司机	通过手信号	操纵司机	手信号好了 站内停车	副司机 非操纵司机	手信号好了 站内停车
18	防护信号前	副司机 非操纵司机	防护信号	操纵司机	红灯（红旗）停车 火炬停车 撤除好了	副司机 非操纵司机	红灯（红旗）停车 火炬停车 撤除好了
19	预告信号前	副司机 非操纵司机	预告信号	操纵司机	预告好了 注意信号	副司机 非操纵司机	预告好了 注意信号
20	CIR 接收接车进路预告信息时	副司机 非操纵司机	确认进路预告信息	操纵司机	××站（线路所）××道通过（停车）、机外停车	副司机 非操纵司机	××站（线路所）××道通过（停车）、机外停车
21	接收临时调度命令时	副司机 非操纵司机	确认调度命令	操纵司机	调度命令确认好了	副司机 非操纵司机	调度命令确认好了
22	通信模式转换时	副司机 非操纵司机	通信转换注意	操纵司机	转换好了	副司机 非操纵司机	好了
23	转换机车信号时	副司机 非操纵司机	机车信号转换注意	操纵司机	转换好了	副司机 非操纵司机	好了
24	接近信号前	副司机 非操纵司机	接近信号	操纵司机	绿灯 绿黄灯 黄灯减速	副司机 非操纵司机	绿灯 绿黄灯 黄灯减速

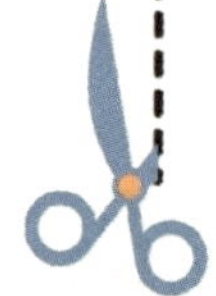

续附表

序号	呼唤时机	呼唤		应答		复诵	
		呼唤者	标准用语	应答者	标准用语	复诵者	标准用语
25	进站（接车进路）信号前	副司机 非操纵司机	进站（进路）信号	操纵司机	绿灯，正线通过 绿黄灯，正线通过，注意运行 黄灯，正线 双黄灯，侧线，限速××公里 黄闪黄，侧线，限速××公里 红灯，机外停车	副司机 非操纵司机	绿灯，正线通过 绿黄灯，正线通过，注意运行 黄灯，正线 双黄灯，侧线，限速××公里 黄闪黄，侧线，限速××公里 红灯，机外停车
26		副司机 非操纵司机	引导信号 引导手信号 特定引导手信号机外停车	操纵司机	一红一白，引号信号好了 黄旗、黄灯，引导手信号好了 绿旗、绿灯，特定引导手信号好了 机外停车	副司机 非操纵司机	一红一白，引号信号好了 黄旗、黄灯，引导手信号好了 绿旗、绿灯，特定引导手信号好了 机外停车
27	出站（发车进路）信号前	副司机 非操纵司机	出站（发车进路）信号	操纵司机	绿灯，出站（发车进路）好了 双绿灯，××（线、站方向出站好了 绿黄灯，出站（发车进路）好了。 黄灯，出站（发车进路）好了 红灯，停车	副司机 非操纵司机	绿灯，出站（发车进路）好了 双绿灯，××（线、站方向出站好了 绿黄灯，出站（发车 进路）好了。 黄灯，出站（发车进路）好了 红灯，停车
28		副司机 非操纵司机	确认路票 确认绿色许可证 确认半自动闭塞 发车进路通知书 确认红色许可证 确认调度命令	操纵司机	路票正确 绿色许可证正确 确认半自动闭塞发车进路通知书 红色许可证正确 调度命令正确	副司机 非操纵司机	路票正确 绿色许可证正确 半自动闭塞发车进路通知书正确 红色许可证正确 调度命令正确

续附表

序号	呼唤时机	呼唤		应答		复诵	
		呼唤者	标准用语	应答者	标准用语	复诵者	标准用语
29	进路表示器前	副司机 非操纵司机	进路表示器	操纵司机	××（线、站）方向好了 正、反方向好了	副司机 非操纵司机	××（线、站）方向好了 正、反方向好了
30	出站后确认仪表时	副司机 非操纵司机	仪表注意	操纵司机	总风压力，××千帕 制动主管压力，××千帕 控制电压，××伏 尾部风压，××千帕 各仪表（网压）显示正常		
31	自动闭塞区段闭塞分区通过信号前	副司机 非操纵司机	通过信号	操纵司机	绿灯 绿黄灯 黄灯减速 红灯停车	副司机 非操纵司机	绿灯 绿黄灯 黄灯减速 红灯停车
32	线路所通过信号机前	副司机 非操纵司机	通过信号 确认行车凭证	操纵司机	绿灯,（××方向好了） 绿黄灯,（××方向好了） 黄灯减速,（××方向好了） 侧线限速××公里、××方向好了 机外停车 线路所凭证正确	副司机 非操纵司机	绿灯,（××方向好了） 绿黄灯,（××方向好了） 黄灯减速,（×× 方向好了） 侧线限速××公里、××方向好了 机外停车 线路所凭证正确
33	列车运行限制速度变速点前（由高速变低速）	操纵司机	前方限速××公里	副司机 非操纵司机	注意控速	操纵司机	注意控速

续附表

序号	呼唤时机	呼唤		应答		复诵	
		呼唤者	标准用语	应答者	标准用语	复诵者	标准用语
34	交会列车时	副司机 非操纵司机	会车注意	操纵司机	注意		
35	输入侧线股道号	操纵司机	××道	副司机 非操纵司机	××道，输入正确		
36	进入侧线	操纵司机	××道停车（通过），输入××道正确	副司机 非操纵司机	××道停车（通过），输入××道，正确		
37	办客站停车后开门前	副司机 非操纵司机	开门确认	操纵司机	停车位置正确，开左（右）门	副司机 非操纵司机	停车位置正确，左（右）侧站台，开左（右）门
38	接近限制鸣笛标前	副司机 非操纵司机	进入限鸣区段	操纵司机	限制鸣笛	副司机 非操纵司机	限制鸣笛
39	接近防洪地点标	副司机 非操纵司机	进入防洪地点	操纵司机	注意运行	副司机 非操纵司机	注意运行
40	接近道口前	副司机 非操纵司机	道口注意	操纵司机	注意		
41	旅客列车车站通过、停车、终到	副司机	报点	操纵司机	正点（晚点或早点××分）到达（通过开车）	副司机	正点（晚点或早点××分）到达（通过开车）
42	途中换班时	接班司机	换班注意	交班司机	加强瞭望；（前方有限速）；注意安全	接班司机	明白
43	列车信号机显示距离不到规定时	副司机（非操纵司机）	机车信号	操纵司机	绿灯 绿黄灯，控制速度 黄灯，控制速度　黄2灯，控制速度　双黄闪灯，控制速度 双黄灯，控制速度 红黄灯，停车 白灯，注意运行	副司机（非操纵司机）	绿灯 绿黄灯，控制速度 黄灯，控制速度　黄2灯，控制速度 双黄闪灯，控制速度 双黄灯，控制速度 红黄灯，停车 白灯，注意运行

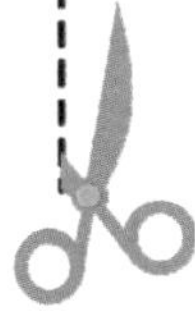

（3）到达至入段（所）（见附表 1.6）。

附表 1.6

序号	呼唤时机	呼唤		应答		复诵	
		呼唤者	标准用语	应答者	标准用语	复诵者	标准用语
1	列车终到后	副司机 非操纵司机	确认行车安全装备	操纵司机	LKJ 设置好了 CIR（或通信装置）设置好了	副司机 非操纵司机	LKJ 设置好了 CIR（或通信装置）设置好了
2	调车转线作业	副司机 非操纵司机	调车信号	操纵司机	白灯、蓝（红）灯停车	副司机 非操纵司机	白灯、蓝（红）灯停车
3	调车复示信号前	副司机 非操纵司机	复示信号	操纵司机	白灯 注意信号	副司机 非操纵司机	白灯 注意信号
4	行至站段（所）分界点（或一度停车牌）	副司机 非操纵司机	一度停车	操纵司机	一度停车		
5	入段（所）前	副司机 非操纵司机	还道信号入段（所）信号（非集中操纵道岔呼唤内容）	操纵司机	××道入段（所）手信号好了	副司机 非操纵司机	××道入段（所）手信号好了
6		副司机 非操纵司机	入段（所）信号	操纵司机	白（绿）灯蓝（红）灯停车	副司机 非操纵司机	白（绿）灯蓝（红）灯停车
7	经过非集中操纵道岔前	副司机 非操纵司机	道岔注意	操纵司机	道岔开通正确	副司机 非操纵司机	道岔开通正确
8	经过其他要道还道地点前	副司机 非操纵司机	一度停车 还道信号 道岔开通信号	操纵司机	一度停车 ××道手信号好了	副司机 非操纵司机	××道手信号好了
9	换端作业时	副司机 非操纵司机	注意防溜	操纵司机	防溜好了	副司机 非操纵司机	好了
10	进入段（所）内尽头线或有车线	副司机 非操纵司机	十辆、五辆、三辆、停车	操纵司机	15 km/h、 10 km/h、 5 km/h、 停车	副司机 非操纵司机	15 km/h、 10 km/h、 5 km/h、 停车
11	检修库门禁信号前	副司机 非操纵司机	门禁信号	操纵司机	白灯 红灯，停车	副司机 非操纵司机	白灯 红灯，停车
12	整备线防护信号前	副司机 非操纵司机	防护信号	操纵司机	撤除好了（红灯、蓝灯、红旗、红牌）停车	副司机 非操纵司机	撤除好了（红灯、蓝灯、红旗、红牌）停车
13	防溜设置	副司机 非操纵司机	注意防溜	操纵司机	防溜好了	副司机 非操纵司机	好了

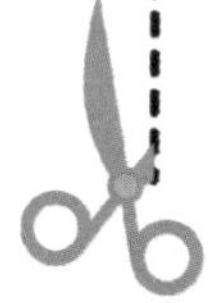

四、说明

（1）同时具有接车进路和发车进路的进路信号机，列车在该信号机前停车及发出时，按照发车进路信号机进行呼唤，信号指示列车在该信号机前不停车通过该信号时，按照接车进路信号机进行呼唤。

（2）设有出站信号机的线路所，线路所通过信号比照进站信号机呼唤内容进行呼唤。

（3）双线自动闭塞区段 2 灯位进路表示器显示，根据灯位显示确认呼唤“正、反方向好了”；双线自动闭塞区段 1 灯位进路表示器显示，反方向行车着灯时确认呼唤“反方向好了”，正方向行车不着灯时不呼唤；除上述之外的进路表示器，在确认进路表示器显示灯位后，呼唤“××（线、站）方向好了”。

（4）慢行地点限速标未标明限速值时，按限速 25 km/h 进行呼唤。

（5）LKJ 正线开车对标，无侧向道岔限速时，不呼唤道岔限速。

（6）防洪地点标仅在防洪期间进行呼唤。

（7）上述表中“其他要道还道地点”，是指办理出段（所）或入段（所）作业走行进路上，显示出段（所）或入段（所）手信号之外的扳道房前的停车要道地点。

（8）双岗值乘途中换班作业，运行当前区间或前方第一区间有临时限速时需进行呼唤。

（9）单岗值乘时，操纵司机按照《单岗值乘确认呼唤标准》执行，添乘指导司机对操纵司机确认呼唤内容进行复诵。

（10）双岗值乘时，值乘人员按照《双岗值乘确认呼唤（应答）标准》执行，添乘指导司机按照复诵者内容进行复诵。

（11）司机途中操纵牵引、制动手柄及操作行车安全装备遇有需要进行呼唤和手比的项目时，可只呼唤不手比。

附件 2 CR200J（时速 160 km）动力集中动车组列车试验方法

一、简略试验

1. 空气制动简略试验

断开低压柜电空制动开关。尾部一位动力车列车管充风至定压后，操纵端大闸减压 100 kPa，通过司机室显示屏确认尾部一位动力车制动作用正常；保压 1 min，列车管漏泄不大于 20 kPa。操纵端大闸置运转位，通过司机室显示屏确认尾部一位动力车缓解作用正常。试验完成后，闭合操纵端电空制动开关。

2. 电空制动简略试验

确认低压柜电空制动开关闭合。尾部一位动力车（控制车）列车管充风至定压后，操纵端大闸减压 100 kPa，通过司机室显示屏确认尾部一位动力车制动作用正常。

操纵端大闸置运转位，通过司机室显示屏确认尾部一位动力车缓解作用正常，列车管充至定压。

二、站折试验

1. 初制动位空气制动试验

断开低压柜电空制动开关。尾部一位动力车列车管充风至定压后，操纵端大闸置初制动位（减压 50 kPa），通过司机室显示屏确认尾部一位动力车制动作用正常；保压 1 min 不得自然缓解。

操纵端大闸置运转位充风后，通过司机室显示屏确认尾部一位动力车缓解作用正常，全列须在 1 min 内缓解完毕。试验完成后，闭合操纵端低压柜电空制动开关。

2. 全制动位电空制动试验

确认低压柜电空制动开关闭合。尾部一位动力车列车管充风至定压后，操纵端大闸置全制动位（减压 170 kPa），通过司机室显示屏确认尾部一位动力车制动作用正常。列车不得发生紧急制动，保压 1 min，列车管漏泄不大于 20 kPa。

操纵端大闸置运转位充风后，通过司机室显示屏确认尾部一位动力车缓解作用正常。

提示：站折试验在控制车操纵时，必须全程施加停放制动，防止溜车。

附件3　CR200J（时速160 km）动力集中动车组动力车检查范围

一、出所检查作业

1．动力车（控制车机务设备）检查作业范围

序号	检查部位	检查范围及技术标准	检查方法
1	前部外观	头灯、副灯、标志灯、刮雨器、前窗、侧窗外观良好	目视
2	受电弓	受电弓无明显裂损、变形或缺少部件，车顶部无异物	目视
3	司机室	1．司机室内各控制器、显示屏、仪表、按钮、开关、座椅、照明设备、重联电话等外观良好，无破损，上电显示正常； 2．灭火器安装稳固、外形无破损；压力值及有效期均在标准规定的范围内	目视、试验
4	机械间	1．低压柜、控制柜各自动开关位置正确；蓄电池电压不低于96 V； 2．冷却液、油量在规定范围之内；空气压缩机油位正常，无泄漏；制动柜各模块、塞门位置正确，管路无漏泄	目视

2．机能试验范围（仅出发端）

序号	项目	试验内容
1	低压部分试验	1．各照明灯、仪表照明试验； 2．刮雨器试验； 3．主司控器试验； 4．停放制动试验
2	高压部分试验	1．合分主断路器试验； 2．牵引给流试验； 3．压缩机打风试验
3	制动机试验	列车简略试验、站折试验（机械师通知时）

3．行车安全装备检查、试验程序

序号	检查部位	检查内容及要求	检查方法
1	LKJ	1. 电务车载设备检测合格证有效或动车组出所质量检查记录单记载的 LKJ 设备技术状态为合格； 2. LKJ 临时数据文件导入、各项参数数据输入正常	目视
2	机车信号	机车信号上电显示	目视
3	CIR（含 KLW、LBJ）及列车无线通信装置（语音试验）	语音通话录音回放试验正常	目视 耳听
4	6A 系统	车载装置自检正常	目视

二、继乘站检查作业

1．继乘站机车检查作业范围

序号	检查部位	检查内容及要求	检查方法
1	外观	运行方向动力车（控制车）头灯、副灯及标志灯；雨刮器、前窗、侧窗外观良好	目视
2	受电弓	受电弓无明显裂损、变形或缺少部件，车顶部无异物	目视
3	走行部	轴箱、车轮、撒砂装置能见部分无明显破损（站台侧）	目视
4	司机室	司机室内各控制器、显示屏、仪表、按钮、开关、座椅、照明设备、重联电话等外观良好，无破损	目视、试验
5	机械间	各部外观良好，无明显破损。冷却液、油量在规定范围之内；空气压缩机油位正常，无泄漏；制动柜各模块、塞门位置正确，管路无漏泄	目视
6	异常设备交接	对交班司机反映的异常设备、部件进行检查（含行车安全装备）	按部位

2．继乘站机能检查、试验范围

序号	检查部位	检查内容及要求	检查方法
1	各交流辅机	运转时检查有无异常声响、振动	耳听
2	制动机试验	列车简略试验、站折试验（机械师通知时）	目视

3．入所检查作业

填好动力集中动车组运行日志，按规定进行交接。

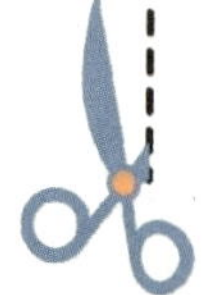